JN441420

경기 화성 지역의 언어와 생활

지역어 구술 자료 총서 1-1
경기 화성 지역의 언어와 생활

초판 제1쇄 인쇄 2007년 12월 21일
초판 제1쇄 발행 2007년 12월 31일

지 은 이 ‖ 최명옥
펴 낸 이 ‖ 국립국어원
펴 낸 곳 ‖ 태학사
주소 | 경기도 파주시 교하읍 문발리 파주출판도시 498-8
전화 | (031) 955-7580~2(마케팅부) · 955-7584~90(편집부)
전송 | (031) 955-0910
홈페이지 | www.thaehak4.com
전자우편 | thaehak4@chol.com
등록 | 제 406-2006-00008호

값은 뒤표지에 있습니다.

ISBN 978-89-5966-200-5 (세트)
ISBN 978-89-5966-201-2 94710

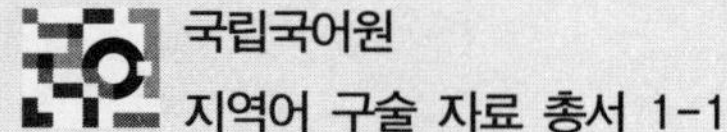

국립국어원
지역어 구술 자료 총서 1-1

경기 화성 지역의 언어와 생활

최명옥

태학사

■ 책을 내면서

1970년대에 들어서면서 한국 사회는 농업사회에서 산업사회로 바뀌기 시작했다. 바뀌는 것은 사회 그 자체만이 아니었다. 사회의 변화와 더불어 가족제도도 바뀌었고 주거형태도 바뀌었다. 그 중에서도 결코 가벼이 넘기지 못할 것은 한국인이 가진 사고의 알맹이라고 할 수 있는 한국어의 어휘체계가 급격히 바뀌게 되었다는 점이다.

산업사회 이전의 농업사회에서는 대가족이 한 집에서 살았다. 아이들은 아버지와 어머니, 할아버지, 할머니 그리고 이웃 사람들의 말을 들으면서 그 지역의 말을 배웠다. 그러므로 그 시기에는 한 지역의 언어가 일반적으로 동질성을 유지했다. 무엇보다도 중요한 것은 그 시기의 지역어는 오랜 기간 동안 조상으로부터 전승된 사고의 축적물이었다는 사실이다. 그 점에서 한 지역어는 그 지역의 무형문화재로서의 가치를 가지고 있었다.

그러나 산업사회로 바뀌면서 젊은이들은 도시로 나가고 지방에는 대부분 노인들만 남게 되었다. 그 결과로 오랫동안 전승되어 온 토박이 농촌 지역어는 더 이상 전승이 불가능한 상태에 이르게 되었다. 앞으로 10년이 지나면 농촌 지역의 전통적인 어휘는 거의 소멸될 단계에 있다.

국립국어원은 소멸 직전에 있는 전통 지역어를 보존하기 위해, 2004년부터 북측 사회과학원과 공동으로 남북 전 지역을 대상으로 지역어 조사를 실시하고 있다. 이 책은 2005년도에 조사한 4시간 분량의 경기도 화성 지역의 구술담화에 대한 음성 전사와 그에 대한 표준어 대역 그리고 이해하기 어려운 단어나 언어학적인 설명이 필요한 부분에 대한 주(註)를 수록한 것이다.

책은 크게 두 부분으로 구성된다. 제1부는 화성 지역의 생업과 생활 그리고 풍속과 질병과 그에 관련된 말이고 제2부는 제보자의 생애와 그에 대한 말이다. 글의 내용을 기준으로 하면, 제1부는 일반적 것이고 제2부는 개인적인 것이라는 점에서 차이가 있지만, 언어를 기준으로 하면 그 둘이 모두 화성 지역어라는 점에서는 동일하다. 필자가 제1부의 기준과는 다른 내용을 구별하여 제2부로 구성한 것은 일반적으로 제보자가 자신의 생애, 그것도 불행하거나 행복했던 자신의 생애에 대해 말할 경우에는 그렇지 않은 경우에 비하여 훨씬 자연스러운 자기 지역어를 사용한다는 점을 고려했기 때문이다.

지금까지 알려진 바에 의하면, 경기도 지역어는 크게 한강 이북 지역어와 한강 이남 지역어로 구분되며 다시 〈연천〉과 〈평택〉을 연결한 선을 기준으로 그 서부 지역어와 그 동부 지역어로 구분된다. 이러한 구분에 따르면, 이 책에 수록된 경기도 화성 지역어는 한강 이남의 서부 지역어에 해당한다. 그러므로 이 책은 먼저 한강 이남의 경기도 서부 지역어의 연구에 기여할 수 있을 것이다. 다음으로는 이 책의 총서로 있는 다른 지역어와 함께 학부나 대학원의 음운론, 형태론, 통사론 등 국어학 전 분야의 연습문제로 활용되어 자연어로서의 국어에 대한 언어분석 능력을 함양시키고 국어에 대한 이해를 넓히는 데에 기여할 수 있을 것이다.

끝으로 지역어에 대한 중요성을 인식하여 국가적인 차원에서 '전국 지역어 조사'를 실시하고 그 결과로 이 책을 간행할 수 있게 한 국립국어원, 그리고 21일간에 걸쳐 40시간이라는 긴 시간 동안을 흥미 없는 질문 내용에 대해 흔쾌히 말씀해주시고 친절하게 대해주신 박란희 제보자께 깊은 감사를 드린다. 아울러 구술자료 초벌 전사와 필자의 수정 전사를 재수정 전사하고 복잡한 이 책의 교정을 전담한 이현정 선생(서울대학교 대학원 국어학 석사)과 보기 좋은 책으로 만들어준 태학사 편집부 여러분에게도 감사드린다.

■ 조사지역 개관

화성시는 한반도 중서부에 속하는 경기도의 서남 해안을 끼고 위치해 있으며 육지로는 7개 시와 접하고 바다로는 서해의 평택항으로 충청남도와 접하며 서쪽으로는 옹진군과 접하고 있다.

육지의 경계는 동으로 용인시 남사면, 이동면과 접하고 남으로는 오산시와 평택시의 진위면, 서탄면, 청북면, 포승면과 접하고 있으며 북쪽으로는 수원시, 안산시, 시흥시의 수암동 및 용인시 기흥읍과 각기 접하고 있다.

화성시의 지세는 크게 강원도 북부에서 남남서로 달리는 광주산맥과 그 남쪽 차령산맥 사이의 서쪽 종부위에 위치하며 동북쪽으로 비교적 산세가 깊은 산지를 형성하고 중앙은 저산성 구릉지대를, 서쪽으로는 저평한 평야지대를 이루면서 서해로 빠져들고 있어 시는 전체적으로 경기 서부 해안지대의 저평한 평야지대에 포함되고 있다. 남양반도와 조암 반도가 서해안을 향해 돌출된 반면에 황구지천, 발안천이 평택항으로 깊숙히 파고들어 가서 이곳 평야지대를 촉촉히 적셔주고 있다.

화성시는 면적이 844㎢로서 경기도의 자치 단체 중 5번째로 넓으며 농지면적이 271㎢로서 농업이 크게 기대되는 곳이다. 시 속에는 도시지역, 농촌지역, 어촌지역, 공업지역, 산간지역 등이 고루 분포되어 있어서 수도권에 연접된 중심지로서 사회간접시설이 갖춰진 개발 잠재력이 큰 지역이다.

경부·서해안 양대 고속도로, 철도, 국도 등이 관통하는 사통팔달의 도로망이 연결되어 있으며 서울 중심에서 1시간 이내 거리에 있고 대도시와 연접되어 인구증가 급증하고 있다. 그와 함께 각종 산업시설, 택지개발 등 대규모 개발사업이 가속화되고 시화지구와 화옹지구 등 대규모 간척사업이 시행되고 있는 지역이다.

이번 조사지역인 화성시 우정읍은 2005년 8월 현재 7,112 세대 18,253명의 인구를 가진 곳으로 화성시의 4읍 10면 1동 중에서 세 번째로 많은 세대와 인구를 가진 곳이다. 그 중에서 화수3리(지도 참조)는 은진 송 씨의 집성촌으로 주된 생업은 농업이다.

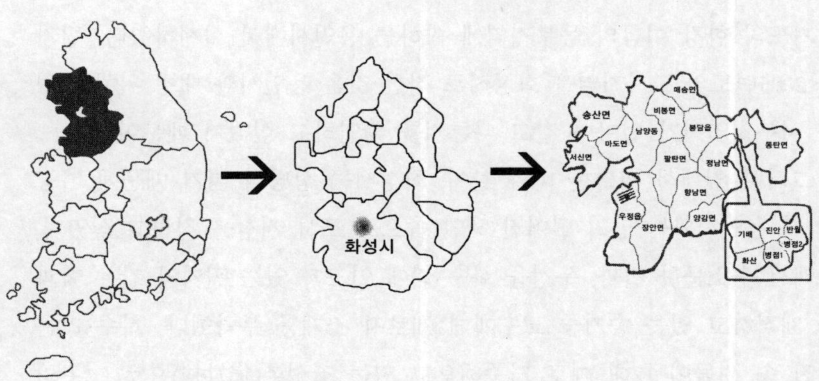

■ 조사 과정

국립국어원의 주관으로 전국의 지역어조사가 본격적으로 시작된 것은 2005년부터이다. 그러나 이 본격적인 조사를 하기 위하여 2004년도에 본격적인 조사 항목에 대한 예비조사가 시행되었다. 필자는 그 예비조사를 경기도의 한강 이남의 동부지역에 속하는 용인시에서 실시하였다. 필자가 2005년도의 조사지역을 화성시로 정한 것은 용인시와 대칭 위치에 있는 서부지역어가 얼마나 같고 다른지를 확인하고 싶었기 때문이다.

그러나 앞에서 서술한 바와 같이, 화성시는 상당히 넓기 때문에 가능한 한 용인시와는 멀리 떨어진 해안 쪽으로 조사 지점을 정하고 싶었다. 그래서 수소문한 결과, 우정읍 화수3리에 연고가 있는 필자와 같은 학과에 재직하고 있는 송기중 교수에게 제보자 소개를 부탁했다. 화수3리는 은진 송 씨들이 12대 째로 거주해오고 있는 집성촌(集姓村)으로 그곳의 송 씨들은 모두 송기중 교수의 일가일 뿐 아니라 그곳에 서재(書齋)를 두고 있어 자주 왕래를 하고 있었기 때문이다.

불행하게도 조사를 하려는 기간은 농촌에서는 상당히 바쁜 시기였다. 농촌의 경우, 젊은이들은 도시로 나가고 거의 노인들만 남아 있으므로, 7십대나 8십대 초의 노인들이 농사일을 해야 한다. 그래서 그곳 출신의 제보자를 구하기 어렵다고 했다. 그 대신 화수3리에서 12킬로 떨어진 팔탄면에서 시집 온 박란희 씨를 제보자로 추천했다. 제보자 박란희 씨는 팔탄면 노하리의 박 씨 집성촌에서 출생하였다. 노하리의 박 씨들도 화수3리의 송 씨들과 같이 10대 이상을 거주해오고 있다고 했다.

박란희 제보자(앞으로 '제보자'라고 칭함)는 호적상으로는 1940년 생으로 되어 있지만 실제로는 1938년 생이다. 그러므로 조사 당시로는 68세다. 이 나이는 제보자를 70세 이상으로 한다는 조사 기준에 맞지는 않지만, 출생 이후로 결혼하기 전까지는 노하리를 벗어나서 장기간 거주한 적이 없고 결혼한 이후 지금까지는 화수3리를 벗어나서 장기간 거주한 적이 없다는 사실, 그리고 박 씨와 송 씨의 집성촌에서 거주해 왔으므로 경기도 화성지역의 언어를 잘 간직하고 있으리라는 사실에서 제보자로 정했다.

제보자는 팔탄면 노하리에서 출생하여 초등학교를 졸업하고 그곳에서 성장하다가 화수3리로 시집와서 지금까지 살고 있다. 젊어서 남편을 여의고 홀몸으로 시어머니를 봉양하면서 농사와 행상을 하여 딸 셋을 가르치고 출가시킨 장한 어머니상이다(자세한 것은 제2부를 참조할 것). 제보자는 지금도 많지는 않지만 농사일을 하고 있다.

조사는 2005년 8월 19일에서 9월 9일까지 21일간에 걸쳐서 실시되었다. 한창 더울 때이지만 농촌에서는 농사일을 해야 하므로 하루 종일의 조사가 불가능했다. 그래서 하루에 오전 10시에서 오후 1시까지 3시간을 조사하기로 약속을 했다. 그리고 토요일과 일요일은 조사하지 않기로 하고 또 조사자나 제보자 측에서 특별한 일이 있어서 조사를 할 수 없을 경우에는 미리 알려주기로 하고 조사를 시작했다. 이렇게 시작된 조사는 총 40시간이 걸려서 완료되었다.

제보자 박란희 씨

조사 마을

전사

제보자의 말은 SONY DAT D-100 디지털 녹음기로 녹음하였고 녹음된 자료는 GOLDWAVE 프로그램을 이용하여 음성파일로 변환하였다. 변환된 음성파일은 TRANSCRIBER 1.4를 이용하여 전사하였다. 전사의 기본 원칙은 다음과 같이 하였다.

① 전사는 음성대로 하였다. 그러므로 동일한 단어가 다르게 전사되기도 하였다. 예. "칠순두 하구 무어뚜 해구 그래는데〈칠순도 하고 무엇도 하고 그러는데〉"에서 밑줄 친 부분.

② 어절 단위로 띄어 쓰되 일반적으로 관형어와 불완전명사는 붙여 썼다. 예. "인제 바늘가틍거까지 드러인능게 아니구〈이제 바늘같은 것까지 들어 있는 것이 아니고〉"에서 밑줄 친 부분.

③ 다른 지역의 제보자와 동일하게 이 책의 제보자도 구술발화에서 주어나 목적어를 서술어 다음에 말하는 식으로 어순을 바꾸는 경우가 많았다. 그런 경우에는 '서술어, 주어'나 '서술어, 목적어'와 같이 서술어 뒤에 쉼표를 사용하여 나타내었다. 예. "근데 완:저니 쌀뜸무리에요, 무리〈그런데 완전히 쌀뜨물이에요, 물이〉"

④ 제보자의 웃음은 '[웃음]'과 같이 표시하였고 '손짓' 등 비언어적 행위나 전사 자료만으로 이해가 어려운 경우에는 음성 전사의 해당 부분이나 표준어 대역의 해당 부분에 ( )를 사용하여 그 안에 표시하였다. 예. '(손을 앞으로 내밀면서)', "겡까 어떻게 따린지 어떻게 저긴지 모르능거조〈그러니까 어떤 게 딸인지 어떤 게 저긴지(=며느리인지) 모르는 거지요.〉"

이밖에 이 책에 사용된 글자체와 부호는 다음과 같다.

고딕체	조사자의 말
–명조체	제보자의 말
:	장모음
::	정서적 장음
“ ”	대화
‘ ’	문제가 되는 단어

주석

주석은 각 장으로 구별하여 후주로 달았다. 주석은 가능한 한 독자들이 내용을 이해할 수 있도록 쉽게 서술하려고 하였다. 그러나 전문가를 위한 언어학적인 문제에 대해서는 상세하게 하려고 하였다.

표준어 대역

제보자의 말은 모두 음성형으로 전사되었다. 그 경우에 일반 독자들이 말의 의미를 이해하기가 매우 어렵다. 그래서 그에 대한 표준어 대역을 하였다. 표준어 대역은 직역으로 하는 것을 원칙으로 하였다. 원래 대화나 구술발화의 경우에는 화자와 청자 사이에 전후 상황이 알려져 있으므로 문장을 단위로 할 경우에, 꼭 필요한 부분이 생략되는 경우가 많다.

그리고 금방 말하려는 단어가 생각되지 않을 경우에는 '저기'나 '그것' 등과 같은 미지칭 표현을 하는 경우가 많다. 표준어 대역에서는 필요한 부분이 생략되는 경우나 미지칭 표현의 경우에는 (   )나 (=   )형으로 생략된 부분을 보충하거나 미지칭의 실제 내용을 보충하였다.

차례 | 경기 화성 지역의 언어와 생활

제1부 생업과 생활 그리고 풍속과 질병

차례 | 경기 화성 지역의 언어와 생활

제2부 제보자의 생애

제 I 부

생업과 생활 그리고 풍속과 질병

1. 생업
2. 생활
3. 세시풍속
4. 질병

생업

논농사

밭농사

논농사

이제는 그, 농사관게에 대해서 좀 말씀 해주시는데요, 벼 품종이 멷개나 됨니까? 벼 품종이.

⁻ 마나요. 품종이 엄:청 마나요.

어떤 걷뜨리 이씀니까?

⁻ 그저네는 통일벼두[1] 이꾸, 뭐, 아끼바라두[2] 이꾸, 뭐, 추청벼두 이꾸. 이르미 뭐, 엄:청 마나요.

예, 예, 근데 이제 각, 그 지여게 잘 만능게 이꾸 안 만능게 이쪼?

⁻ 여기는 아끼바레가, 싸리 제일 조아요. 그걸 마니 해요.

그 통일벼니 아끼바라니 이렁거슨 어떤 차이가 읻나요?

⁻ 통일벼는 좀 일:러요. 그 수화글 일찍 해는데 그 통일벼는, 바블 몬먹껃써요.

싸리.

⁻ 망하요.[3] 안 조아요. 길쭉길:쭉해구,[4] 쌀두. 길쭉길쭉해구.

망하다고요?

⁻ 예, 바비 기냥. 외글외글[5] 이르키 흐트러저.

아, 찰기가.

⁻ 업:써요,[6] 예. 그저네 한참 심어찌 지그믄 그 통일벼 안 시머요.

양은 마니 나오나요?

⁻ 예, 수화기 그게 마이[7] 나온다 그래서 그저네는 그거를 시머서, 긴깐[8] 내:능거. 예, 그거, 내:능걸 그걸 내:구 그래썬는데. 지그믄 그걸 누가

이제는 그, 농사관계에 대해서 좀 말씀해주시는데요, 벼 품종이 몇 개나 됩니까? 벼 품종이.

ㅡ 많아요. 품종이 굉장히 많아요.

어떤 것들이 있습니까?

ㅡ 그전에는 통일벼도 있고, 뭐, 아끼바리도 있고, 뭐, 추청벼도 있고. 이름이 뭐, 굉장히 많아요.

예, 예, 그런데 이제 각, 그 지역에 잘 맞는 것이 있고 안 맞는 것이 있지요?

ㅡ 여기는 아끼바리가, 쌀이 제일 좋아요. 그것을 많이 해요.

그 통일벼니 아끼바리니 이런 것은 어떤 차이가 있나요?

ㅡ 통일벼는 좀 (수확 시기가) 일러요. 그 수확을 일찍 하는데 그 통일벼는, 밥을 못 먹겠어요.

쌀이.

ㅡ 좋지 않아요. 안 좋아요. (쌀이) 길쭉길쭉하고. 쌀도 길쭉길쭉하고.

좋지 않아요?

ㅡ 예, 밥이 그냥. 퍼석퍼석 이렇게 흐트러져.

아, 찰기가.

ㅡ 없어요, 예. 그전에 한참 심었지 지금은 그 통일벼 안 심어요.

양은 많이 나오나요?

ㅡ 예, 수확이 그것이 많이 나온다고 그래서 그전에는 그것을 심어서, 그러니까 (팔거나 세금으로) 내는 것. 예, 그것, 내는 것은 그것으로 내고 그랬었는데.

머거요? 지그믄 그거 안 시머요. 지그믄 인저,[9] 마신능거 해야. 그러는대두 뭐, 일른벼가[10] 또 이써가꾸.[11] 저기 뭐, 수화기 마이 나구 그래는 벼드리 이쓰니까, 또 그걷뚜 심뜨라구요. 낼:꺼는 그걸 심뜨라구요. 다 아끼바레 심능게 아니라 그리키 내:능거는. 우선 나 멍능건 조은걸 멍는데 내:능거는 그만 모탱거[12] 내:요. 보니까 그러터라구요. 싸리 달러요. 저:기, 근데[13] 쌀아른 거싱게 더 조아요. 이, 아를 이르케 쌀아를 볼 때는 보기에는 그 싸리 더 조타구. 근데 바비 안 조치.

마니 해보셔쓸테니까, 그 벼를 수화글 하려며는 어떤 순서로 하는지 그걸 좀 말쓰매 주시지요.

ㅡ 에, 맨처메 인저, 씨를 모짜리를 해자나요? 인저 모파늘 해서 모짜리를 해요. 그, 이즈메는 이르케 인저, 판대기에다 이르케 이르케 기게로 내니까, 이르케 판대기로 해지만, 제:가 농사질 때에는 이르키 소니로[14] 이르키 쩌야돼요. 모가 이망::큼 자라면, 이르케 소니로 이르케 쩌서 이르케. 모침 이르케 등지구 인저 그런 시기로[15] 해써요. 그랜는데 지금 기게로 내니까 지금 파네다 해서 기냥[16] 기게로 내니까 펴나지요. 모 인저 자라면, 논 인저 고르게 해가꼬 그, 기게로다 인자 모를 내자나요?

저, 재래식 옌나레 하던 방시근, 처으메 이제 모짜리 해가지고 그 씨를 무어라고 함니까? 씨 이르믈.

ㅡ 뭐요?

무얼 뿌린따 그러조? 거기다가.

ㅡ 볍씨.

예, 볍씨를 뿌려서 그 싸기 나서 어느 정도 이제 자라야 그 찌지요?

ㅡ 예. 쩌서 인제, 소니로 이르케 이르케 내:자나요? 내:며는 인저, 머 세개, 네개, 다섣깨? 그 정도루 띠어서[17] 이르케 이르케 이르케.

다 심꼬.

ㅡ 예. 저 마이 해써요, 그렁거. 인저, 그래면[18] 그게 이러키 폴기를 버

지금은 그것을 누가 먹어요? 지금은 그것 안 심어요. 지금은 이제, 맛있는 것 해야. 그러는데도 뭐, (수확 시기가) 이른벼가 또 있어가지고. 저기 뭐, 수확이 많이 나고 그러는 벼들이 있으니까, 또 그것도 심더라고요. 낼 것은 그것을 심더라고요. 다 아까바리 심는 것이 아니라 그렇게 내는 것은. 우선 내가 먹는 것은 좋은 것을 먹는데, 내는 것은 그만 못한 것을 내어요. 보니까 그렇더라고요. 쌀이 달라요. 저기, 그런데 쌀알은 거센 것이 더 좋아요. 이, 알을 이렇게 쌀알을 볼 때에는 보기에는 그 쌀이 더 좋다고. 그런데 밥이 안 좋지.

많이 해보셨을 테니까, 그 벼를 수확을 하려면 어떤 순서로 하는지 그것을 좀 말씀하여 주시지요.

ㅡ 예, 맨 처음 인제, 씨를 모자리를 하잖아요? 인제 모판을 해서 모자리를 해요. 그, 이즘에는 이렇게 인제, 판대기에다가 이렇게 이렇게 기계로 내니까, 이렇게 판대기로 하지만, 제가 농사를 지을 때에는 이렇게 손으로 이렇게 쪄야 돼요. 모가 이만큼 자라면, 이렇게 손으로 이렇게 쪄서 이렇게. 모침 이렇게 등지고 인제 그런 식으로 했어요. 그랬는데 지금 기계로 내니까 지금 판에다 해서 그냥 기계로 내니까 편하지요. 모 인제 자라면, 논 인제 고르게 해가지고 그, 기계로다 인제 모를 내잖아요?

저, 재래식 옛날에 하던 방식으로는, 처음에 이제 모자리를 해가지고 그 씨를 무엇이라고 합니까? 씨 이름을.

ㅡ 뭐요?

무엇을 뿌렸다 그러지요? 거기다가.

ㅡ 볍씨.

예, 볍씨를 뿌려서 그 싹이 나서 어느 정도 이제 자라야 그 찌지요?

ㅡ 예. 쪄서 인제, 손으로 이렇게 이렇게 내잖아요? 내면 인제, 뭐 세개, 네개, 다섯개? 그 정도로 떼어서 이렇게 이렇게 이렇게(모춤에서 모를 떼어내는 형용을 함).

다 심고.

ㅡ 예. 저 많이 했어요, 그런 것. 인제, 그러면 그것이 이렇게 포기를 벌

러요. 그럼 폴기가 인저 이만큼씩 되지요. 그 모폴기가 버러가, 모폴기가 인저, 네:개나 세:개나 이러키 꼬천는데, 그게 이르케 가지를 막´ 친다구. 그래가꾸 이마::내지자나.

그런데 그걷또 하기 저네 잡초 가틍게 마니 나니까, 멷뻔씩 이거 뽀바 줘야조.

¯ 옌나레는 인저, 그 모를 싱:꾸, 매써요.

맨, 맨다 그럼니까?

¯ 호미로 이르케 매써요. 흐글 이르케 이르케. 우리[19] 이, 이쓸 때, 그때는 그거 매써요, 이르케 호미로.

그 처음 매능거는 뭐, 이르미 또 이찌요?

¯ 첨 매능거? 논맨다 그러는데.

논, 논매는데 여러번 매지 안켼써요? 멷뻐늘 맬텐데, 제일 아페 매능거 제일 처음 매능거슬 뭐, 초벌 맨다, 아시맨다, 아이맨다, 그렁거 이쪼?

¯ 그건 모르겓꾸. 매:구 나중에 이르케 저::기, 나두 생가기 안 나네. 훔친다[20] 그래요. 논 훔친다구.

그건 잡초 가틍거를 훔치능거조.

¯ 예, 처멘 매구 그다으메는 이르케 훔처요. 훔치는데 기냥, 벼논 기피가, 벼가 클꺼 아니에요? 이게 좀 힘드러요, 훔치구 그럴 때는. 그러니까 요맘, 요거 저네 훔칠꺼요. 그걸 훔치며는 풀 가틍거 그냥 흑 소게다 푹: 파무더요, 그냥 발로 꾹: 발버서. 금 몬 나오자나요? 그 흑 소게서 그 저두 해봐써요.

그러면 아이매기, 두벌매기, 뭐 이런 마른 몯 드럳씀니까? 아시논매기 또는 아이 또는 애벌, 애벌매기, 두벌매기.

¯ 그건 자세 모르게써요. 한번 매:능건 매:는데. 한번 매구 두번째 훔.

훔치구.

어요. 그럼 포기가 인제 이만큼씩 되지요. 그 모 포기가 벌어서, 모 포기가 인제, 네개나 세개나 이렇게 꽂혔는데, 그것이 이렇게 가지를 막 친다고. 그래가지고 이만해지잖아.

그런데 그것도 하기 전에 잡초 같은 것이 많이 나니까, 몇 번씩 이것을 뽑아주어야지요.

¯ 옛날에는 인제, 그 모를 심고, (잡초를) 매었어요.

맫, '맨다'고 그럽니까?

¯ 호미로 이렇게 매었어요, 흙을 이렇게 이렇게. 우리(남편) 있을 때, 그때는 그것을 매었어요, 이렇게 호미로.

그 처음 매는 것은 뭐, 이름이 또 있지요?

¯ 처음 매는 거? '논맨다' 그러는데.

논, 논매는데 여러 번 매지 않겠어요? 몇 번을 맬 텐데, 제일 앞에 매는 것, 제일 처음 매는 것을 뭐, '초벌맨다, 아시맨다, 아이맨다', 그런 것 있지요?

¯ 그것은 모르겠고. 매고 나중에 이렇게 저기, 나도 생각이 안 나네. '훔친다'고 그래요. 논 훔친다고.

그것은 잡초 같은 것을 훔치는 것이지요.

¯ 예, 처음에는 매고 그다음에는 이렇게 훔쳐요. 훔치는데 그냥, 벼논 깊이가, 벼가 클 것 아니에요? 이것이 좀 힘들어요, 훔치고 그럴 때는. 그러니까 요맘, 요것 전에 훔칠 것에요. 그걸 훔치면 풀 같은 것 그냥 흙 속에다가 푹 파묻어요, 그냥 발로 꾹 밟아서. 그러면 못 나오잖아요? 그 흙 속에서. 그 저도 해보았어요.

그러면 아이매기, 두벌매기, 뭐 이런 말은 못 들었습니까? 아시논매기 또는 아이 또는 애벌, 애벌매기, 두벌매기.

¯ 그것은 자세히 모르겠어요. 한 번 매는 것은 매는데. 한 번 매고 두번째 훔.

훔치고.

ˉ 훔치기.

그러니까 맬 때는?

ˉ 호미로 매:요.

호미를 가지고 그 김, 김 매능거조?

ˉ 예.

그러고 훔치능거슨.

ˉ 기냥 소니로, 이르케 소니로 해요.

소니, 소니로 멀 맴, 훔침니까?

ˉ 소니루 그냥 이르케 이르케 해면서 푸를 뽑능거에요. 그 호게 인저, 무라구 이쓰니까 이르케 이르케.

그럼 맬 때는 무리 이씀니까, 업씀니까?

ˉ 이찌요.

아, 맬 때는.

ˉ 그니까 맬때 인제, 이게 모며는 여기서 한, 이르케 푹 떠서.

예.

ˉ 두벌매기두 해능건뚜 갇꾸. 그러구 세번째 훔치는지.

훔치구 그다메 이제 그.

ˉ 피사리.

피사리는 뭠니까?

ˉ 인저, 논 훔천는데두 피가.

아, 피가 이쓰니까.

ˉ 네, 풀. 그러므는 인저, 이게 벼가 꼬펴서 이르케 나와짜나요? 벼가 이르케 수그려지구 그럴 때 피두 가치 펴요, 그른. 피가 그저네는 마난써요. 야글, 지그믄 야글 마니 해니까 업찌만. 노네 이르케 보면 피가 쭉쭉 쭉 이르케 쭉 올라와서 그냥 쭉 이써요. 저, 벼는 이르케 고개를 수겨서 노르스룸:핸데. 그르믄 그 뭐, 칼 가틍거 이르케. 그저네 보믄 여, 요러케

ㅡ 훔치기.

그러니까 맬 때는?

ㅡ 호미로 매어요.

호미를 가지고 그 김, 김 매는 것이지요?

ㅡ 예.

그리고 훔치는 것은.

ㅡ 그냥 손으로, 이렇게 손으로 해요.

손이, 손으로 무엇을 맴, 훔칩니까?

ㅡ 손으로 그냥 이렇게 이렇게 하면서 풀을 뽑는 거예요. 그 흙에 인제, 물하고 있으니까 이렇게 이렇게.

그러면 맬 때에는 물이 있습니까, 없습니까?

ㅡ 있지요.

아, 맬 때는.

ㅡ 그러니까 맬 때 인제, 이것이 모면 여기서 한, 이렇게 푹 떠서.

예.

ㅡ 두벌매기도 하는 것도 같고. 그리고 세 번째 훔치는지.

훔치고 그다음에 이제 그.

ㅡ 피사리.

'피사리'는 무엇입니까?

ㅡ 인제, 논을 훔쳤는데도 피(식물명)가.

아, 피가 있으니까.

ㅡ 네, 풀. 그러면 인제, 이것이 벼가 꽃이 피어서 이렇게 나왔잖아요? 벼가 이렇게 수그러지고 그럴 때에 피도 같이 피어요, 그러면. 피가 그전에는 많았어요. 약을, 지금은 약을 많이 하니까 없지만. 논에 이렇게 보면 피가 쭉쭉쭉 이렇게 쭉 올라와서 그냥 쭉 있어요. 저, 벼는 이렇게 고개를 숙여서 노르스름한데. 그러면 그 뭐, 칼 같은 것 이렇게. 그전에 보면,

칼 가틍거를 맨드러가꾸. 아주 고거 그냥, 날카롭께 해가꾸. 고거, 피를 피사리를 고, 다:는 몯 짤르구 그 저기를 짤라서 인제. 저게 피사리라[21] 해요.

그다메 모가 점점 커서 그 아네 벼가 드러가조? 통통하게 되지 안씀니까? 그 때는 어떠케 된다 그럼니까? 이사기 핀다, 팬다, 뭐, 이런 마를 씀니까?

ᅳ 벼가 밴:따고 그래조. 꼳 이써요. 벼 팯:따 그래야조, 그거는. 벼 밴:따 그러구, 벼 팯:따 그러구.

아, 배, 배능거는 인제.

ᅳ 통통:해게 아네 인능거시구.

바까트로 나와쓸 때는.

ᅳ 펻:따 그러구.

펻따 그러구. 그담 인제, 꼬치 펴서 그게 이제, 떠러저야 아네.

ᅳ 알게가 드러서, 드러서, 이르케 허먼 고개 수겯따 그러구.

자무래기라고 하는 말 드러보셔써요?

ᅳ 아니요.

그리고 그걸 뭐라고 그럼니까? 저, 알맹이에 아리 드러가지고 고개 수겯쓸 때, 고개 수긴 전체를.

ᅳ 벼이삭.

벼이삭, 에. 그럼 그 타자글 하고, 타작하고 난 뒤에 미테 남능거 읻짠슴니까?

ᅳ 볃찝.

집. 그걸 뭐라고 그런다고요?

ᅳ 볃찝.

예, 무얻이라고 그런다 그럴 때, 그게, 그걸 뭐라 그런다고 함니까?

ᅳ 볃딴.

아니, 볃딴 말고. 하나씩 하나씩.

어, 요렇게 칼 같은 것을 만들어가지고. 아주 고것 그냥, 날카롭게 해가지고. 고것, 피를 피사리를 고, 다는 못 자르고 그 저기를 잘라서 인제. 저게 피사리라고 해요.

그다음에 모가 점점 커서 그 안에 벼가 들어가지요? 통통하게 되지 않습니까? 그때는 어떻게 된다 그럽니까? 이삭이 '핀다, 팬다', 뭐, 이런 말을 씁니까?

ㅡ 벼가 '배었다'고 그러지요. 꽃 있어요. 벼 '팼다' 그래야지요, 그것은. 벼 '뱄다' 그러고, 벼 '팼다' 그러고.

아, 배, 배는 것은 인제.

ㅡ 통통하게 안에 있는 것이고.

바깥으로 나왔을 때는.

ㅡ '팼다' 그러고.

'폈다(팼다)' 그러고. 그다음 인제, 꽃이 펴서 그것이 이제, 떨어져야 안에.

ㅡ 게(알갱이)가 들어서, 들어서, 이렇게 하면 고개 '숙였다' 그러고.

'자무래기'라고 하는 말 들어보셨어요?

ㅡ 아니요.

그리고 그것을 뭐라고 그럽니까? 저, 알맹이에 알이 들어가지고 고개 숙였을 때, 고개 숙인 전체를.

ㅡ 벼이삭.

벼이삭, 예. 그러면 그 타작을 하고, 타작하고 난 뒤에 밑에 남는 것 있지않습니까?

ㅡ 볏짚.

'짚'. 그것을 뭐라고 그런다고요?

ㅡ 볏짚.

예, '무엇'이라고 그런다 그럴 때, 그것이, 그것을 뭐라 그런다고 합니까?

ㅡ 볏단.

아니, 볏단 말고. 하나씩 하나씩.

ˉ 벼이삭.

벼이삭, 벼이사글 이제, 타자글 해서 다 훌터내고 남능거.

ˉ 집.

집, 예.

ˉ 볃찌비라 그래조.

볃찌비라 그러고. 그걸 가지고 만드능거에 어떵거시 이씀니까?

ˉ 볃찝가꾸 뭐, 새끼도 꼬고 가마두 치구 옌:나레는. 옌나레는 그거루 인제, 겨우레 깅깐, 정월 지나며는 그 가마드를 처써요. 왜냐면 다으메 다믈, 벼 다믈 가마를 칭거에요. 처서 파러먹끼두 해구, 가마를 처서, 내가 쓰기두 하구. 그런 시기로다가. 기니깐 새끼를 가늘게 꽈:야 그 가마를 치조.

그러고는 그바께 새끼, 가마 빼고는 옌나레는 중요항게 초가지비얻쓰니까.

ˉ 영:.

영, 예.

ˉ 그니깐 가을 끈나구 나면 벼 털구 나면, 그저네는 궁글레 통이라구[22] 발버서 벼를 터러써요.

예, 그 철사 가튼.

ˉ 에, 에, 에. 예, 그걸루다.[23] 옌:나렌 그걸루 털구 인저 나며는, 벼 다 털구 나서 인저, 다 끄지구 나면 지브로다가 우서는 지벙[24] 해능게 고 담뺀 순서여써요. 그니깐 영:을 사라믈 마이 어:더서 역뜽가 아니믄 인저, 식꾸끼리 좀 역꺼 노쿠서는 며칠 여꺼서 또. 그니깐 나믈 어:더서 하면 영: 역꾸 인저, 올리구 인제, 지벙에 올려서 영:해구. 그래야 겨울 날 준비가 됭거조.

요즈믄 이제, 지붕 이는걷또 거이 업서젇꼬 그러니까 새끼도 안 하조?

ˉ 안 꿔여.

ㅡ 벼이삭.

벼이삭, 벼이삭을 이제, 타작을 해서 다 훑어내고 남는 것.

ㅡ 짚.

짚, 예.

ㅡ '볏집'이라 그러지요.

볏집이라 그러고. 그것을 가지고 만드는 것에 어떤 것이 있습니까?

ㅡ 볏집가지고 뭐, '새끼'도 꼬고 '가마'도 치고 옛날에는. 옛날에는 그것으로 이제, 겨울에 그러니까, 정월 지나면 그 가마들을 쳤어요. 왜냐하면 다음에 담을, 벼 담을 가마를 친 것이에요. 쳐서 팔아먹기도 하고, 가마를 쳐서, 내가 쓰기도 하고. 그런 식으로다가. 그러니까 새끼를 가늘게 꽈야 그 가마를 치지요.

그리고는 그밖에 '새끼', '가마' 빼고는 옛날에는 중요한 것이 초가집이었으니까.

ㅡ 이엉.

이엉, 예.

ㅡ 그러니까 가을 끝나고 나면 벼 털고 나면, 그전에는 궁글레 통이라고 밟아서 벼를 털었어요.

예, 그 철사 같은.

ㅡ 예, 예, 예. 예, 그것으로. 옛날에는 그것으로 털고 인제 나면, 벼 다 털고 나서 인제, 다 꺼지고 나면 짚으로 우선은 지붕하는 것이 그다음 번 순서였어요. 그러니까 이엉을 사람을 많이 얻어서 엮든가 아니면 인제, 식구끼리 좀 엮어 놓고서는 며칠 엮어서 또. 그러니까 남(놉)을 얻어서 하면 이엉 엮고 인제, 올리고 인제, 지붕에 올려서 이엉하고. 그래야 겨울을 날 준비가 된 것이지요.

요즘은 이제, 지붕 이는 것도 거의 없어졌고 그러니까 새끼도 안 하지요?

ㅡ 안 꼬아요.

그다메 가마, 가마.

¯ 안 처요.

안 치조. 게 지피라능거시 옌날 가튼 그런 용도로는 쓰질 모타고.

¯ 지그믄.

사료 쪼그로.

¯ 사료 쪼기로두 가구. 노네다가 기냥 이르케 짤라서 너어요.

거름 되라고.

¯ 예, 인제 짤러서 이러키 아주 아예 벼 터러가면서 짤러가면서 그냥 짤러서 기냥. 이르케 푸러저요, 그르키. 깅깐 사료로 마이 써요. 저, 소 머기는 사료로.

그다음에 '가마', '가마'.

ㅡ (가마니는) 안 쳐요.

안 치지요. 그것이 짚이라는 것이 옛날 같은 그런 용도로는 쓰지를 못하고.

ㅡ 지금은.

사료 쪽으로.

ㅡ 사료 쪽으로도 가고. 논에다가 그냥 이렇게 잘라서 넣어요.

거름 되라고.

ㅡ 예, 인제 잘라서 이렇게 아주 아예 벼 털어가면서 잘라가면서 그냥 잘라서 그냥. 이렇게 풀어져요, 그렇게. 그러니까 사료로 많이 써요. 저, 소 먹이는 사료로.

밭농사

바테는 뭘 심씀니까?

⁻ 바테는 인자, 보메 감자. 보메 인저, 그건 보메 싱꺼등요, 감자는. 감자 시멀떤데는 두번 시머요.

한번 캐내고 난 뒤에.

⁻ 네, 또 땅걸 시믈쑤가 이써요. 그 인저, 감자두 그러쿠, 완두콩이요. 똥그란 완두콩, 그거뚜 시멀떤데는 한버늘 더 시믈수가 이써요. 그게 저, 보메 뭐, 참깨래든가 감자래든가 완두콩 가튼거, 왜콩 가튼거, 그거는 두: 번씩 시믈수가 이써요.

채소 종뉴는?

⁻ 채소는, 채소는 뭐 인저, 보메는 아우기나 시금치 가튼거를 마니 시머요. 근데 그 인저, 보메 시머 멍능거거등요. 그거 싱꾸. 열무 가튼거는 뭐, 별루 안 싱구. 저, 하우스 가튼거 이쓰니까 하우스에다가들 저, 열무 가튼거뚜 심뜨라구요. 우리 가튼 경우는 머글 싸람두 별루. 가으레는 김치를 한 이백 포기씩 해요. 마니해요. 왜냐믄 딸드리 여기서 해너어서, 조:기, 그저네 나무까니라고 그래는데, 거기다가 해:너어요. 그르므는 겨우내 이러키 수시로 오니까 한통 한통 드러다 먹구 그래. 들 신대요. 그래구 거기가 그래가꾸 여르메는 딸드리 김치를 해대요.

꺼꾸로 인제.

⁻ 예, 그니까 내가 김치 핼 피료가 업써요. 딸드리 해오니까. 쪼금씩 하능 김치는 애드리 저이 김치 해서 가저와요. 여적지[25] 여름내 김치 한번

밭에는 무엇을 심습니까?

ㅡ 밭에는 인제, 봄에 감자. 봄에 인제, 그것은 봄에 심거든요, 감자는. 감자 심었던 데는 두 번 심어요.

한 번 캐어내고 난 뒤에.

ㅡ 네, 또 다른 것을 심을 수가 있어요. 그 인제, 감자도 그렇고, 완두콩이요. 동그란 완두콩, 그것도 심었던 데에는 한 번을 더 심을 수가 있어요. 그것이 저, 봄에 뭐, 참깨라든가 완두콩 같은 것, 왜콩 같은 것, 그것은 두 번씩 심을 수가 있어요.

채소 종류는?

ㅡ 채소는, 채소는 뭐 인제, 봄에는 아욱이나 시금치 같은 것을 많이 심어요. 그런데 그 인제, 봄에 심어 먹는 거거든요. 그것 심고. 열무 같은 것은 뭐, 별로 안 심고. 저, 하우스 같은 것 있으니까 하우스에다가들 저, 열무 같은 것도 심더라고요. 우리 같은 경우는 먹을 사람도 별로. 가을에는 김치를 한 이백 포기씩 해요. 많이 해요. 왜냐하면, 딸들이 여기서 (김장을) 해넣어서, 저기, 그전에 나뭇간이라고 그러는 데, 거기다가 해넣어요. 그러면 겨우내 이렇게 수시로 오니까 한 통 한 통 들어다가 먹고 그래. 덜 신다고 해요. 그러고 거기가 그래가지고 여름에는 딸들이 김치를 해대어요.

거꾸로 인제.

ㅡ 예, 그러니까 내가 김치 할 필요가 없어요. 딸들이 해오니까. 조금씩 하는 김치는 애들이 저희 김치 해서 가져와요. 여태까지 여름내 김치 한 번

도 안 해써요, 제가. 그러구 인저, 가으레는 내가 인저, 여기서 무, 배추를 시므니까, 여기서 인저, 김장은 내가 여기서 하구. 그르키 지내요. 그러니까 편하조, 딴 사람보다.

감자, 감자는 그게 수느로 심슴니까, 뿌리로 심슴니까?

- 감자 아를 시머요.

그거는 어떤 과정을 거처서 심께 됩니까?

- 감자를 인저 옌:나레는 감자를 내가 시멀떵거를 씨를 돈:따 시멀써요. 그러니까 뭐, 국꺼나 잘거나 기냥 머건는데. 요즈메는 그 씨감자가 나오자나요? 그래서 내가 시멀떵거를 심능게 아니고. 그걸루 시머두 되긴 되는데 알두 잘구 시원치 아너요. 그러니까 씨감자를 사서 시머요. 인제, 이르케 감자가 똥그르면 누니 이써요. 이걷뚜 누니구 이걷뚜 누니구 이걷뚜 누니며는, 눈 인는 쪼글 오려요. 이르케 오려서 그건 시므면 거기서 나와요. 그냥 통:채로 심:능게 아니구.

예, 눈, 눈 다뉘로 해가지고 이르케 짤라서.

- 예, 눈 따뉘로 해가꾸. 그니까 세:개두 될쑤가 읻꾸 네:개두 될쑤 읻구. 이 큰거는 그래요.

그 감자 심는 바튼 주로 자가리 마느며는 안 되지요? 바튼 보통 논보다는 잔자갈 가틍걷뚜.

- 읻찌요.

그런 세미지요. 감자를 시믈 경우에는 그 바테 어떠슴니까? 흘기 이, 자갈 가틍거시 거이 업씀니까?

- 서껻쪼.

서껴 읻꼬. 그게 뿌리 내려가지구 미테서 여능거 아님니까?

- 기니까, 감자는 저기라고 핼수 읻쪼. 약까틍거를 하나두 안 주니까. 감자, 고구마 가틍거는 약 까틍거를 안 주자나요? 그래 무공해라 할수 이쪼. 그니까 야글 그거는 안 주니까 딴거보다 이르케. 지그믄 콩두, 지금

도 안 했어요, 제가. 그리고 인제, 가을에는 내가 인제, 여기서 무, 배추를 심으니까, 여기서 인제, 김장은 내가 여기서 하고. 그렇게 지내요. 그러니까 편하지요, 다른 사람보다.

감자, 감자는 그것이 순으로 심습니까? 뿌리로 심습니까?

ㅡ 감자 알을 심어요.

그것은 어떤 과정을 거쳐서 심게 됩니까?

ㅡ 감자를 인제 옛날에는 감자를 내가 심었던 것을 씨를 두었다가 심었어요. 그러니까 뭐, 굵거나 잘거나 그냥 먹었는데. 요즘에는 그 씨감자가 나오잖아요? 그래서 내가 심었던 것을 심는 것이 아니고. 그것으로 심어도 되는 되는데 알도 잘고 시원치 않아요. 그러니까 씨감자를 사서 심어요. 인제, 이렇게 감자가 똥그라면 눈이 있어요. 이것도 눈이고 이것도 눈이고 이것도 눈이면, 눈 있는 쪽을 오려요. 이렇게 오려서 그것을 심으면 거기서 나와요. 그냥 통째로 심는 것이 아니고.

예, 눈, 눈 단위로 해가지고 이렇게 잘라서.

ㅡ 예, 눈 단위로 해가지고. 그러니까 세 개도 될 수가 있고 네 개도 될 수 있고. 이 큰 것은 그래요.

그 감자 심는 밭은 주로 자갈이 많으면 안 되지요? 밭은 보통 논보다는 잔자갈 같은 것도.

ㅡ 있지요.

그런 셈이지요. 감자를 심을 경우에는 그 밭에 어떻습니까? 흙이 이, 자갈 같은 것이 거의 없습니까?

ㅡ 섞이었지요.

섞여 있고. 그것이 뿌리 내려가지고 밑에서 여는 것 아닙니까?

ㅡ 그러니까, 감자는 저기라고 할 수 있지요. 약 같은 것을 하나도 안 주니까. 감자, 고구마 같은 것은 약 같은 것을 안 주잖아요? 그래 무공해라고 할 수 있지요. 그러니까 약을 그것은 안 주니까 다른 것보다 이렇게. 지금은 콩도,

콩이 우리 콩도 지금 꼬슬 편는데, 콩에는 야글 줘야돼요.

진딘물.

⁻ 아뇨. 진딘무리 아니구 까:만 벌렌데, 이비 빼::족해요. 버, 벌:가치 생겨써요, 날러다니능건데. 그저넨 그걸 몬 느꼈는데 요즈메. 그게 녹뚜구 콩이구 인제, 이르케 아리 드러요. 드러서 이르케 인저, 물끼 읻께 드를 때 그거를 그, 치 가릉거로 쪽쪽 빠라머거요.

안쪼게 인는 물끼를 다 빠라멍는단 마리조?

⁻ 예, 그래가꾸 쭉쨍이가 되구.

그러케 되지요.

⁻ 에, 이게 이르케 콩알, 이르케 똥그라면 여기를 빠랃딴 마리에요. 그러면 병:시니 돼버려요. 그리기 때메 인제 콩 알맹이 드를 때, 그리구 그 벌레가 힌똥을 싸드라구요. 그렁거를 머거서 그렁가 당:부늘 머거서 그런지 똥이 하얘요. 그래서 그러며는 그 저, 야글 주며는 암, 걍, 날러가니까, 중능게 아니라. 그 벌레가 도캐더라구요. 날러가요. 그러니까 콩두 약 줘요, 약. 옌:나레는 그렁거를 안 줘썬는데 지그믄 줘야 돼요. 꼭 벌:가치 생견는데. 근데, 그 대가리가 무슨 돌:떵어리가치 딴딴해요, 그 벌레가.

고구마는 마니 안 심는 모양이지요?

⁻ 저이는 안 싱꾸. 고구마는 기냥 자기네들 머글망큼만 시머요. 주로 콩을 마니 싱꾸. 저기 지금도 요새는 일른콩이 이써요. 그거 다바를 해서 올리드라구요. 근데 그건 마시 업써요. 그 콩은, 기양 콩은 콩인데 마시 하:나두 업써요. 그게 지끔 저, 우리네 시머 인는 콩은 가으레 인저 멍는 콩인데, 서리태콩 저기, 밤콩 이렁거니까 인제, 그건 마싣쪼. 곡씨기 느증걸쑤로기 마신능거에요. 일른거는 마시 엄능거에요. 게서 이 까만콩을 살 때 내가 그래써요. "서울 싸람들과 애기하면 몰를 때는 콩을 깨무러 봐라." 이르케. 일른콩도 조커드뇨. 까망콩이. 그 속껴 팔수두 읻꺼등요. 이르케 콩을 깨무러서 보면 일른콩은 하야요, 아리 안쪼기. 느진 콩은

지금 콩이 우리 콩도 지금 꽃이 폈는데, 콩에는 약을 주어야 돼요.

진딧물.

ㅡ 아니요. 진딧물이 아니고 까만 벌레인데, 입이 뾰족해요. 버, 벌같이 생겼어요, 날아다니는 것인데. 그전에는 그것을 못 느꼈는데 요즘에. 그것이 녹두고 콩이고 인제. 이렇게 알이 들어요. 들어서 이렇게 인제, 물기 있게 들 때, 그것을 그, 치 같은 것으로 쪽쪽 빨아 먹어요.

안쪽에 있는 물기를 다 빨아먹는다는 말이지요?

ㅡ 예, 그래가지고 쭉정이가 되고.

그렇게 되지요.

ㅡ 예, 이것이 이렇게 콩알, 이렇게 동그라면 여기를 빨았다는 말이에요. 그러면 병신이 돼버려요. 그렇기 때문에 이제 콩 알맹이 들 때, 그리고 그 벌레가 흰똥을 싸더라고요. 그런 것을 먹어서 그런가 당분을 먹어서 그런지 똥이 하얘요. 그래서 그러면 그 저, 약을 주면 암, 그냥, 날아가니까, 죽는 것이 아니라. 그 벌레가 독하더라고요. 날아가요. 그러니까 콩에도 약을 주어요, 약. 옛날에는 그런 것을 안 주었었는데 지금은 주어야 돼요. 꼭 벌같이 생겼는데. 그런데, 그 대가리가 무슨 돌덩어리같이 딴딴해요, 그 벌레가.

고구마는 많이 안 심는 모양이지요?

ㅡ 저희는 안 심고. 고구마는 그냥 자기네들 먹을 만큼만 심어요. 주로 콩을 많이 심고. 저기 지금도 요새는 이른콩이 있어요. 그것 다발을 해서 올리더라고요. 그런데 그것은 맛이 없어요. 그 콩은, 그냥 콩은 콩인데 맛이 하나도 없어요. 그것이 지금 저, 우리네 심어 있는 콩은 가을에 인제 먹는 콩인데, 서리태콩 저기, 밤콩 이런 것이니까 인제, 그것은 맛이 있지요. 곡식이 늦은 것일수록 맛있는 거예요. 이른 것은 맛이 없는 거예요. 그래서 이 검은콩을 살 때 내가 그랬어요. "서울 사람들과 얘기하면 모를 때는 콩을 깨물어 보아라." 이렇게. 이른콩도 좋거든요. 검은콩이. 그 속여 팔 수도 있거든요. 이렇게 콩을 깨물어 보면 이른콩은 하얘요, 알이 안쪽이. 늦은콩은

노라요. 노랑건 느즌콩이에요. 그르구 하양거는 일른콩이구.

마싰께 머글려면 노란쪼그로.

ˉ 그러치요, 노란쪼그로. 그래구 속푸르대 가틍거는 일릉거는 좀 윤:끼가 더 래요. 느증거는 윤:끼가 이써요. 까:만색깔. 그걸 봐야돼요. 속: 파랑거가치 서리태, 근데 인저, 노랑건뚜 서리태콩이요. 저 까망콩. 근데 몰:르며는 기냥 하나 깨무러 보래능거에요. 이르케 딱 깨무러서 힌새깔 나능거는, 그거는 아무리 조아도 그거는 올콩이라능거지. 올콩은 마:시 업써요. 콩은 조아요. 느진거는 단맏뚜 이꼬 참 바블해두 차징게 읻꾸. 여기서 주로 콩이 마이 나가요. 가을 되면 그, 까:만 속푸르대콩, 송노랑콩 그거를 마이 시머요, 여기는. 마이들 시머요. 그래가꾸 기냥 뭐, 서울서 여:기저기서 기냥 사가느냐구.[26] 힌콩은 메:주 쑤구.

여기는 보리나 미를 잘 안 갈조?

ˉ 그저네 그거 마이 시멀찌요, 옌:나레는.

예, 그게.

ˉ 그게 농산데.

큰 농사 보리도 마니 부러나니까.

ˉ 그거가 읍:써지기는 그때 박쩡히 대통넝, 그 새마을 사업. 예, 그 당시에 보리바비 업써징거에요. 보리꼬개가 그때 업써징기니깐. 누가 뭐래두 나는 그래두 그 양바니 자랟따구 봐요. 에, 그 보릳꼬개래능게 그때 업써징거에요, 어쨉뜽가네. 예, 그러묘. 그때 업써징거에요. 그르구 비:리 가틍건 별루 업짜나요? 그 양바니. 그래서 나는 남 뭐라구 해는진 몰라두 그래두 그 양바니 잘 핻따구 생각해요. 에, 진짜에요. 시고레 진짜 보릳꼬개가 그때 업서진거에요. 지그믄 보릳꼬개를 모르고 살자나요. 예. 아휴, 얼마나 힘드런는데. 독재를 해서 그러치 잘해. 그 양바니 잘행거지. 누:가 지금 그 양반 따라 갈 사라미 업써요, 아프로는 몰르지만, 지금.

노래요. 노란 것은 늦은콩이에요. 그리고 하얀 것은 이른콩이고.

맛있게 먹으려면 노란 쪽으로.

ㅡ 그렇지요. 노란 쪽으로. 그리고 속푸르대 같은 것은 이른 것은 좀 윤기가 덜 해요. 늦은 것은 윤기가 있어요. 까만색깔. 그것을 봐야 돼요. 속파란 것같이 서리태, 그런데 인제, 노란것도 서리태콩이요. 저 검은콩. 그런데 모르면 그냥 하나 깨물어 보라는 거예요. 이렇게 딱 깨물어서 흰색깔 나는 것은, 그것은 아무리 좋아도 그것은 올콩이라는 것이지. 올콩은 맛이 없어요. 콩은 좋아요. 늦은 것은 단맛도 있고 참 밥을 해도 차진 것이 있고. 여기서 주로 콩이 많이 나가요. 가을 되면 그, 검은 속푸르대콩, 속노랑콩 그것을 많이 심어요, 여기는. 많이들 심어요. 그래가지고 그냥 뭐, 서울서 여기저기서 그냥 사가느라고. 흰콩은 메주 쑤고.

여기는 보리나 밀은 잘 안 갈지요?

ㅡ 그전에 그것 많이 심었지요, 옛날에는.

예, 그것이.

ㅡ 그것이 농사인데.

큰 농사 보리도 많이 불어나니까.

ㅡ 그것이 없어지기는 그때 박정희 대통령, 그 새마을 사업. 예, 그 당시에 보리밥이 없어진 거예요. 보릿고개가 그때 없어진 거니까. 누가 뭐래도 나는 그래도 그 양반이 잘했다고 봐요. 예, 그 보릿고개라는 것이 그때 없어진 거예요, 어쨌든간에. 예, 그럼요. 그때 없어진 거에요. 그리고 비리 같은 것은 별로 없잖아요? 그 양반이. 그래서 나는 남이 뭐라고 하는지는 몰라도 그래도 그 양반이 잘 봤다고 생각해요. 예, 진짜예요. 시골에 진짜 보릿고개가 그때 없어진 거예요. 지금은 보릿고개를 모르고 살잖아요. 예. 아휴, 얼마나 힘들었는데. 독재를 해서 그렇지 잘해. 그 양반이 잘한 것이지. 누가 지금 그 양반 따라 갈 사람이 없어요, 앞으로는 모르지만, 지금.

■ 주석

1) 표준어 어미 '-도'에 대한 지역어형. 대체로 충청남북도와 강원도 이북의 말에는 표준어 어미 '-도', '-고', '-으로' 등이 각각 '-두', '-구', '-으루'로 사용된다.
2) 일본에서 들어온 벼의 품종. '추청(秋晴)벼'라고도 한다. 1962년에 개발되었다. 참고: '추청(秋晴)'의 일본어음은 '아끼바레'이다.
3) '아주 고약하다'나 '좋지 않다'는 뜻을 가진 형용사. 주로 경기도지역에서 많이 사용된다.
4) '해구'의 표준어형은 '하고'이다. 표준어 동사 어간 '하-'는 어미 '-고, -더라, -지' 등 자음소로 시작하는 어미와 통합하면 각각 '하고, 하더라, 하지' 등으로 활용하는데, 제보자가 사용하는 활용형은 '해고, 해더라, 해지'가 일반적이다. 이것은 표준어 동사 어간 '하-'(자음소나 '으'로 시작하는 어미와 통합)와 '해-' ('어'로 시작하는 어미와 통합)가 '해-'로 단일화되어 가고 있음을 알려주는 예라고 하겠다.
5) 밥알이 찰기가 없어 서로 붙어있지 못하고 제각기 풀어지는 모양.
6) 표준어 어간 '없-'의 'ㅅ'는 동남방언이나 서북방언을 제외한 대부분의 방언에서 'ㅆ'로 변하였다.
7) '많이'에 대한 지역어형. '많이'는 일반적으로 유성음소 사이에서 'ㅎ'가 탈락한 다음 '마니'로 실현된다. 지금까지 '마니'는 동남방언에서만 모음소와 '이' 사이에서 'ㄴ'가 탈락하여 '마이'로 실현되는 것으로 알려져 있다. 그런데 저자는 '화성'과 '파주'에서도 '마이'가 사용되고 있음을 확인하였다.
8) '그러니까'의 경기방언형. 경기방언에서는 '그래서, 그런데' 등과 같은 연결어가 'ㄹ'이 탈락된 '게서, 근데' 등으로 사용된다.
9) 표준어 단어 '이제'나 '인제'에 대한 경기, 충청방언형.
10) '올벼'에 대한 이 지역어형. 표준어 형용사 '이르다'는 이 지역어를 포함하는 중부방언에서 '일르다'로 변했는데, '일른벼'의 '일른'은 '일르-'에 관형사형 어미 '-은'이 통합된 것이다. 표준어형은 '이른벼'가 되어야 할 것이다.
11) '이써가꾸'는 '있-어 가꾸'로 분석되는데, '가꾸'의 표준어형은 '가지고'이다. 이때의 '가지고'는 '가지다'라는 동사가 아니라 어미 '-아서'의 '서'와 동일하다.

그러므로 '이써가꾸'는 '있-어서'로 바꾸어도 된다. 제보자는 '-어가꾸'와 '-어서'를 다 사용한다.

12) '모탱거'는 원래 '모탠 거'인데 '모탱'의 'ㅇ'은 '모탠'의 'ㄴ'가 그다음에 있는 '거'의 'ㄱ'에 동화된 것이다. '모탠'은 '모태'에 관형사형어미 '은'이 통합한 것이며 '모태-'는 '모타(못하)-'에서 변한 것으로 그러한 변화는 '하-'가 '해-'로 변한 것과 동일하다. 참고: 주4)

13) 연결어 '그런데'로부터 'ㄹ'가 탈락하면서 변화된 것이다. 참고: 주8)

14) '소니로'는 명사 '손'과 어미 '-이로'로 분석된다. '-이로'는 '-으로'의 '으'가 '이'로 변화하여 형성된 것이다. 이러한 변화는 이 지역어에 한정되는 것이 아니다. 서남방언과 충청방언과 경기방언이 함께 겪은 변화가 된다. 이렇게 형성된 어미 '-이로' 또는 '-이루'는, '기게로(기계로)/정도루(정도로)'나 '발로'(足)에서 보듯이, 어간말 음절이 모음소나 유음소로 끝나면 '-로'나 '-루'로 실현된다. 그러므로 이 어미는 /-{이-의}로/나 /-{이-의}루/ 또는 /-{이-ø}로/나 /-{이-ø}루/와 같은 형태소를 가진다고 보아야 한다.

15) '시기로'는 명사 '식'과 어미 '-이로'로 분석된다. 참고: 주14)

16) '기냥'은 '그냥'이 움라우트 과정을 거쳐 '긔냥'으로 된 다음에 다시 이중모음소의 단모음소화에 의하여 '긔냥'에서 '기냥'으로 변화한 것으로 볼 수도 있다. 그러나 '후설모음소'와 '이' 또는 j 사이에 'ㄴ'가 있을 때에는 움라우트 과정을 거치지 않은 것이 일반적이므로 그러한 그러한 설명은 인정될 수 없다. 서남방언이나 중부방언은 '종일〉쬥일', '조그만〉쬐끄만', '빨간〉빨간' 등에서 보듯이, 움라우트 과정과는 달리, 후설모음소의 전설모음소화하는 변화를 겪었다. 그러므로 '기냥'은 '그냥'의 첫음절모음소 '으'가 '으〉이'의 과정을 거쳐서 형성된 것으로 보는 것이 합당하다.

17) '띠어서'는 동사 어간 '띠-'와 어미 '-어서'로 분석된다. 어간 '띠-'는 '떼-'에서 모음소 '에'가 '이'로 변화하여 형성된 것이다.

18) 연결어 '그래면'의 '래'는 '그러면'의 '러'가 연결어 '그래도', '그래서' 등의 '래'에 유추된 것이다.

19) '우리'는 제보자 자신만이 사용하는 '남편'의 지칭어이다.

20) 물이 있는 논을 다니면서 두 손으로 잡초를 뽑아내거나 뽑힌 잡초를 걷어내는 것을 '훔친다'고 한다.

21) 벼에 섞여있는 피(식물명)를 뽑아내는 일.

22) 발로 밟아서 회전통을 돌리고 두 손으로 볏단을 회전통에 얹어서 벼를 털

어내는 탈곡기.

23) '그걸루다'는 지시대명사 '그거(=그것)'와 '-을루'와 '-다'로 분석된다. '-을루'는 표준어의 도구표시어미 '-으로'의 이 지역어형이며 '-다'는 보조어미 '-다가'의 준말.

24) '지붕'의 둘째 음절 모음소 '우'가 비원순모음소화한 것. 예. '보리'나 '포대기'가 '버리'나 '퍼대기'로 된 것도 비원순모음소화에 의한 것임.

25) '여태'의 뜻을 가진 '여적'과 '까지'의 결합형. 즉 '여적까지'의 축약형. '여태까지'와 같은 뜻을 가진 '이때까지'가 있듯이, '여적지'와 같은 뜻을 가진 '이적지'도 있다.

26) '-느냐구'는 앞말이 뒷말의 원인이나 이유가 됨을 나타내는 연결어미 '-느라고'의 중부방언형임.

생활

의생활

식생활

의생활

그러치요. 그 저고리 가튼거슨 뽀늘 사용해가지구 해씁니까 ?

‾ 아니요. 기냥 이르케 말러가꾸 이르케 인저 가:믈 가꾸, 가:믈 가꼬.

예.

‾ 이르케 말러가꾸 이르케 짤러서 이르케.

그래도 오른쪽 왼쪼기 다 이르케 가틀려며는

‾ 자, 자루다 재:서 해자나요.

이르케 보늘 요로케 해서 노코 이르케 마름지를 하던데.

‾ 근데 이런데서는

예.

‾ 기냥 자로다 재:서 해던대요.

어, 그러믄 요로케 저, 저고리 가튼거슨 이 호장 읻꼬 요로케

‾ 예.

읻짜나요. 고걸 양쪼구로 또까치 하려며는 그냥 자로 하기는 어렵찌 안케써요?

‾ 그거는 꼬매다가. 이거는 부처짜나요. 파레 부처쓰면 그거를 요러케 또까치 노쿠 인두루다가 그걸 일케 맨드러요. 이르케 긴:뚜 맨드능거구. 그거를 이르케 인두로 이르케 해서 이르케 인제 이거를 맨드능거조. 그러니까 사:람마다 달르조.

그러켁꾼뇨.

‾ 에, 그거 이쁘게 핼수두 읻꾸 좀 민미태게 핼수두 읻꾸.

그렇지요. 그 저고리 같은 것은 본을 사용해가지고 했습니까?

– 아니요. 그냥 이렇게 말라가지고 이렇게 인제 감을 가지고, (옷)감을 가지고.

예.

– 이렇게 말라가지고 이렇게 잘라서 이렇게.

그래도 오른쪽 왼쪽이 다 이렇게 같으려면

– 자, 자로다가 재어서 하잖아요

이렇게 본을 요렇게 해서 놓고 이렇게 마름질을 하던데.

– 그런데 이런 데에서는

예.

– 그냥 자로다 재어서 하던데요.

어, 그러면 요렇게 저, 저고리 같은 것은 이 화장 있고 요렇게

– 예.

있잖아요. 그것을 양쪽으로 똑같이 하려며는 그냥 자로 하기는 어렵지 않겠어요?

– 그것은 꿰매다가. 이것은 붙였잖아요. 팔에 붙였으면 그것을 요렇게 똑같이 놓고 인두로다가 그것을 이렇게 만들어요. 이렇게 깃도 만드는 것이고. 그것을 이렇게 인두로 이렇게 해서 이렇게 인제 이것을 만드는 것이지요. 그러니까 사람마다 다르지요.

그렇겠군요.

– 예, 그것 예쁘게 할 수도 있고 좀 밋밋하게 할 수도 있고.

그럼 각 부부네 저 이름 가튼걷 잘 아시겍꾼뇨. 요 소매 끄트머리

‾ 근 화장이라 그래조.

요, 요쪼게 요러케 쫌 저 붕어 배가치 요러케 나온

‾ 예.

거 읻짜나요. 섭. 서피라고 함니까, 서비라 그럼니까?

‾ 섭. 안써비구, 그러구 걷써비라 그러구. 깅까 아네 드러가는건 쪼그만 서빈거자너요. 거주게 인능거는 크구. 요 기시 이러키 이러키 똥구:라케 기시 올라가자나요.

기시 올라가고. 요쪼게 이제 아네 멈니까, 종이, 종이, 마분지 가튼거 너어 가지구 이르케 달자나요.

‾ 동정.

동전.

‾ 동정.

동정이라 그러구요.

‾ 예, 동정이라 그래요.

그 아네 드러 인는건 머라고 그럼니까? 동정 종이?

‾ 기냥 동정이라구 그래조.

다요?

‾ 예, 그 종이 따로 불르지 안코. 종이를 부처야 돼:짜나요, 그저네는. 예, 지그믄 뭐 사서 달지만.

예. 요쪽 끄트머리는뇨? 양, 양쪼그로 하면 여기 해당되능거.

‾ 이거요?

예.

‾ 생각이 안 나네. 그건 생각캐:서 제가 낼: 얘:기 핼께요.

그러고 가운데 저 요러케 항상 등에, 등으로 해서 이르케 쭉 갈라진 부부니 읻찌 안씀니까?

그럼 각 부분의 저 이름같은 것은 잘 아시겠군요. 요 소매 끄트머리

- 그것은 화장이라 그러조

요, 요쪽에 요렇게 좀 저 붕어 배같이 요렇게 나온

- 예.

거 있잖아요. 섶. '섶'이라고 합니까, '섭'이라고 그럽니까?

- 섶. 안섶이고, 그러고 겉섶이라 그러고. 그러니까 안에 들어가는 것은 조그만 섶인 것이잖아요. 거죽에 있는 것은 크고. 요 깃이 이렇게 이렇게 똥그랗게 깃이 올라가잖아요.

깃이 올라가고. 요쪽에 이제 안에 무엇입니까, 종이, 종이, 마분지 같은 것 넣어 가지고 이렇게 달잖아요.

- 동정.

동전.

- 동정.

동정이라 그러고요.

- 예, 동정이라 그래요.

그 안에 들어 있는 것은 뭐라고 그럽니까? 동정 종이?

- 그냥 동정이라고 그러지요.

다요?

- 예, 그 종이 따로 부르지 않고. 종이를 붙여야 되었잖아요, 그 전에는. 예, 지금은 뭐 사서 달지만.

예. 요쪽 끄트러미는요? 양, 양쪽으로 하면 여기 해당되는 것.

- 이것요?

예.

- 생각이 안 나네. 그것은 생각해서 제가 내일 얘기 할게요.

그러고 가운데 저 요렇게 항상 등에, 등으로 해서 이렇게 쭉 갈라진 부분이 있지 않습니까?

- 예.

그거는 뭐라 그럽니까?

- 등소리라 해:요.

솔.

- 등솔.

또 이제 길:게 이리 나온게. 뭉능거요. 긴 줄 가튼.

- 고름. 온꼬름.

아네 인능거시?

- 아놑고름.

안고르미라 그럽니까?

- 예, 근데 그거 머 별루 안 해자나요?

네, 그다메 치마는요? 요러케 이제 그 위에 부부네 요망큼 댕:거 읻찌요?

- 주름. 아니야, 어깨.

아니, 요러케 가스므로 해:서 둥처 매, 매능거.

- 치마.

마리라 그러나요, 말?

- 치맏딴 아닌데. 치맏따는 아랜데.

말. 거기 줄, 주리 요러케 돌려서.

- 지끄믄 그거를 이르케 어깨까지 허니까 지그믄 그거를 치마허리, 치마허리.

그 어깨 매능거는뇨?

- 어깨허리.

어깨허리.

- 예, 어깨 치마 허리.

그다메 이제.

- 주르미요.

- 예.

그것은 무어라고 그럽니까?

- 등솔이라고 해요.

솔.

- 등솔.

또 이제 길게 나온 것이. 묶는 것요. 긴줄 같은.

- 고름. 옷고름.

안에 있는 것이?

- 안 옷고름.

안 고름이라고 그럽니까?

- 예, 그런데 그것 뭐 별로 안 하잖아요?

네, 그다음에 치마는요? 요렇게 이제 그 위에 부분에 요만큼 댄 것 있지요?

- 주름. 아니야, 어깨.

아니, 요렇게 가슴으로 해서 둥쳐 매, 매는 것.

- 치마.

말이라 그러나요, 말?

- 치맛단 아닌데. 치맛단은 아래인데.

말. 거기 줄, 줄이 요렇게 둘려서.

- 지금은 그것을 이렇게 어깨까지 하니까 지금은 그것을 치마허리, 치마허리.

그 어깨 매는 것은요?

- 어깨허리.

어깨허리.

- 예, 어깨 치마 허리.

그다음에 이제.

- 주름이요.

주름.

ㅡ 치마쭈름.

예, 그러고 남자 오슨 해보신저기 이씀니까?

ㅡ 예.

그 우선 기본저그로 위에 아래 그 옫 이르미 뭐지요?

ㅡ 바지저고리.

바지저고리. 그럼 저고리 위에 임능거는?

ㅡ 쪼끼.

쪼끼.

ㅡ 예.

그다메 쪼끼 위에 임능거는뇨?

ㅡ 마구자라 그래조.

마구자, 예.

ㅡ 마구자두 익꾸 두루마기두 익꾸. 긴건 두루마기. 예.

예, 여자부네 오슨, 치마저고리 아네 임능거는뇨?

ㅡ 속치마, 속쩍삼. 적사미라구두 그래지. 속쩌고리 이찌요? 하얀거. 그 속쩍싸미라구두 하구 속쩌고리라구두.

그다메 옌나레는 그 지금 소곧 가튼거.

ㅡ 단쏙꼳.

예, 예.

ㅡ 그 치마모냥 맨드러서 임능거. 그저네 옌나레들 임능거. 우린 안 니벋찌만 그게 속단소기라 그러대요.

단속.

ㅡ 예, 속단소기라구 그러던데요.

그다메 남자는 바지, 바지. 지금 양말.

ㅡ 예.

주름.

ㅡ 치마주름.

예, 그리고 남자 옷은 해보신 적이 있습니까?

ㅡ 예.

그 우선 기본적으로 위에 아래 그 옷 이름이 뭐지요?

ㅡ 바지저고리.

바지저고리. 그럼 저고리 위에 입는 것은?

ㅡ 조끼.

조끼.

ㅡ 예.

그다음에 조끼 위에 입는 것은요?

ㅡ 마고자라고 그러지요.

마고자, 예.

ㅡ 마고자도 입고 두루마기도 입고. 긴 것은 두루마기. 예.

예, 여자분의 옷은, 치마저고리 안에 입는 것은요?

ㅡ 속치마, 속적삼, 적삼이라고도 그러지. 속저고리 있지요? 하얀 것. 그 속적삼이라고도 하고 속저고리라고도.

그다음에 옛날에는 그 지금 속옷 같은 것.

ㅡ 단속곳.

예, 예.

ㅡ 그 치마모양으로 만들어서 입는 것. 그전에 옛날에들 입는 것. 우리는 안 입었지만 그게 속단속곳이라 그러더군요.

단속.

ㅡ 예, 속단속곳이라고 그러던데요.

그다음에 남자는 바지, 바지. 지금 양말.

ㅡ 예.

지금 양마래 해당되능게 뭐조?

ㅡ 버서뇨.

버, 보선.

ㅡ 버선, 버선.

뭐라고요?

ㅡ 버선.

그담 그거하구 이르케 매능게 뭡니까?

ㅡ 대니미라 그래요.

대님, 대님. 대님 뭐한다 그럽니까? 대님 친다 그럽니까, 대님 맨다 그럽니까?

ㅡ 맨다 그러능거 가튼데요.

대님 맨다. 어디서 어느쪼그로 돌리는지 아심니까?

ㅡ 그건 잘 모르게써요, 제가 안 니버 봐서.

저, 온 만들 때 마름질 먼저 하시지요?

ㅡ 예.

어, 그 과정이 이씀니까 ? 어떠케, 그 저고리 만들 때는 어디서부터 어떠케 하는지.

ㅡ 어, 저고리 만들 때?

네.

ㅡ 깅까, 깅까 등하구 이거 그거를 사분 이케 저버 가꾸서 이거 그거부터 짤르능거 가터요.

압 위뿌분.

ㅡ 예. 이거 이거 인제 여기 꺼구, 그거. 그래구서는 저기, 팔.

야, 그 이르케 부치능게 좀 문제가. 그 소늘 가지구 해씀니까, 아니면 바느질틀 사용해씀니까? 자봉틀.

ㅡ 소니루 마이 핻찌요.

소니로.

지금 양말에 해당되는 것이 뭐지요?

‾ 버선요.

버, 보선.

‾ 버선, 버선.

뭐라고요?

‾ 버선.

그다음에 그것하고 이렇게 매는 것이 무엇입니까?

‾ 대님이라 그래요.

대님, 대님. 대님 뭐한다 그럽니까? 대님 친다 그럽니까, 대님 맨다 그럽니까?

‾ 맨다 그러는 것 같은데요.

대님 맨다. 어디서 어느쪽으로 돌리는지 아십니까?

‾ 그것은 잘 모르겠어요, 제가 (남자 옷을) 안 입어봐서.

저, 옷 만들 때 마름질 먼저 하시지요?

‾ 예.

어, 그 과정이 있습니까? 어떻게, 그 저고리 만들 때는 어디서부터 어떻게 하는지.

‾ 어, 저고리 만들 때?

네.

‾ 그러니까, 그러니까 등하고 이것 그것을 사분 이렇게 접어 가지고서 이것 그것부터 자르는 것 같아요.

앞 윗 부분.

‾ 예. 이것 이것 인제 여기 것이고, 그것. 그러고서는 저기, 팔.

야, 그 이렇게 붙이는 것이 좀 문제가. 그 손을 가지고 했습니까, 아니면 바느질틀을 사용했습니까? 자봉틀.

‾ 손으로 많이 했지요.

손으로.

ᅳ 소니루.

아, 그거 상당히 시가니 마니 걸리지 아나써요?

ᅳ 하루에 하나, 저고리 하나.

그 땀, 뜸. 홀치고 뭐 하능게 이렁게 이르미 다 읻찌요?

ᅳ 예.

예, 바느질할 때 바로 너어서 요러케 요러케 하능거 하고.

ᅳ 건 홈질.

홈지리라 그러고. 요러케 요러케 하능게 읻찌요?

ᅳ 감치능거.

감친다 그러고. 공군다 하능거또 이씀니까? 공구리고 홈치고 감치고 공구리고.

ᅳ 아남팍 뜸지리라 그러능거는 바금질 모냥 이르케. 깅까 홈지른 이르케 한 소는 뒤로 나가구 한 소는 위로 올라오자나요.

요러케, 요러케?

ᅳ 예. 그러는데 또 바금지리래능거는 이게 쪽:: 이르케 바근 시리 이르케, 이게 모냐, 쭈욱 이써야해요, 재봉을 바근거처럼. 그건 바금지리라 해요.

그니까 이리 되믄 여기서 다 이르케

ᅳ 예.

하나씩 하나씩 다 위에 시리 일렬로 돼: 인능거조?

ᅳ 예.

바금질. 호:능거는 아네서 바까트로 돌리능건가요?

ᅳ 아니요, 그니까 뜨능거조. 이러키 홈지리지, 이러키. 깅까 하나는 이르케 떠지지. 깅까 이리 시리 보일꺼구 하나는 위:로 보이고.

예.

ᅳ 그래, 저고리 할 때에는 이거 달구 그럴 때는 그걸루 그러케 해능거조.

예, 바느질 도구는 어떵걷뜨리 이씀니까? 바느질할 때 쓰는 도구들.

- 손으로.

아, 그것 상당히 시간이 많이 걸리지 않았어요?

- 하루에 하나, 저고리 하나

그 땀, 뜸. 홀치고 뭐 하는 것이 이런 것이 이름이 다 있지요?

- 예.

예, 바느질할 때 바로 넣어서 요렇게 요렇게 하는 것 하고.

- 그것은 홈질.

홈질이라고 그러고. 요렇게 요렇게 하는 것이 있지요?

- 감치는 것.

감친다 그러고. 공군다고 하는 것도 있습니까? 공구리고 홈치고 감치고 공구리고.

- 안안팎 뜸질이라고 그러는 것은 박음질 모양으로 이렇게. 그러니까 홈질은 이렇게 한 손은 뒤로 나가고 한 손은 위로 올라오잖아요.

요렇게, 요렇게?

- 예. 그런데 또 박음질이라고 그러는 것은 이것이 쪽 이렇게 박은 실이 이렇게, 이것이 뭐냐, 쭈욱 있어야 해요, 재봉을 박은 것처럼. 그것은 박음질이라고 해요.

그러니까 이리 되면 여기서 다 이렇게

- 예.

하나씩 하나씩 다 위에 실이 일렬로 되어 있는 것이지요?

- 예.

박음질. 호는 것은 안에서 바깥으로 돌리는 것인가요?

- 아니요, 그러니까 뜨는 것이지요. 이렇게 홈질이지, 이렇게. 그러니까 하나는 이렇게 떠지지. 그러니까 이리 실이 보일 것이고 하나는 위로 보이고.

예.

- 그래, 저고리 할 때에는 이것 달고 그럴 때는 그걸로 그렇게 하는 것이지요..

예, 바느질 도구는 어떤 것들이 있습니까? 바느질할 때 쓰는 도구들.

- 그저네는 자두 이써야해구, 또 저 바늘 이써야해구, 가위 이써야해구. 시 리써야 해구. 인두판, 예, 그건 트키 이써야 돼:요. 거기다 노쿠 다리니까. 그러고 인두.

인두 이써야되고.

- 예, 긍까 하루에.

또 요거는뇨?

- 골미.

골미.

- 골미라고두 해구, 골무라고두 해구.

여기서.

- 여그서 부르능건 기냥 골미라구.

예. 그거는 재료가 뭠니까? 골미는 가죽뚜 익꼬, 헝거프로.

- 맨드릉거,[1] 만드능거.

그렁거슬 이제 너어두는 통을 뭐라 그럼니까?

- 반지끄른.

반짇끄른. 뭐라고 함니까? 그걸 뭐, 뭐시라고 함니까?

- 반짇끄르시라구 해요.

반짇끄르시라 그럼니까, 반짇끄르기라 그럼니까?

- 반짇끄른 기냥 그래요.

그게 크다 하면뇨?

- 보통 요만해조, 뭐.

예, 그럼 그게 참 이쁘다 이러면 이집, 이집 무어시 예쁘다고 함니까?

- 반짇끄른 예쁘다.

뭐시, '이', '이'를 부치면뇨? 뭐가 이쁘다 이런시그로.

- 반짇끄른 참 예쁘다. 반짇끄른 예쁘게 생견네. 이런시그로 해조.

거기에 뭐가 마니 드러 이따 하면뇨? 이집 뭐세는 여러가지가 드러인네. 이

ㅡ 그전에는 자도 있어야 하고, 또 저 바늘 있어야 하고, 가위 있어야 하고, 실 있어야 하고. 인두판, 예, 그것은 특히 있어야 돼요. 거기다가 놓고 다리니까. 그러고 인두.

인두 있어야 되고.

ㅡ 예, 그러니까 하루에.

또 요것은요?

ㅡ 골무.

골무.

ㅡ 골미라고도 하고, 골무라고도 하고.

여기서.

ㅡ 여기서 부르는 것은 그냥 골무라고.

예, 그것은 재료가 무엇입니까? 골무는 가죽도 있고, 헝겊으로.

ㅡ 만든 것, 만드는 것.

그런 것을 이제 넣어두는 통을 무어라 그럽니까?

ㅡ 반짇고리

반짇고리. 무엇이라고 합니까? 그것을 무엇, 무엇이라고 합니까?

ㅡ '반짇그릇'이라고 해요.

'반짇그릇'이라고 그럽니까, '반짇그륵'이라고 그럽니까?

ㅡ '반짇그릇' 그냥 그래요.

'그것'이 크다고 하면요?

ㅡ 보통 요만하지요, 뭐.

예, 그러면 그것이 참 예쁘다 이러면 이집, 이집 무엇이 예쁘다고 합니까?

ㅡ 반짇그른 예쁘다.

무엇이, '이', '이'를 붙이면요? 뭐가 예쁘다 이런 식으로.

ㅡ 반짇그릇 참 예쁘다. 반짇그릇 예쁘게 생겼네. 이런 식으로 하지요.

거기에 뭐가 많이 들어 있다 하면요? 이 집 '무엇'에는 여러가지가 들어 있네.

르케 할 때는뇨?

ˉ 반짇끄르세 골고루 다 인네 그러조. 옌나레 시집올 때 그 반짇끄르슬 사가꾸 와써요.

예에.

ˉ 그래서 그걷뚜 요로케 자개로 이:쁘게 됭걷뚜 읻꾸. 그걷뚜 이써요. 실 감능걷뚜 읻꾸.

일쓰비 다 그 아네 드러가 읻따능거조?

ˉ 아니, 인제 바늘 가틍거까지 드러인능게 아니구. 그 반짇끄른타구 또 까튼 재료로 만드른 실패, 실패라 그러는데. 실패가 이:쁘게 인제 모냥을 내서 해:쓰면 이르케 사가켱이로 이르케 예:쁘게 인제 그 빨:강새기면 빨강 색깔루다 해:서 이르케 실:패가 드러 이쓰면 거다 실: 가마서 쓰능거조.

주로 뭐뭐가 드러가, 드러 인나요? 반짇끄르세.

ˉ 가위두 읻꾸, 실:두 읻꾸, 골미두 이써야 되구, 바늘 읻꾸, 가위 읻꾸.

가위, 가위 그럼니까, 가새라 그럼니까?

ˉ 가위라구 저는 불르는데.

아니, 옌나레 나이 마는 분드른?

ˉ 가새라구 그러지.

가새라고, 예. 아까 호:능거 밤능거 감치능거는?

ˉ 감치능건 이르케 이르케 이르케 해는게.

아네서 바까트로 이르케 요러케 돌리능거조?

ˉ 예, 이게 인저 저기하믄 이르키 이르키 이르키 해능게 감치능거조.

예, 감친다. 누비능거는뇨?

ˉ 누비능거가 아까 이르케 그 저기 시그로.

감능거 가틍건가요? 홈질하능거 말하는겅가요?

ˉ 홈::질해능거 가튼데요.

이르케 이불할 때는 누빈다 그러조? 누비이불.

이렇게 할 때에는요?

ˉ "반짇그릇에 골고루 다 있네." 그러지요. 옛날에 시집올 때 그 반짇그릇을 사갖고 왔어요.

예.

ˉ 그래서 그것도 요렇게 자개로 예쁘게 된 것도 있고. 그것도 있어요. 실 감는 것도 있고.

일습이 다 그 안에 들어가 있다는 것이지요?

ˉ 아니, 인제 바늘 같은 것까지 들어 있는 것이 아니고. 그 반짇그릇하고 똑같은 재료로 만든 실패, 실패라고 그러는데. 실패가 예쁘게 인제 모양을 내어서 했으면 이렇게 사각형으로 이렇게 예쁘게 인제 그 빨강색이면 빨강색 깔로 해서 이렇게 실패가 들어 있으면 거기다가 실(을) 감아서 쓰는 것이지요.

주로 뭐뭐가 들어가, 들어 있나요? 반짇그릇에.

ˉ 가위도 있고, 실도 있고, 골무도 있어야 되고, 바늘 있고, 가위 있고.

가위, 가위 그럽니까, 가새라고 그럽니까?

ˉ 가위라고 저는 부르는데.

아니, 옛날에 나이 많은 분들은?

ˉ '가새'라고 그러지.

가새라고, 예. 아까 호는 것, 밤는 것, 감치는 것은?

ˉ 감치는 것은 이렇게 이렇게 이렇게 하는 것.

안에서 바깥으로 이렇게 요렇게 돌리는 거지요?

ˉ 예, 이것이 인제 저기하면 이렇게 이렇게 이렇게 하는 것이 감치는 거지요.

예, 감친다. 누비는 것은요?

ˉ 누비는 것이 아까 이렇게 그 저기 식으로.

감는 것 같은 것인가요? 홈질하는 것 말하는 것인가요?

ˉ 홈질 하는 것 같은데요.

이렇게 이불할 때는 누빈다고 그러지요? 누비이불.

ˉ 그건 재봉틀로 다라락 다라로 바근건데, 누비이부른 꼬매능거요. 혼니불 씨어서 꼬매능거요. 꼼, 꼬 뭐, 꿰맨다가 정말인데 그냥 꼬맨다 이르케 나오조. 혼니불 꼬맨다. 그거는 이 홈질처럼 해능거조, 이르케. 이게 바누리 여기서 드러가서 이러키 시:리 여기 드러가능게 아니구, 기냥 요정도로 기냥 시:리 드러가는데서만 시:리 일꾸 그냥 이만큼씩 꼬매능거니까.

그러니까 이 사이가 이르케

ˉ 예.

마니.

ˉ 예.

음, 빨래하능거는 옫까메 따라서

ˉ 달르지요.

다르지요? 어떤 옫까메 어떠케 하구 그렁걸 좀 말씀해주시지요.

ˉ 광:목 종:뉴로 다 됭거, 이 소창 종:뉴로 됭거, 하양거 그렁거는 살머야 돼:요. 저기 빠러가꾸 비누치래가꾸 양재물 너쿠 소테 살머요. 그래야 그게 인제 깨끄태지고 하얘지구 그래구. 이르케 인제 무새곳, 인제 인조 가틍거, 이르케 치마가틍거, 그렁거는 그냥 빠라야 돼요.

그냥 빨구요.

ˉ 빠러두 옌나레는 또 물까믈 드려써요. 물 들 드른게 빠지니까.

음.

ˉ 그거를 빠러가꾸 물까믈 또 디렫따구요.

그다으메, 빨지 모타능게 이쪼? 무레 몬 넌능거.

ˉ 그건 세탁쏘 가는데, 옌나레는 업썬는지 그건 모르겐네요.

어, 인조견 가튼거슨?

ˉ 빠르면 무리 빠저요. 노란새기든 빨간새기든 빠르면 그게 무리 빠:지조. 그래니까 또 무를, 물까믈 사다가 디려요. 또 드리네요.

빨래도 애벌 빨래, 두벌 빨래 이르케 함니까?

ㅡ 그것은 재봉틀로 다라락 다라로 박은 것인데, 누비이불은 꿰매는 것요. 홑이불 씨워서 꿰매는 것요. 꼼, 꼬 뭐, '꿰맨다'가 정말인데 그냥 '꼬맨다' 이렇게 나오지요. '홑이불 꼬맨다.' 그것은 이 홈질처럼 하는 것이지요, 이렇게. 이게 바늘이 여기서 들어가서 이렇게 실이 여기 들어가는 게 아니고, 그냥 요정도로 그냥 실이 들어가는 데서만 실이 있고, 그냥 이만큼씩 꿰매는 것이니까.

그러니까 이 사이가 이렇게

ㅡ 예.

많이.

ㅡ 예.

음, 빨래하는 것은 옷감에 따라서

ㅡ 다르지요.

다르지요? 어떤 옷감에 어떻게 하고 그런 것을 좀 말씀해 주시지요.

ㅡ 광목 종류로 다 된 것, 이 소창 종류로 된 것, 하얀 것 그런 것은 삶아야 돼요. 저기 빨아서 비누칠 해서 양재물 넣고 솥에 삶아요. 그래야 그것이 인제 깨끗해지고 하얘지고 그러고. 이렇게 인제 무색옷, 인제 인조같은 것, 이렇게 치마같은 것, 그런 것은 그냥 빨아야 돼요.

그냥 빨고요.

ㅡ 빨아도 옛날에는 또 물감을 들였어요. 물 덜 든 것이 빠지니까.

음.

ㅡ 그것을 빨아서 물감을 또 들였다고요.

그다음에, 빨지 못하는 것이 있지요? 물에 못 넣는 것이.

ㅡ 그것은 세탁소 가는데, 옛날에는 없었는지 그것은 모르겠네요.

어, 인조견 같은 것은?

ㅡ 빨면 물이 빠져요. 노란색이든 빨간색이든 빨면 그것이 물이 빠지지요. 그러니까 또 물을, 물감을 사다가 들여요. 또 들이네요.

빨래도 애벌 빨래, 두벌 빨래 이렇게 (말)합니까?

¯ 예, 삼찌 안능건 애벌 빨래라 그러구, 삼능건 두벌 빨래라 그래요.

어.

¯ 삼는 빨래.

그니까 삼끼 저네 하능거슬 애버리라 그럼니까?

¯ 예.

예, 옫 쭈르믈 업쌔능거를, 그 기구를 뭐라 함니까?

¯ 다리미요.

다리미. 그거또 마니 옌나라고는 달라져 왇쪼?

¯ 그러묘.

저, 어렫쓸 때는 다리미 어떵걸 쓰능걸 받씀니까?

¯ 요러케 뚱그라가꾸 요러케 생겨써요. 접씨처럼 요게 똥그라코, 요게 좀 요러케 올라와써요. 그구 여기 와서 요러케 손재비가 이써요. 그래서 그러는데 여기서 손재비가 나문거 가태요.[2)] 끼는 나무 요기다. 그래가꾸 이르케 붇짭꾸선 이르케 이르케 거기다가 숟뿔 너가꾸, 그러케 너어가지고 예, 그러케 핻찌요. 그런데 인제 그거가 지나구 나니까 저 다리미가 나완는데 또, 지끔 전기 다리미 비슴항건데, 거기다 수설 너서.

아네다 너어가지고.

¯ 너어가꾸 다리는 다리미, 저 그 다리미 다으메 전기 다리미 나옹거조.

예.

¯ 깅까 그걸 다 써받쪼.

그래, 그러켇꾼뇨.

¯ 예, 그, 그, 여르메 다리미질 핼려면 고여기여써요.

날씨도 덥꼬.

¯ 예, 그 뭐 잠깐 이브면 또 풍덩해는건데도 다리지 앙코는. 또 이 모시 가틍건 다려야 되거등요. 금방 나와서 따미 축 차두 그걸 다려야 되니까 그게 고여기얻쪼. 모, 빨래하면 풀미겨서 또 발:버야 되구, 뚜들기능건 또

ㅡ 예, 삶지 않는 것은 애벌 빨래라고 그러고 삶는 것은 두벌 빨래라고 그래요.

어.

ㅡ 삶는 빨래.

그러니까 삶기 전에 하는 것을 애벌이라 그럽니까?

ㅡ 예.

예, 옷 주름을 없애는 것을, 그 기구를 뭐라고 합니까?

ㅡ 다리미요.

다리미. 그것도 많이 옛날하고는 달라져 왔지요?

ㅡ 그럼요

저, 어렸을 때는 다리미 어떤 것을 쓰는 걸 보았습니까?

ㅡ 요렇게 뚱그러가지고 요렇게 생겼어요. 접시처럼 요게 똥그랗고, 요게 좀 요렇게 올라왔어요. 그러고 여기 와서 요렇게 손잡이가 있어요. 그래서 그러는데 여기서 손잡이가 나무인 것 같아요. 끼는 나무 요기다가. 그래가지고 이렇게 붙잡고서는 이렇게 이렇게 거기다가 숯불 넣어가지고, 그렇게 넣어가지고 예, 그렇게 했지요. 그런데 이제 그것이 지나고 나니까 저 다리미가 나왔는데 또, 지금 전기 다리미 비슷한 것인데, 거기다 숯을 넣어서.

안에다가 넣어가지고.

ㅡ 넣어 가지고 다리는 다리미, 저 그 다리미 다음에 전기 다리미가 나온 것이지요.

예.

ㅡ 그러니까 그것을 다 써보았지요.

그래, 그렇겠군요.

ㅡ 예, 그, 그, 여름에 다리미질 하려면 고역이었어요.

날씨도 덥고.

ㅡ 예. 그 뭐 잠깐 입으면 또 풍덩하는 것인데도 다리지 않고는. 또 이 모시 같은 것은 다려야 되거든요. 금방 나와서 땀이 축 차도 그것을 다려야 되니까 그것이 고역이었지요. 뭐, 빨래하면 풀(을) 먹여서 또 밟아야 되고, 뚜들기

뚜들겨야 되구, 방맹이루다. 다드미질.

요즈믄 다 절믄 사람드리 다리미질 하기에도 쉽찌 안치요. 거 양쪼게서 이리 박자를 잘 마춰야 하지요.

¯ 예, 그러니까 그저네는 힘드러써요. 여자는 그렁게, 뭐 이불 빨래 가틍거 해면 그거를 다디미지를 해:야. 그저네 날씨가 더 추웓떵거 가태요.

더 추웓쪼.

¯ 예, 그게 뭐 정월 때다 그러면 그냥 저기 정월 쉘:라구 그거해야지, 뭐 떡캐야지, 정신하나 업써써요. 진짜 정신 하나 업써써요, 그거.

명절 한번 쉐:능게 힘드럳께서요.

¯ 예. 그리고 또 명지 바지저고리 가틍거는 엄::청 다듬지를 해야 돼:요. 그래야 그게 또 뭐 물껴리 나구 반질거리구.

염새근 마니 해보셛써요? 물드리능거. 염색.

¯ 그 저기 옫까묘? 저는 별로 안 해써요. 근데 저, 저 어려서 으른드른 마니 해능걸 봗찌요. 왜냐하며는 저 맨 어렫, 진짜 어려워쓸 때는 저희들 뭐 정워리라구 해면. 그때는 주로 광모기연나 봐요. 그 광모게다가 뭐 그거루 부:농색깔 노:랑새깔 물디려가꾸 그거루 치마저고리 해중거 가태요. 근데 뭐 우리 자라서는 그 물디리능게 그래두 별루 업써쪼.

는 것은 또 뚜들겨야 되고, 방망이로다가. 다듬이질.

요즈음은 다 젊은 사람들이 다리미질 하기에도 쉽지 않지요. 그 양쪽에서 이리 박자를 잘 맞춰야 하지요.

ㅡ 예, 그러니까 그전에는 힘들었어요. 여자는 그런 것이, 뭐 이불 빨래 같은 것 하면 그것을 다듬이질을 해야. 그 전에 날씨가 더 추웠던 것 같아요.

더 추웠지요.

ㅡ 예, 그것이 뭐 정월 때다 그러면 그냥 저기 정월 쇨려고 그것 해야지, 뭐 떡해야지, 정신 하나 없었어요. 진짜 정신 하나 없었어요, 그것.

명절 한번 쇠는 것이 힘들었겠어요.

ㅡ 예. 그리고 또 명주 바지저고리 같은 것은 엄청나게 다듬질을 해야 돼요. 그래야 그것이 또 뭐 물결이 나고 반질거리고.

염색은 많이 해보셨어요? 물 들이는 것. 염색.

ㅡ 그 저기 옷감요? 저는 별로 안 했어요. 그런데 저, 저 어려서 어른들은 많이 하는 걸 보았지요. 왜냐하면은 저 맨 어렸, 진짜 어려웠을 때는 저희들 뭐 정월이라구 하면. 그때는 주로 광목이었나 봐요. 그 광목에다가 뭐 그것으로 분홍색깔 노랑색깔 물들여 가지고 그것으로 치마저고리 해준 것 같아요. 그런데 뭐 우리 자라서는 그 물 들이는 것이 그래도 별로 없었지요.

식생활

채소 이제 이얘긴데, 바테 기르는 채소 중에서 뿌리를 멍능건 어떵걷뜨리 이씀니까?

ㅡ 뿌리 멍능거는 감자 가틍거요? 감자, 고구마, 무.

무라 그럼니까, 무우라 그럼니까?

ㅡ 기냥 무:라구 그래조. 무우 그래질 안쿠 그냥 무: 그래조.

ㅡ 무:

무, 예. 무수 뭐 이르케는 안 하고요? 무수, 무시.

ㅡ 기냥, "우리 무 뽀부러 가." 그런시그로. "무수 뽀부러 가." 그러케 해질 앙코.

감자, 고구마, 무 그 외에는 뿌리를 멍능게?

ㅡ 뭐 생강 가틍거뚜 시무믄 뿌리 멍능거구, 당근두 시무믄 뿌리 멍능거구.

또 나물해 멍능거는 저.

ㅡ 시금치, 쑥깟, 상추.

입, 입쭐기 멍능거조?

ㅡ 예.

시금치.

ㅡ 쑥갓, 상추 그거를 주로 마니 심쪼. 아욱.

뿌리 멍는걷 쭝에서 마늘 말고, 마늘 말고 그 비슫탕게 읻쪼?

ㅡ 파.

채소 이제 이야기인데, 밭에 기르는 채소 중에서 뿌리를 먹는 것은 어떤 것들이 있습니까?

- 뿌리 먹는 것은 감자같은 것요? 감자, 고구마, 무.

'무'라 그럽니까, '무우'라 그럽니까?

- 그냥 '무'라고 그러지요. '무우' 그러지를 않고 그냥 '무' 그러지요.

- 무:

무, 예. '무수' 뭐 이렇게는 안 하고요? '무수', '무시'.

- 그냥 "우리 무 뽑으러 가." 그런 식으로. "무수 뽑으러 가." 그렇게 하지를 않고.

감자, 고구마, 무 그 외에는 뿌리를 먹는 것이?

- 뭐 생강같은 것도 심으면 뿌리 먹는 것이고, 당근도 심으면 뿌리 먹는 것이고.

또 나물해 먹는 것은 저.

- 시금치, 쑥갓, 상추.

잎, 잎줄기 먹는 것이지요?

- 예.

시금치.

- 쑥갓, 상추 그것을 주로 많이 심지요. 아욱.

뿌리 먹는 것 중에서 마늘 말고, 마늘 말고 그 비슷한 것이 있지요?

- 파.

파도 종뉴가 멷까지 이씀니까?

ㅡ 쪽파, 대파.

대파는 굴긍거조?

ㅡ 예.

옌날 재래종 작, 자긍거 읻찌 안슴니까?

ㅡ 쪽파, 그게 쪽파.

열매 멍는 채소로는 어떵게 이씀니까?

ㅡ 열매?

저쪽 드러올 때 보니까 이르케 됭게 읻데요.

ㅡ 가지.

가지. 또?

ㅡ 오이, 차매, 수:박, 호박, 토마토 뭐. 그건 과이리지, 참.

예, 오이. 오이는 참, 오이하고 외하고는 웰래 가튼 마린데 '오이'를 '외'라고도 함니까?

ㅡ 기냥 오이, '오이'는 '오이'라고 하지요.

예.

ㅡ 그러구 저 노랑거슨 차매라고 그러고.

예. 차매라 그럼니까, 차미라 그럼니까?

ㅡ 차매.

차매.

ㅡ 예.

그다으메 향신뇨 채소. 향신뇨 채소라능거슨 이제 주로 그 냄새, 냄새 나도록 하능거, 향끄탄 냄새가 나게 한다든지. 쑥깓 가틍거도.

ㅡ 나조.

약깐 그 향신뇨 쏘게 드러가는.

ㅡ 예.

파 종류가 몇 가지 있습니까?

ㅡ 쪽파, 대파.

대파는 굵은 것이지요?

ㅡ 예.

옛날 재래종 작, 작은 것 있지 않습니까?

ㅡ 쪽파, 그게 쪽파.

열매 먹는 채소로는 어떤 것이 있습니까?

ㅡ 열매?

저쪽 들어올 때 보니까 이렇게 된 것이 있데요.

ㅡ 가지.

가지. 또?

ㅡ 오이, 참외, 수박, 호박, 토마토 뭐. 그것은 과일이지, 참.

예, 오이. 오이는 참, '오이'하고 '외'하고는 원래 같은 말인데 '오이'를 '외'라고도 합니까?

ㅡ 그냥 '오이', '오이'는 '오이'라고 하지요.

예.

ㅡ 그러고 저 노란 것은 '참외'라고 그러고.

예. '차매'라고 그럽니까, '차미'라고 그럽니까?

ㅡ 차매.

차매.

ㅡ 예.

그다음에 향신료 채소. 향신료 채소라는 것은 이제 주로 그 냄새, 냄새가 나도록 하는 것, 향긋한 냄새가 나게 한다든지. 쑥갓 같은 것도.

ㅡ 나지요.

약간 그 향신료 속에 들어가는.

ㅡ 예.

고거보다 쪼끔 더 이제 냄새나능게 바카 가틍거라든지.

ㅡ 그러초.

또 저 미테 가며는 방아라능게 읻꺼든뇨. 방아 잘 모르시조? 방아.

ㅡ 몰라요.

여기는 후추, 중, 중부 지방.

ㅡ 오이두 냄새 마니 나자나요? 오이.

오이는 그래도 그 냄새 나도록 하는데 쓰지는 안치요. 그래 주로 냄새나게 하능거. 미나리.

ㅡ 미나리.

미나리두, 미나리는 그쪼게 마니 드러가는데 그거는 향신뇨 채소라고는 안 할꺼 가태요

ㅡ 마늘, 냄새 나자나요.

음, 그래도 그건 저 방아 가틍거시 그래도 젤.

ㅡ 전 그거 첨 듣는.

잘 엄능거 가태요, 우리나라에는. 중국 가튼 경우에는, 이제 중국요리를 머그며는 아주 우리로서는 아주 고야칸 냄새나능게 이꺼든뇨. 깬닙가치 생견는데.[3]

ㅡ 저는 중국 가서 도대체 몯 먹걷떠라고요.

이상한 맛, 그, 그거때무네 그럴꺼에요.

ㅡ 미시껍꾸 구냥 그래서. 그 호테레서 아치메 이제 뭐 머그면 요마난 빵.

ㅡ 빵, 그 아무걷뚜 안 넝거, 쬐끔 들척찌근할까 말까 하능거, 그냥 그거 머거써요, 그냥. 땅거는 도대체가 몯 먹걷뜨라고요.

다 그게 드러익꺼덩요. 만슴니다, 그런건.

ㅡ 뭐 또 점심때 이게 생서는 이마:난거 그양 호화찰란헌데, 잘::도 멍는 사람 잘 멍는데 한닙 넏따가[4] 아주 중는줄 아라써요, 기냥.

소금 안 처찌요? 그초? 소그미 안 드러이꺼든뇨.

그것보다 조금 더 이제 냄새가 나는 것이 박하 같은 것이라든지.

ㅡ 그렇지요.

또 저 밑에 가면 '방아'라는 것이 있거든요. '방아'를 잘 모르시지요? 방아.

ㅡ 몰라요.

여기는 후추, 중, 중부 지방.

ㅡ 오이도 냄새가 많이 나잖아요? 오이.

오이는 그래도 그 냄새 나도록 하는 데에 쓰지는 않지요. 그래 주로 냄새가 나게 하는 것. 미나리.

ㅡ 미나리.

미나리도, 미나리는 그 쪽에 많이 들어가는데 그것은 향신료 채소라고는 안 할 것 같아요.

ㅡ 마늘, 냄새가 나잖아요.

음, 그래도 그것은 저 방아 같은 것이 그래도 제일.

ㅡ 전 그것은 처음 듣는.

잘 없는 것 같아요, 우리나라에는. 중국 같은 경우에는, 이제 중국요리를 먹으면 아주 우리로서는 아주 고약한 냄새나는 것이 있거든요. 깻잎같이 생겼는데.

ㅡ 저는 중국 가서 (음식을) 도대체 못 먹겠더라고요.

이상한 맛, 그, 그것 때문에 그럴 거예요.

ㅡ 메스껍고 그냥 그래서. 그 호텔에서 아침에 이제 뭐 먹으면 요만한 빵.

ㅡ 빵, 그 아무것도 안 넣은 것, 조금 달착지근할까 말까 하는 것, 그냥 그것 먹었어요, 그냥. 다른 것은 도대체가 못 먹겠더라고요.

다 그것이(깻잎 같은 것) 들어 있거든요. 많습니다, 그런 것은.

ㅡ 뭐 또 점심 때 이게 생선은 이만한 것 그냥 호화찬란한데, 잘도 먹는 사람 잘 먹는데, 한 입 넣었다가 아주 죽는 줄 알았어요, 그냥.

소금 안 쳤지요? 그렇지요? 소금이 안 들어 있거든요.

ˉ 기냥 이상한 향내가 나가꾸 기냥.

향신뇨. 그게 그 향뇨. 그, 그게 이제 저 깬닙가치 생깅게 인는데 그렁거슬 중구게서는 그게 아니며는 뭐 몯 살거가치 그걸 마니 쓰거든뇨. 근데 우리나라 사람드른 그렁걸 잘 안 먹떤 그 습꽈니 이써가지고 거의 몯 멍는 사라미 만씀니다. 한구게서 들깨, 냄새 안 나게 하능거, 들깨, 들깨도 인는데 그건 저뇽으로 쓰능건 아니지요.

ˉ 개:고기 할 때 쓰능거.

어, 우리나라에는 그렇게 거의 엄는 세미네요.

ˉ 아이구 모르게써요. 태국 간는데두 그러쿠, 쭝국 간는데두 그러쿠, 아우, 홍콩 간는데두 그러쿠. 당최 음시글 머글쑤가 엄써가꾸.[5]

중국하고 광게가 기픈데에서는 다 그런 향뇨, 향뇨드를 마니 쓰니까.

ˉ 깅까 그냥 어떠케 한식찌비라고 가며는 기냥 고추장 나오면 그 고추장. 예, 마니도 안 주구. 저는 비우가[6] 여려서. 그 비행기 아네서 나오자나요. 바비고 머, 그건 하나도 몯 머거요.

항국 비행기에서 주능걷또요?

ˉ 예, 괘니 이게 안 마저요. 그래서 기냥 이르케 갇따 아페 주며는 하나뚜 안 머거요. 근데 우리 손녀딸하구 따른 잘 머거요. 근데 나만 몯 머거요. 원체 비우가 여링건지 촌시러워서 그런지.

호박까지고 만들수 인는 음시근 어떵거뜨리 익껜씀니까? 여러가지 쓰이지요?

ˉ 늘근 호바기요? 파란거루요?

우선 애호바게서부터.

ˉ 애호바기로는[7] 뭐 찌게두 하구, 부처서두 먹꾸. 또 채 처서두 이르키 호납패서 부치능거. 기냥 호방만 부치능거뚜 익꾸. 이르키 밀그러 가튼데 다 채 처서 너쿠 부치능걷뚜 익꾸. 여러 종뉴루.

밀그러에 뭐한다고요? 뭐 해서 채 친다고 그런다고 그럼니까?

ˉ 이르케 채 처서,

ㅡ 그냥 이상한 향내가 나가지고 그냥.

향신료. 그것이 그 향료. 그, 그것이 이제 저 깻잎같이 생긴 것이 있는데 그런것을 중국에서는 그것이 아니면 뭐 못 살 것같이 그것을 많이 쓰거든요. 그런데 우리나라 사람들은 그런 것을 잘 안 먹던 그 습관이 있어가지고 거의 못 먹는 사람이 많습니다. 한국에서 들깨, 냄새 안 나게 하는 것, 들깨, 들깨도 있는데 그것은 전용으로 쓰는 것은 아니지요.

ㅡ 개고기 할 때 쓰는 것.

어, 우리나라에는 그런 것이 거의 없는 셈이네요.

ㅡ 아이구 모르겠어요. 태국 갔는데도 그렇고, 중국 갔는데도 그렇고, 아우, 홍콩 갔는데도 그렇고. 당최 음식을 먹을 수가 없어가지고.

중국하고 관계가 깊은 데에서는 다 그런 향료, 향료들을 많이 쓰니까.

ㅡ 그러니까 그냥 어떻게 한식집이라고 가면 그냥 고추장 나오면 그 고추장. 예, 많이도 안 주고. 저는 비위가 여려서. 그 비행기 안에서 나오잖아요. 밥이고 뭐, 그것 하나도 못 먹어요.

한국 비행기에서 주는 것도요?

ㅡ 예, 괜히 이것이 안 맞아요. 그래서 그냥 이렇게 가져다가 앞에 주면 하나도 안 먹어요. 그런데 우리 손녀딸과 딸은 잘 먹어요. 그런데 나만 못 먹어요. 원체 비위가 여린 것인지 촌스러워서 그런 것인지.

호박가지고 만들 수 있는 음식은 어떤 것들이 있겠습니까? 여러 가지 쓰이지요?

ㅡ 늙은 호박이요? 파란 것으로요?

우선 애호박에서부터.

ㅡ 애호박으로는 뭐 찌개도 하고, 부쳐서도 먹고. 또 채(를) 쳐서도 이렇게 혼합해서 부치는 것. 그냥 호박만 부치는 것도 있고. 이렇게 밀가루 같은 데다가 채 쳐서 넣고 부치는 것도 있고. 여러 종류로.

밀가루에 뭐한다고요? 뭐 해서 채 친다고 그런다고 그럽니까?

ㅡ 이렇게 채 쳐서,

채 처서.

- 처서 인저 그거하구 서꺼서 그러케 부치기두 해자나요. 부치미.

그러치요.

- 예, 그러케도 해먹꾸 그러조.

그다으메 그 뜨거운 무레 살짝 해가지구 나물도 하지요?

- 예, 쩌 멍는다 그러조, 그거는. 옌나레는 이 불 가등게 마음대루 웁짜나요?[8] 불 때능거구. 그런깐 애호바글 인저, 가마소테다 바블하니까, 베어서 이렇게 쩌가지고, 이르케 짤러가꾸두 무처서 머거써요. 그뚜 그때 마시룬[9] 지금 생각캐면 마싣떵거 가태요.

그러켄네요. 그 채를 해가지고.

- 보끄기두[10] 하지요.

살짝 데처가지고, 그 마늘 다징거 너코, 고추그러 너쿠, 참기름 간장 해가지고 이 나물하능거또 인는데, 그러케는 안함니까?

- 그거는 그러케 해능게 아니라 채 친거는 이르케 채칼루 핸거 모냥 써능거자나요. 그러니까 살짝 주겨가꾸.[11]

살짝 뭘 한다고요?

- 주겨가꾸 소그메다.

아, 소그메.

- 그래야 그게 보들보들해지자나요. 그러면 그걸 꼭 짜서 보끄능거에요. 살짝 보끄능거. 그러케 해:서 양념, 예. 그러케 해:서 옌나레는 긴깐 장꾸기라고 그래지요. 지그믄 그걸 장꾸기라고 해지 안쿠 칼국쑤라 그래지만 옌나래는 장꾸기라 그래써요. 그거 인저 그, 그게 트키 그 장꾸글 하면 그 애호바기 거기에

맞조.

- 잘 만능거, 궁하비에요. 애호바글 채를 처서 살짝 주겨놛:따가 그거를 보꺼서 인제 이르케 장:꾸기라능거 한 그릇씨글 구게다가 너:서. 그게 마시

채 쳐서.

ㅡ 쳐서 이제 그것하고 섞어서 그렇게 부치기도 하잖아요. 부침개.

그렇지요.

ㅡ 예, 그렇게도 해먹고 그러지요.

그다음에 그 뜨거운 물에 살짝 해가지고 나물도 하지요?

ㅡ 예, 쪄 먹는다고 그러지요, 그것은. 옛날에는 이 불 같은 것이 마음대로 없잖아요? 불 때는 것이고. 그러니까 애호박을 인제, 가마솥에다가 밥을 하니까, 베어서 이렇게 쪄가지고, 이렇게 잘라가지고도 무쳐서 먹었어요. 그것도 그때 맛으로는 지금 생각하면 맛있었던 것 같아요.

그렇겠네요. 그 채를 해가지고.

ㅡ 볶기도 하지요.

살짝 데쳐가지고, 그 마늘 다진 것 넣고, 고춧가루 넣고, 참기름 간장 해가지고 이 나물하는 것도 있는데, 그렇게는 안 합니까?

ㅡ 그것은 그렇게 하는 것이 아니라 채 친 것은 이렇게 채칼로 한 것 모양 써는 것이잖아요. 그러니까 살짝 죽여가지고.

살짝 무엇을 한다고요?

ㅡ 죽여 가지고 소금에다가.

아, 소금에.

ㅡ 그래야 그것이 보들보들해지잖아요. 그러면 그것을 꼭 짜서 볶는 것이에요. 살짝 볶는 것. 그렇게 해서 양념, 예. 그렇게 해서 옛날에는 그러니까 장국이라고 그러지요. 지금은 그것을 장국이라고 하지 않고 칼국수라고 그러지만 옛날에는 장국이라 그랬어요. 그것 인제 그, 그것이 특히 그 장국을 하면 그 애호박이 거기에

맞지요.

ㅡ 잘 맞는 것, 궁합이에요. 애호박을 채를 쳐서 살짝 죽여 놓았다가 그것을 볶아서 인제 이렇게 장국이라는 것 한 그릇씩을 국에다가 넣어서. 그것

써요, 그르케 머그면.

그담, 늘근 호바근 뭐?

ㅡ 늘근 호바근 그 호방만 나물두 해머거요, 소금 너쿠. 저기 빨간꼬추 좀 쪼끔 써:러 너쿠 좀 소금 너쿠. 인저 쪼금 달큰하게 해:서 그르케해서 그저네 보리밥 그거 마:러[12]머거두 괜차낟떵거 가태요. 그러키두 하구.

국까치 하능검니까?

ㅡ 예, 예, 기냥 소그메다 깔곰항게 괜차널떵거 가태여. 보리바블 거다가 이르케 마러서.

아주 조씁니다. [웃음]

ㅡ 그리구 푸러, 그거루 푸래기두[13] 하구.

예.

ㅡ 또 지그믄 뭐 푸래기를 고급쓰럽께 하지만 그저:네는 그 여르메 그 호박푸래기두 마니 해머거써요. 왜냐므는 끄니 떼우느냐구, 그거루. 끄니. 근데 그때는 그 호박뚜 지그믄 이르케 칼루 베끼지만 그때는 그거를 숟깔 이르키

이르케 글걷짜나요.

ㅡ 글거써요. 그게 해:기 제일 시럳써요, 해이튼 힘들구. 그르케 해가꾸서는 풀게면,[14] 그저네 밀 가튼거 시므니까, 밀그러 쪼끔 너:서 이르케 해:서 푸래기 그러케 해머걷찌. 지금 모냥 쌀그러 너쿠 뭐 그러케 해써요? 지그믄 고그비로 멍능거구, 그때는 그 끄니 떼울라구 그냥 그르케 해:서 먹꾸. 또 그 호박 그기 저, 먹따 마느며는 저 찬바람 나서 추울라 할 때 호바글 인제 까서 이르케 길:게 까서 얼:얻따 노걷따 말려서 호박꼬지 그거해서 인저 겨우레 인저 이르케 떡 카면.

아, 조치요.

ㅡ 예, 시루떡.

호박 시루떡.

이 맛있어요, 그렇게 먹으면.

그다음, 늙은 호박은 뭐?

ˉ 늙은 호박은 그 호박만 나물도 해먹어요, 소금 넣고. 저기 빨간고추 좀 조금 썰어 넣고 좀 소금 넣고. 인제 조금 달큰하게 해서 그렇게 해서 그전에 보리밥 그것 말아먹어도 괜찮았던 것 같아요. 그렇게도 하고.

국같이(처럼) 하는 것입니까?

ˉ 예, 예, 그냥 소금에다 깔끔한 것이 괜찮았던 것 같아요. 보리밥을 거기다가 이렇게 말아서.

아주 좋습니다. [웃음]

ˉ 그리고 푸러, 그것으로 푸래기(범벅/풀떼기)도 하고.

예.

ˉ 또 지금은 뭐 푸래기를 고급스럽게 하지만 그전에는 그 여름에 그 호박 푸래기도 많이 해먹었어요. 왜냐하면 끼니 때우느라고, 그것으로. 끼니. 그런데 그때는 그 호박도 지금은 이렇게 칼로써 (껍질을) 벗기지만 그때는 그것을 숟갈 이렇게

이렇게 긁었잖아요.

ˉ 긁었어요. 그것이 하기 제일 싫었어요, 하여튼 힘들고. 그렇게 해가지고서는 풀게면(호박이 삶겨서 풀리면), 그전에 밀 같은 것 심으니까, 밀가루 조금 넣어서 이렇게 해서 푸래기 그렇게 해먹었지. 지금 모양 쌀가루 넣고 뭐 그렇게 했어요? 지금은 고급으로 먹는 것이고, 그때는 그 끼니 때우려고 그냥 그렇게 해서 먹고. 또 그 호박 거기 저, 먹다가 많으면 저 찬바람 나서 추우려고 할 때 호박을 인제 까서 이렇게 길게 까서 얼었다가 녹았다가 말려서 호박꼬지 그것 해서 인제 겨울에 인제 이렇게 떡을 하면.

아, 좋지요.

ˉ 예, 시루떡.

호박 시루떡.

‾ 게서 그 생각캐고 지금두 호박 쪼금 해:서 그르키 별미루다가 한번쯤들 이제 해머거요.

예, 그걷 잘 얼렫따가 노갇따 해서 해노은거슨 설탕 너응거 갇찌요.

‾ 다라요. 근데 이비 변해서 그런지, 그저네는 그 호박꼬지드리 참 다러떵 걸루 생가기 되는데 지그믄 그 마시 안 나능거 가태요. 마시 그 마시 안 나능거 가태. 기냥 생가게만 기냥 그르케 옌날꺼 생가글 해고 하능거엳찌. 그러케 뭐 잘 먹꼬 사라서 그렁거 가태요.

가지는 뭐 어떤 반차느로 만드러 먹씀니까?

‾ 가지는 옌나레는 밥소테다 쪋찌요. 저기 밥소테다 쪋:따가 끄네서 무처서 머건는데. 가지나무를 이르케 무처서 머건는데, 지그믄 따로 쪄야걷쪼. 쩌서 머글래면 기냥 저 쩌:서 무처 먹꼬, 옌나레는 그걸로 냉:꾹또 타머거써요. 무처서 거기다가 어:름 너쿠 이르케 물 좀 버:서 거다 밥뚜 마라머근거 가태요.

예. 요러케 하면 쭉쭉 잘 찌저지지요.

‾ 예. 잘 찌저저요. 그러고 뭐 또 기냥 어싣어싣[15] 짤러서 또 보끄기두 하구, 기르메다.

쪼금 말릳, 말렫따가 하능걷또 이씀니까?

‾ 그거 말렫따가 정워레도 먹끼도 핻쪼. 근데 요즈매드른 잘 안 해더라구요.

거어, 가지가 참 모메 조응건데 우리나라에는 고만 그걸 거의 안먹, 안멍능거 가태요. 일보네서는 지금도 가지는 아주 고그빔니다. 상당히 비싸고요.

‾ 가지 요새 비싸대는 마리 이써요.

네.

‾ 가지나무 뭐, 여기다가 다선 나무 시먼떠니 저 혼저 몰 따먹걷떠라구요. 그래서 기냥 따서. 게서 저기두 지금 쇠까바[16] 따다가 낟:는데.

그 가지가 참 조응건데.

ㅡ 그래서 그 생각하고 지금도 호박(꼬지를) 조금 해서 그렇게 별미로 한 번쯤들 이제 해먹어요.

예, 그것 잘 얼렸다가 녹았다가 해서 해 놓은 것은 설탕 넣은 것 같지요.

ㅡ 달아요. 그런데 입이 변해서 그런지, 그전에는 그 호박꼬지들이 참 달었던 것으로 생각이 되는데 지금은 그 맛이 안 나는 것 같아요. 맛이 그 맛이 안 나는 것 같아. 그냥 생각에만 그냥 그렇게 옛날 것 생각을 하고 하는 거였지. 그렇게 뭐 잘 먹고 살아서 그런 것 같아요.

가지는 뭐 어떤 반찬으로 만들어 먹습니까?

ㅡ 가지는 옛날에는 밥솥에다가 쪘지요. 저기 밥솥에다가 쪘다가 꺼내어서 무쳐서 먹었는데. 가지나물을 이렇게 무쳐서 먹었는데, 지금은 따로 쪄야겠지요. 먹으려면 그냥 저 쪄서 무쳐 먹고, 옛날에는 그것으로 냉국도 타 먹었어요. 무쳐서 거기다가 얼음 넣고 이렇게 물 좀 부어서 거기다가 밥도 말아먹은 것 같아요.

예. 요렇게 하면 쪽쪽 잘 찢어지지요.

ㅡ 예, 잘 찢어져요. 그리고 뭐 또 그냥 어슷어슷 잘라서 또 볶기도 하고, 기름에다가.

조금 말렀, 말렸다가 하는 것도 있습니까?

ㅡ 그것 말렸다가 정월에도 먹기도 했지요. 그런데 요즘에들은 잘 안 하더라고요.

그, 가지가 참 몸에 좋은 것인데 우리나라에서는 그만 그것을 거의 안 먹, 안 먹는 것 같아요. 일본에서는 지금도 가지는 아주 고급입니다. 상당히 비싸고요.

ㅡ 가지 요새 비싸다는 말이 있어요.

네.

ㅡ 가지나무 뭐, 여기다가 다섯 나무 심었더니 저 혼자 못 따먹겠더라고요. 그래서 그냥 따서. 그래서 저기도 지금 쉴까봐 따다 놓았는데.

그 가지가 참 좋은 것인데.

‾ 기냥 나는 먹긴 실쿠. 그래서 또 아까워서 따다 놘:는데 이따 가꾸가 세요.

예, 조씀니다. 가지, 그다메 가지도 소니 별로 앙 가능겅가요? 소니 마니. 벌레 좀 마니 끼지 안나요?

‾ 그게 가지두 벌레가 좀 끼:지. 근데 꼬추 시믄데다가 시멀떠니 잘 되더라구요. 게서 두어 사람 따주고. 아까, 고추 따다가 세므는 망하차나요?[17] 예, 따다 놘:는데 이따 각꾸 가실래요?

아, 조씀니다. 그다음 부추, 여기선 부추라 그럼니까?

‾ 예, 걸 조:리라구두 하는데 부:추라구 마니 하지요. 아니, 근데.

요기서는 뭐라고 그럼니까?

‾ 조:리라구두 하구 부:추라구두 하구 그래요. 근데 그저네부터 쓴 마른 조:리라구 그래찌.

예, 졸.

‾ 예.

졸, 졸. 월래는 또 한자로서는 소(素), 깨끋탄 푸리라고 해서 소, 소리랜는데. 저 미테 가며는 그걸 소풀.

‾ 그게 사람헌테 엄청 조태요.

굉장히 조씀니다. 뭘 해가지고 어떠케 먹씀니까, 여기서는?

‾ 부:추루다 김치두 해고, 저기 오이통지 해는데는 그게 드러가야 해요, 필히.

오이 머: 하는데요?

‾ 오이통지.

오이통지.

‾ 오이 소게다 넌능거.

그걸 머얼, 그건만 머:라고 이름. 오이소게 넌능걸 머라고 그럼니까?

‾ 오이통지라구두 해구 오이소배기[18]라구두 해요. 깅까 오이 인제 소그

ㅡ 그냥 나는 먹기는 싫고. 그래서 또 아까워서 따다 놓았는데 이따가 가지고 가세요.

예, 좋습니다. 가지, 그다음에 가지도 손이 별로 안 가는 것인가요? 손이 많이. 벌레 좀 많이 끼이지 않나요?

ㅡ 그것이 가지도 벌레가 좀 끼이지. 그런데 고추 심은 데다가 심었더니 잘 되더라고요. 그래서 두어 사람(에게) 따서 주고. 아까, 고추 따다가 쇠면 못 쓰잖아요? 예, 따다가 놓았는데 이따가 가지고 가실래요?

아, 좋습니다. 그다음 부추, 여기서는 '부추'라고 그럽니까?

ㅡ 예, 그것을 '졸'이라고도 하는데 '부추'라고 많이 하지요. 아니, 그런데.

요기서는 뭐라고 그럽니까?

ㅡ '졸'이라고도 하고 '부추'라고도 하고 그래요. 그런데 그전에부터 쓴 말은 '졸'이라고 그랬지.

예, 졸.

ㅡ 예.

졸, 졸. 원래는 또 한자로서는 '소(素)', 깨끗한 풀이라고 해서 '소', '솔'이랬는데. 저 밑에 가면 그것을 '소풀'.

ㅡ 그것이 사람한테 아주 좋다고 해요.

굉장히 좋습니다. 뭘 해가지고 어떻게 먹습니까, 여기서는?

ㅡ 부추로 김치도 하고, 저기 오이지 하는 데에는 그것이 들어가야 해요, 필히.

오이 무엇 하는 데요?

ㅡ 오이통지.

오이통지.

ㅡ 오이 속에다가 넣는 것.

그것을 무얼, 그것만 무어라고 이름. 오이 속에 넣는 것을 뭐라고 그럽니까?

ㅡ 오이통지라고도 하고 오이소배기라고도 해요. 그러니까 오이 인제 소

메 저려가지구 이르케 이르케, 거기에다가 그 부:추 양념해서 고추그러해서 양녀메서 너차나요? 그는 그 필히 그게 드러가야 돼:요. 그러구 또 그 부:추를 연핸거를 쌩이로가, 긴깐 시큼달큼하게 빨:가케. 그게 이르케 푹 쭉찌 안케 금방 무처서 머그면 그걷뚜 참 마시써요

저, 그걸 뭐라, 걷쪼리가치.

ᅳ 예, 예, 예.

거 참 모메 조타고 그래요. 그리고 저, 데처가지고도

ᅳ 무처 머거요.

무처서도 먹지요. 미나리는 여기 마니 나옴니까? 잘 먹씀니까?

ᅳ 미나리 사다는 안:먹, 별루 안 머건는데. 무슨 일 가튼 때는 마니 사오지, 그거를 회: 가틍거 무치는데 넌:냐구. 근데 인제 이런데 보며는 미나리가 이써요, 자연사니로. 그러믄 보메 두어번씨근 캐:머거요. 캐:다가.

무 린는데 남니까?

ᅳ 아니, 그냥 뚝 가튼데. 예, 이르케 보메 요망큼씩 캘 때 한두번 해머건나?

시머 노응건가요?

ᅳ 아니, 그냥 지가 뚝 가튼데. 그, 그거 짤러다가 살머서 무처 먹꾸. 또 씀베[19] 해:서도 살마 먹꾸. 보메 두어축 해머근거 가태요.

고들빼기는 어떧슴니까? 여기에는 잘 안 남니까?

ᅳ 고들빼기는 이낀 더러 인는데. 저는 그 고들빼기 그 뿌리, 뭐 어떤 사람드른 그게 마싣따구 하는데, 전 그 뿌리가 실터라구요.

뿌리 저까레 해노으며는 마싣짜나요?

ᅳ 저는 임:만 먹꾸 마니까.

저까레다가 김치가치 다마다가 노으면 그게 굉장히 마시 인는데요.

ᅳ 그래, 저는 인제 그 뿌리가 시러요, 어째뜬. 그래서 그 임:만 머거요. 그래는데, 뿌리가 조타고드른 해는데 나는 시른거에요. 그런데, 그 고들

금에 절여가지고 이렇게 이렇게, 거기에다가 그 부추 양념해서 고춧가루 해서 양념해서 넣잖아요. 그것은 그 필히 그것이 들어가야 돼요. 그러고 또 그 부추를 연한 것을 생으로, 그러니까 시큼달큼하게 빨갛게. 그것이 이렇게 푹 죽지 않게 금방 무쳐서 먹으면 그것도 참 맛있어요.

저, 그것을 뭐라고, 겉절이같이.

ㅡ 예, 예, 예.

그것이 참 몸에 좋다고 그래요. 그리고 저, 데쳐가지고도

ㅡ 무쳐 먹어요.

무쳐서도 먹지요. 미나리는 여기(에) 많이 나옵니까? 잘 먹습니까?

ㅡ 미나리 사서는 안 먹, 별로 안 먹었는데. 무슨 일 같은 때에는 많이 사오지, 그것을 회 같은 것 무치는 데 넣느라고. 그런데 인제 이런 데 보면 미나리가 있어요, 자연산으로. 그러면 봄에 두어 번씩은 캐어 먹어요. 캐어서.

물이 있는 데 납니까?

ㅡ 아니, 그냥 뚝 같은 데. 예, 이렇게 봄에 요만큼씩 캘 때 한두 번 해먹었나?

심어 놓은 것인가요?

ㅡ 아니, 그냥 제가 뚝 같은 데. 그, 그것 잘라서 삶아서 무쳐 먹고. 또 씀바귀를 캐:서도 삶아 먹고. 봄에 두어 축 해먹은 것 같아요.

고들빼기는 어떻습니까? 여기에는 잘 안 납니까?

ㅡ 고들빼기는 있기는 있는데. 저는 그 고들빼기 그 뿌리, 뭐 어떤 사람들은 그것이 맛있다고 하는데, 저는 그 뿌리가 싫더라고요.

뿌리 젓갈에 해놓으면 맛있잖아요?

ㅡ 저는 잎만 먹고 마니까.

젓갈에다가 김치같이 담가 놓으면 그것이 굉장히 맛이 있는데요.

ㅡ 그래, 저는 인제 그 뿌리가 싫어요, 어쨌든. 그래서 그 잎만 먹어요. 그러는데, 뿌리가 좋다고들은 하는데 나는 싫은 거예요. 그런데, 그 고들빼

빼기 비스:탱거 이써요. 그저네 그게 담배나무리라고 해덩가? 고들빼기 종뉴에요. 근데 조오 너머 바테 한번 쫙 그게 마니 낟떠라구요. 그래서 그거를 보메 해가꾸, 치믈[20] 담궈따가 김치를 해:서 머거본 역싸가 이써요. 그 씀:배김치두 하구, 씀바귀두 해보구 햳:따가 이르케. 그는 젇깔루만, 젇깔루만 해:야돼요. 그러케 해믄 한두번쯔믄 참 마시써요. 그러니까 뭐 사다 해능게 아니라 기냥 자연산 저, 캐:다가 그러케 해:서 좀 머거써요. 그 토라니 고그비라고 하는데 그게 곰:탕 끄리는데들 느:서들 해자나요? 전 그 미끈미끈해구 그래서 별로.

개떡 머글 때처럼.

‒ 그게 참 미끄러워요, 에. 미끈미끈항게 시러가꾸, 에, 안 저기하더라구요.[21]

영그는?

‒ 영:근, 영:그는, 딸드리 내가 영:근 잘:머그니까 그걸 잘: 조려와요.

그, 영그는 미끈미끄는 안 해도 좀 질질항거는 읻찌요?

‒ 그건 익끼는 인는데, 그래두 그게 잘 조리며는 마시떠라구요. 그래니까 그거를 이제 부페 가튼데 가믄 내가 지버다 먹꾸 그래니까, 딸드리 그거를 해:서 조려서 가끔 가저오더라구요. 근데 처멘 참 조안는데 인제 자꾸만 갇따주다보니깐 [웃음] 실치. 시러해요.

아니, 이버네는 바꿔서, 이게 마싣따, 이르케 좀 바꾸어서 자꾸 그러시지요.

‒ 그러게 처으메 큰따리 겨론해기 저네 실랑, 사위가 차자오는데, "우리 엄마는 바나나 조아한다." 그러니까, 그때는 귀하, 귀해지요. 이만큼씨캉 걸 사오는데, 오기만 하면 그걸 사오더래니까요. 나중엔 질려가꾸서는, 시러가꾸서는, "여보게, 나 인저 바나나 시러." [웃음] 아니, 그러게 옌:마래 자싱 미길라구 기냥 자시근 조응거 주구 나는 시래기구기 조타조타 해니까냥, 시지블 간는데두 맨날 가므는 시래기구글 끄려주더래자나요.

그러게. 바나나가 옌나레 비쌀 때는 그러케 마시떠니.

기 비슷한 것이 있어요. 그전에 그것이 담배나물이라고 하던가? 고들빼기 종류예요. 그런데 저 너머 밭에 한번 쫙 그것이 많이 났더라고요. 그래서 그것을 봄에 해(캐어)가지고, 소금물에 담갔다가 쓴맛을 우려내고 김치를 해서 먹어 본 역사가 있어요. 그 씀바귀김치도 하고, 씀바귀도 해보고 했다가 이렇게. 그것은 젓갈로만, 젓갈로만 해야 돼요. 그렇게 하면 한두 번쯤은 참 맛있어요. 그러니까 뭐 사다가 하는 것이 아니라 그냥 자연산 저, 캐어다가 그렇게 해서 좀 먹었어요. 그 토란이 고급이라고 하는데 그것이 곰탕 끓이는 데들 넣어서들 하잖아요? 전 그 미끈미끈하고 그래서 별로.

개떡 먹을 때처럼.

ˉ 그것이 참 미끄러워요, 예. 미끈미끈한 것이 싫어가지고, 예, 안 저기(=미지칭)하더라고요.

연근은?

ˉ 연근, 연근은 딸들이 내가 연근 잘먹으니까 그것을 잘 졸여와요.

그, 연근은 미끈미끈은 안 해도 좀 질질한 것은 있지요?

ˉ 그것은 있기는 있는데, 그래도 그것이 잘 졸이면 맛있더라고요. 그러니까 그것을 이제 부페 같은 데 가면 내가 집어다가 먹고 그러니까, 딸들이 그것을 해서 졸여서 가끔 가져오더라고요. 그런데 처음에는 참 좋았는데 인제 자꾸만 갖다주다 보니까 [웃음] 싫지. 싫어해요.

아니, 이번에는 바꾸어서, 이것이 맛있다, 이렇게 좀 바꾸어서 자꾸 그러시지요(말하시지요).

ˉ 그러게 처음에 큰딸이 결혼하기 전에 신랑, 사위가 찾아오는데, "우리 엄마는 바나나 좋아한다." 그러니까, 그때는 귀하, 귀하지요. 이만큼씩 한 것을 사오는데, 오기만 하면 그것을 사오더라니까요. 나중에는 질려가지고, 싫어가지고, "여보게, 나 이제 바나나 싫어." [웃음] 아니, 그러니까 옛말에 자식 먹이려고 그냥 자식은 좋은 것 주고 나는 시래기국이 좋다좋다 하니까, 시집을 갔는데도 만날(늘) 가면 시래기국을 끓여주더라고 하잖아요.

그러게. 바나나가 옛날에 비쌀 때에는 그렇게 맛있더니.

ˉ 예, 진짜, 지그믄 마시 억:꾸 실타구. 옌나래 얼마나 귀해써요?

귀해야 마시 읻찌요.

ˉ 예.

맏뚜 달라징거 가태.

ˉ 그저넨 마씨썰떵거 가튼데.

예, 채소도 마니 요리해서 머걱꼬. 사네 나물 캐러 마니 가보셔씀니까? 산나물.

ˉ 예, 그저네는 마니 가써요.

어떤 나물드를 주로 캐: 와씀니까?

ˉ 사네 가며는 그저네, 인제 여기는 별루 사니 업서서 엄는데. 저기에는 도라지래등가 뭐. 두꺼리라구 그러지 그 나무를. 이러키 쌈두 머글쑤 읻때덩가. 터리 수북수북 행거 가틍거, 뚱글뚱글행거, 그게 두껄나무리래지, 아마.

두껄.

ˉ 예, 그거 벼랑간 생각컬래니까. 또 뭐 혼니부리:래는 나무리 익꾸. 또 그게 뭐:조? 지베두 캐:다 심꾸 그랜는데 생가기 안 나네. 추, 추, 추나물, 주로 추나물. 그 뭐 미역추래능거, 그렁거.

고비 가틍거도 인나요?

ˉ 그거는 여런[22] 데는 업써요.

예, 쫌 기픈 산.

ˉ 기픈 사네나 이찌 이런데는 업떠라구요.

고사리 가튼, 고사리 종뉴, 냉이 가틍거슨뇨?

ˉ 그건 바테서 나요.

바테, 들판. 달래 가틍거, 더더근뇨?

ˉ 안 나요.

비름, 비름나물.

ˉ 비름나무른 바테 나능건데, 저는 그 비름나무래서 홍내 가틍게 나서,

－ 예, 진짜, 지금은 맛이 없고 싫다고. 옛날에 얼마나 귀했어요?

귀해야 맛이 있지요.

－ 예.

맛도 달라진 것 같아.

－ 그전엔 맛있었던 것 같은데.

예, 채소도 많이 요리해서 먹었고. 산에 나물 캐러 많이 가보셨습니까? 산나물.

－ 예, 그전에는 많이 갔어요.

어떤 나물들을 주로 캐 왔습니까?

－ 산에 가면 그전에, 인제 여기는 별로 산이 없어서 없는데. 저기에는 도라지라든가 뭐. 두껄이라고 그러지 그 나물을. 이렇게 쌈도 먹을 수 있다든가. 털이 수북수북한 것 같은 것, 둥글둥글한 것, 그것이 두껄나물이라고 하지, 아마.

두껄.

－ 예, 그것 별안간 생각하려니까. 또 뭐 홑이불이라는 나물이 있고. 또 그게 뭐지요? 집에도 캐다 심고 그랬는데 생각이 안 나네. 추, 추, 취나물, 주로 취나물. 그 뭐 미역추라는 것, 그런 것.

고비 같은 것도 있나요?

－ 그것은 이런 데(땅)에는 없어요.

예, 좀 깊은 산.

－ 깊은 산에나 있지 이런 데에는 없더라고요.

고사리 같은, 고사리 종류, 냉이 같은 것은요?

－ 그것은 밭에서 나요.

밭에, 들판. 달래 같은 것, 더덕은요?

－ 안 나요.

비름, 비름나물.

－ 비름나물은 밭에 나는 것인데, 저는 그 비름나물에서 흙내 같은 것이

저는 안 멍는데, 근데 그게 조타구 해구.

비름나물 조치요.

ˉ 예, 조:타구 하구들, 여기서 뭐 마이 나며는 따서 저기 올리더라구요, 팔러. 예, 근데 저능 거기서 그르케 마니 봉거는 업꾸. 지가 기냥 그거 시러하니까 별루 안 머거요.

네. 쇠비르믄뇨?

ˉ 쇠비르믄 죽찌두 아너요, 뽀버놔두. 그거는 야글 줘:두 안 죽꾸 뽀버놔:두 잘 안 주거요. 그건 참 도캐요.

그러니까 모메는 조을꺼 가꾼뇨, 끈질기고 이래서.

ˉ 글쎄요, 그건 모:르겐는데, 야글 줘:두 그거는 입새귀만 오로롤 떠러지구서는 그 뺄:건데 그건 고대루 인따가 또 나더라구요. 살:더라구요.

다 훔처놔:서 싸아노으며는 또.

ˉ 잉, 그냥 그건 죽찌두 아너요, 여간해:서.

그 메밀, 메밀 키워보신적 이씀니까? 메밀.

ˉ 옌나레 키웓쪼.

그 나물 해먹쪼?

ˉ 예, 그건뚜 좀 미끈미끈해요, 나무리.

그러씀니다. 그래서 잘.

ˉ 아니, 좀 머거봉건 인는데 그게 좀 미끄러운 기가 인능거 가터요.

식초를 좀 너:서 해:야 마시 인는데.

ˉ 그건 제:가 무칭게 아니구 어디서 무처서 이르케 갇떠니 핸:는데 쩜 미끄러웅거 가틍거를 느껴써요, 제가.

여기서는 믿빤차는 어떵걷뜨를 주로 함니까?

ˉ 고추 가틍거. 고추 가틍거 새켜서 그거두 믿빤찬 하구. 또 저:기 무:, 가으레 무: 써:러서 말려서 그 무:말랭이 그거 믿빤찬두 하고. 호:박, 인저 가을 삭빠람[23] 나면서 호박, 애호박 열리믄 그거 써:러서 너럳따가 그거뚜

나서, 저는 안 먹는데, 그런데 그것이 좋다고 하고.

비름나물 좋지요.

⁻ 예, 좋다고 하고들, 여기서 뭐 많이 나면 (비름나물을) 따서 저기(*미지칭) (서울로) 올리더라고요, 팔러. 예, 그런데 저는 거기서 그렇게 많이 본 것은 없고. 제가 그냥 그것을 싫어하니까 별로 안 먹어요.

네. 쇠비름은요?

⁻ 쇠비름은 죽지도 않아요, 뽑아 놓아도. 그것은 약을 주어도 안 죽고 뽑아놓아도 잘 안 죽어요. 그것은 참 독해요.

그러니까 몸에는 좋을 것 같군요, 끈질기고 이래서.

⁻ 글쎄요, 그것은 모르겠는데, 약을 주어도 그것은 앞사귀만 오로롤 떨어지고 그 뻘건 데 그것은 그대로 있다가 또 나더라고요. 살더라고요.

다 훔쳐 놓아서 쌓아 놓으면 또.

⁻ 잉, 그냥 그것은 죽지도 않아요, 여간해서.

그 메밀, 메밀 키워보신 적이 있습니까? 메밀.

⁻ 옛날에 키웠지요.

그 나물 해먹지요?

⁻ 예, 그것도 좀 미끈미끈해요, 나물이.

그렇습니다. 그래서 잘.

⁻ 아니, 좀 먹어본 것은 있는데 그것이 좀 미끄러운 기가 있는 것 같아요.

식초를 좀 넣어서 해야 맛이 있는데.

⁻ 그것은 제가 무친 것이 아니고 어디서 무쳐서 이렇게 갔더니 했는데 좀 미끄러운 것 같은 것을 느꼈어요, 제가.

여기서는 밑반찬은 어떤 것들을 주로 합니까?

⁻ 고추 같은 것. 고추 같은 것 삭혀서 그것도 밑반찬(을) 하고. 또 저기 무, 가을에 무 썰어서 말려서 그 무말랭이 그것 밑반찬도 하고. 호박, 인제 가을 삭바람 나면서 호박, 애호박 열리면 그것 썰어서 널었다가 그것

반차니루 되지요. 말렫떵거.

콩니피나 깬닙 까틍거슨?

ᅳ 깬닙또 해요. 깬니븐 해는데, 담:찌요, 간장에다.

된장에는 안 함니까?

ᅳ 간장에 해:요, 여기는. 그러구 콩니븐 안 머거요, 여기.

깬닙.

ᅳ 깬니븐 머거요.

국 까틍거슨 어떤 국뜨를 주로 드심니까? 국 종뉴.

ᅳ 긍거. 김치 이쓸 때는 김치국뚜 끄리고. 예, 시금치루두 끄리구. 아욱 이쓸 땐 아우기로두 끄리구. 무 이쓸 때는 무, 콩나물 이쓸 때는 콩나물 사서 끄리구. 근데 주로 콩나물로는 기냥 구기루 아 나구 이르케 조금 질척질척해게[24] 봉는 시그루다.

지지미는 어떵거를?

ᅳ 지지미래는거는[25] 저, 고추장 너쿠, 무 너쿠, 뭐 두부 너:쿠, 뭐 이르케. 뭐 동태 너쿠, 이런거 너쿠 해능거를 지지미 뭐, 동태지지미 핸다. 돼:지지지미 핸다 그러며는 돼지고기 넌능거구. 그런시기조. 그거를 지지미라 그러대요. (그러고) 고추장에다 해능거.

전, 저:는 어떤걸? 평소 때는 잘 안 하조? 명절 때.

ᅳ 그러초. 명절 때 가튼 때 뭐 동태전 뭐, 누림전 뭐 이런.

누림뇨?

ᅳ 저:기, 녹뚜로 하능거.

그 누림저:니라구 그럼니까?

ᅳ 기냥 누리미 이래자나요.

누리미. 누러타고 그런가요?

ᅳ 모르게써요. 기냥 뭐 빈대떠기라구 불르능거는 이런 저:기서나 빈대떠기지. 누리미 핸다구. 녹뚜 누리미 핸다 머.

도 반찬으로 되지요. 말렸던 것.

콩잎이나 깻잎 같은 것은?

ˉ 깻잎도 해요. 깻잎은 하는데, 담지요, 간장에다.

된장에는 안 합니까?

ˉ 간장에 해요, 여기는. 그러구 콩잎은 안 먹어요, 여기.

깻잎.

ˉ 깻잎은 먹어요.

국 같은 것은 어떤 국들을 주로 드십니까? 국 종류.

ˉ 그런 것. 김치 있을 때는 김치국도 끓이고. 예, 시금치로도 끓이고. 아욱 있을 때는 아욱으로도 끓이고. 무 있을 때는 무, 콩나물 있을 때는 콩나물 사서 끓이고. 그런데 주로 콩나물로는 그냥 국으로 안 하고 이렇게 조금 질척질척하게 볶는 식으로다.

지지미는 어떤 것을?

ˉ 지지미라는 것은 저, 고추장 넣고, 무 넣고, 머 두부 넣고, 뭐 이렇게. 뭐 동태 넣고, 이런 것 넣고 하는 것을 지지미 뭐, 동태지지미 한다. 돼지 지지미 한다 그러면 돼지고기 넣는 것이고. 그런 식이지요. 그것을 지지미라고 그러더군요. (그러고) 고추장에다가 하는 것.

전, 전은 어떤 것을? 평소 때에는 잘 안 하지요? 명절 때.

ˉ 그렇지요. 명절 때 같은 때 뭐 동태전 뭐, 누림전 뭐 이런.

누림요?

ˉ 저기, 녹두로 하는 것.

그 '누림전'이라고 그럽니까?

ˉ 그냥 '누림이' 이렇게 하잖아요.

누림이. 누렇다고 그러는가요?

ˉ 모르겠어요. 그냥 뭐 빈대떡이라고 부르는 것은 이런 저기서나 빈대떡이지. 누림이 한다고. 녹두 누림이 한다 뭐.

누리미.

ˉ 예, 누리미라구 마니 해:요.

그게 빈대떡.

ˉ 예, 그러치요. 가틍거지요. 녹뚜루 하능거.

장:떠기라능거슨 여기서는 안 합니까?

ˉ 그거는 그:저네 어려서 머거는 봔:는데 고추장 너쿠 해더라구요, 장떠기래능거는. 예, 밀그러에다가. 근데 우리네는 그렁걸 안 해머거써요, 별루. 그거를 밥 반차니루 이르케 해능거 가태요. 장떠기라구 뻴:거케.

어, 추어탕은뇨?

ˉ 추어탕은 뭐 게이트볼 칠 때두 가끔 사다가 해먹꾸 그러는데. 추어탕 하능거능 거기다 국쑤 너튼데요.

국쑤를 넌는다고요?

ˉ 예.

여기 자체에서는 볼래 멍는 음식임니까?

ˉ 옌나레는 미꾸라지 가틍게 마:난는데 지그믄 엄:능거 가태요.

자연사는 거이 업쪼?

ˉ 예, 사다가 저, 해구. 겨우렌가 언제 어디서 뭐 붕어, 붕어 해가꾸 그거또 추어탕 비스테게 머. 저:기 거기다 국쑤 너:요, 얼:크내게 끄려가지구.

그, 그게 저, 전통저그로 그냥 그러케 해완나요, 요즘 생깅건가요?

ˉ 아녜요, 그전서부터 추어탕이래능거는 이 저:기, 붕어 가틍 거를 푹:과:가꾸 기냥. 어떤 땐 걸르능건뚜 각꾸, 안 걸르능거 각꾸. 해구 기냥 거기다 국쑤를 너터라구요.

그럼 양녀믄 멀 쓰나요?

ˉ 파, 마늘 다 너어야지.

누림이.

ᅳ 예, '누림이'라고 많이 해요.

그것이 빈대떡.

ᅳ 예, 그렇지요. 같은 것이지요. 녹두로 하는 것.

장떡이라는 것은 여기서는 안 합니까?

ᅳ 그것은 그전에 어려서 먹어는 보았는데 고추장 넣고 하더라고요, 장떡이라는 것은. 예, 밀가루에다가. 그런데 우리네는 그런 것을 안 해먹었어요, 별로. 그것을 밥 반찬으로 이렇게 하는 것 같아요. 장떡이라고 뻘겋게.

어, 추어탕은요?

ᅳ 추어탕은 뭐 게이트볼 칠 때도 가끔 사다가 해먹고 그러는데. 추어탕하는 것은 거기다가 국수 넣던데요.

국수를 넣는다고요?

ᅳ 예.

여기 자체에서는 본래 먹는 음식입니까?

ᅳ 옛날에는 미꾸라지 가튼 것이 많았는데 지금은 없는 것 같아요.

자연산은 거의 없지요?

ᅳ 예, 사다가 저, 하고. 겨울엔가 언제 어디서 뭐 붕어, 붕어 해가지고 그것도 추어탕 비슷하게 뭐. 저기 거기다가 국수 넣어요, 얼큰하게 끓여가지고.

그, 그것이 저, 전통적으로 그냥 그렇게 해왔나요, 요즈음 생긴 것인가요?

ᅳ 아녜요, 그전에서부터 추어탕이라는 것은 이 저기, 붕어 같은 것을 푹 고아가지고 그냥. 어떤 때는 거르는 것도 같고, 안 거르는 것 같고. 하고 그냥 거기다가 국수를 넣더라고요.

그럼 양념은 무얼 쓰나요?

ᅳ 파, 마늘 다 넣어야지.

파, 마늘 너코. 꼬축그러도 넌나요?

ㄱ 고추장을 너어쓰니까 고추까룬 안 넌능거 갇떤데.

아, 뻘:걸케 해가지고.

ㄱ 예, 뻘:거케.

후추 가틍거 나중에 넌나요?

ㄱ 인제, 찬는 사라믄 너쿠, 시른 사라믄 안 너쿠. 후추를 너으면 비린내가 덜 하니까 넌는 사람은 너초.

옌나레 후추 업떤 시저레 비링거 시러하는 사람 뭐 넌나요?

ㄱ 기냥 머긍거 가태.

금, 저 채소가틍 거슨 뭘 넌능가요? 그 미나리 가틍거는 안 너코요?

ㄱ 무슨 때 해멍는다면 미나리를 사다 너켄는데 벼란가네 인제 사다가 하니까 그렁거는 몬 너코. 파, 마늘 가틍거는 여기서 시머 멍능거니까 그렁거는 마:니 너:요. 그러니까 여러시서 먹꾸 그러니까 기냥 뭐 어울려서들 마이 먹떠라구요.

거뚜 그냥, 갈:지 앙쿠 그냥 멍나요?

ㄱ 앙 갈구.

여기는 추어탕 앙 갈고 하는뎅가요?

ㄱ 아니, 내 지베서 해며는 갈:쑤두 인는데, 회관 가튼데서 벼란간 해니까. 그때 뭐 머그러 오라구 그래서 가니까 기냥 미꾸라지가 기냥 이만큼씩. 그래두 잘:들, 남자드리 잘들 잡숟떠라구요.

추어탕 끄려 보셤슴니까?

ㄱ 저두 그저네 끄려 봐:써요.

그러며는 그게 아네, 그 개우리나 그런데 인능거는 냄새 마니 나거던뇨, 개를 머거서.

ㄱ 홍내.

흥내가. 그니까 그 하기 저네 그걸 다 토하게 하고 그렁건 안 하셤씀니파, 마늘 넣고. 고춧가루도 넣나요?

- 고추장을 넣었으니까 고춧가루는 안 넣는 것 같던데.

아, 뻘겋게 해가지고.

- 예, 뻘겋게.

후추 같은 것 나중에 넣나요?

- 인제, 찾는 사람은 넣고, 싫은 사람은 안 넣고. 후추를 넣으면 비린내가 덜 하니까 넣는 사람은 넣지요.

옛날에 후추 없던 시절에 비린 것 싫어하는 사람은 뭐 넣나요?

- 그냥 먹은 것 같아.

그럼, 저 채소 같은 것은 뭘 넣는가요? 그 미나리 같은 것은 안 넣고요?

- 무슨 때 해먹는다면 미나리를 사다가 넣겠는데 별안간에 인제 사다가 하니까 그런 것은 못 넣고. 파, 마늘 같은 것은 여기서 심어 먹는 것이니까 그런 것은 많이 넣어요. 그러니까 여럿이서 먹고 그러니까 그냥 뭐 어울려서들 많이 먹더라고요.

그것도 그냥, 갈지 않고 그냥 먹나요?

- 안 갈고.

여기는 추어탕 안 갈고 하는 데인가요?

- 아니, 내 집에서 하면 갈 수도 있는데, 회관 같은 데서 별안간 하니까. 그때 뭐 먹으러 오라고 그래서 가니까 그냥 미꾸라지가 그냥 이만큼씩. 그래도 잘들, 남자들이 잘들 잡숫더라고요.

추어탕 끓여보셨습니까?

- 저도 그전에 끓여 보았어요.

그러면 그것이 안에, 그 개울이나 그런 데 있는 것은 냄새 많이 나거든요, 개를 먹어서.

- 흙내.

흙내가. 그러니까 그 하기 전에 그것을 다 토하게 하고 그런 것은 안 하셨습까?

ˉ 그거는 몰르겍꾸. 소그미루다가 그걸 마이 따꺼가꾸 하는데 따꺼가꾸 해:두 홍내가 나요.

그 아네께 안 나오니까 그러치요.

ˉ 근데 오래두 누가 뭐 하는데, 정:기 무:를 하는데 그 아저씨드리 일해러 오시는 아저씨드리 어디서 뭐 붕어를 자버, 낙씨지를 해서 자버 왿따 그러데요. 근데 바블 아 내줘:두 돼:써써요. 자기네드리 사먹꾸 해는 이리 여썬는데. 그게 읻따구 그래길래 내가 반차는 업찌만 그럼 내가 그거를 해:서 해준다 그러구. 제가 그 붕어탕을 조아해요. 홍내가 나두 히안해게 딴 저기는 해는데. 그 얼:큰해게 붕어를 자작자작 이르케 해며는 조리능 거보덤 쪼금 무를 좀 더 익께금. 긴깐 좀 약깐 가니 쪼끔 센듣 그런시기로다가 행걸 제가 조아해요, 무 너쿠. 그래서 그러케 끄려서 한번 얼마저네 해줘:써요.

그걸 한나절쯤 하루빰쯤 식초를 해가지고 무레다 식초를 타서 노으며는 아네 인능거를 전부 토해내거던뇨. 그러믄 이제 그 홍내가 그이 업찌요. 그래 이제 미꾸라지 가틍거슨 소그믈 해서 바락바락 주므리면 끈끄내지지요. 식초를 너어서 아네꺼슬 토하게 만드러야 홍내가 안 나요.

ˉ 그러면 중능거 아녜요?

그럼 죽쪼. 그래두 미꾸라지는 상당히 그 질겨서 좀처럼 안 죽씀니다. 예.

ˉ 식초 너:믄.

저, 토하기만 하지요.

ˉ 무레 담궈 놔:두 배타낸다구 그러더라구요. 깨끄탄 무레다가.

그래두 식초를 해야만.

ˉ 바지락 저기, 무레다 너쿠 소그믈 너:노:믄 토해드시.

예, 아네거슬 전부 다 내:야 돼:요.

ˉ 그 뭐 죄: 빼:내는데 어때요. 죄 빼:내는데.

니까?

ˉ 그것은 모르겠고. 소금으로다가 그것을 많이 닦아가지고 하는데 (소금으로) 닦아가지고 해도 흙내가 나요.

그 안의 것이 안 나오니까 그렇지요.

ˉ 그런데 올해도 누가 뭐 하는데, 전기 뭐를 하는데 그 아저씨들이 일하러 오시는 아저씨들이 어디서 뭐 붕어를 잡아, 낚시질을 해서 잡아 왔다 그러데요. 그런데 밥을 안 해주어도 되었었어요. 자기네들이 사먹고 하는 일이었었는데. 그것이 있다고 그러기에 내가 반찬은 없지만 그러면 내가 그것을 해서 해준다 그러고. 제가 그 붕어탕을 좋아해요. 흙내가 나도 희안하게 다른 저기(=것)는 하는데. 그 얼큰하게 붕어를 자작자작 이렇게 하면 졸이는 것보다 조금 물을 좀 더 있게끔. 그러니까 좀 약간 간이 조금 센 듯 그런 식으로 한 것을 제가 좋아해요, 무 넣고. 그래서 그렇게 끓여서 한번 얼마 전에 해주었어요.

그것을 한나절쯤 하룻밤쯤 식초를 해가지고 물에다 식초를 타서 놓으면 안에 있는 것을 전부 토해내거든요. 그러면 이제 그 흙내가 거의 없지요. 그래 이제 미꾸라지 같은 것은 소금을 넣어서 바락바락 주무르면 끈끈해지지요. 식초를 넣어서 안에 것을 토하게 만들어야 흙내가 안 나요.

ˉ 그러면 죽는 것 아녜요?

그럼 죽지요. 그래도 미꾸라지는 상당히 그 질겨서 좀처럼 안 죽습니다. 예.

ˉ 식초 넣으면

저, 토하기만 하지요.

ˉ 물에 담가 놓아도 뱉어낸다고 그러더라고요. 깨끗한 물에다가.

그래도 식초를 해야만.

ˉ 바지락 저기, 물에다 넣고 소금을 넣어 놓으면 토하듯이.

예, 안에 것을 전부 다 내어야 돼요.

ˉ 그 뭐 죄(모두) 빼어내는데 어때요. 죄 빼어내는데.

이걸 하나씩 한마리씩 다 할쑤가 업짜나요.

ㅡ 아, 저, 미꾸라지. 붕어는 크니까.

붕어 가틍거슨 그러케 안 해:도 될껌니다.

ㅡ 그러쿠나. 그러니까 금방은 모태자나요.

그초. 미리 해야 되조. 근데 요즈메 파능거, 장 가튼데 파능거슨 흥냄새 안 나지 안나요?

ㅡ 안 나능거 가태요.

거는 양식항거일테니까.

양시캐도 그게 진흑, 저 뭐야 황토, 황토바테다가 키운다던대요, 미꾸라지를?

ㅡ 근데 황토에다 키운건지 아닌지. 그건뚜 수입헌다매요?

중구게서 드러오능게 대부부님니다.

ㅡ 그러니까 안 조초.

중금속 마니 익꼬. 대개는 그 상처가 나면 주그니까 마이시린 가튼 야귤, 항생제를 막 뿌리거든뇨. 그래서 양시근 어느거든지 별로 조응게 아닙니다.

ㅡ 그래요.

이제부터는 다릉거슬 무러보게씁니다. 힌떠기라는 거시 이씀니까? 힌떡.

ㅡ 예, 정워레 해능거.

그거는 어떠케 함니까?

ㅡ 지그묘? 지그믄 기게로 해는데. 그 옌날, 옌날시기로, 옌날 방버브로. 옌:나레는 그거를 인저 쌀까루를 빠아가꾸, 쌀까루를 빠아가꾸 또 절구에 쩌어, 찌어요.

빵:거를 다시 찐는다고요?

ㅡ 에, 그게 이르키 반드러지두룩[26] 쩌예지요. 찌어가꾸서는 해능거 봐:써요, 이르케. 저 그게 좀 그래두 이 기게꺼마는 모타조. 그거를 이르키 이르케 맨들더라구요. 이르케 똥그라케 이르케 이르케 소니로 미러서 이

이것을 하나씩 한 마리씩 다 할 수가 없잖아요.

ㅡ 아, 저, 미꾸라지. 붕어는 크니까.

붕어 같은 것은 그렇게 안 해도 될 겁니다.

ㅡ 그렇구나. 그러니까 금방은 못하잖아요.

그렇지요. 미리 해야 되지요. 그런데 요즘에 파는 것, (시)장 같은 데에서 파는 것은 흙냄새 안 나지 않나요?

ㅡ 안 나는 것 같아요.

그것은 양식한 것일 테니까.

양식해도 그것이 진흙, 저 뭐야 황토, 황토밭에다가 키운다던데요, 미꾸라지를?

ㅡ 그런데 황토에다가 키운 것인지 아닌지. 그것도 수입한다면서요?

중국에서 들어오는 것이 대부분입니다.

ㅡ 그러니까 안 좋지요.

중금속 많이 있고. 대개는 그 상처가 나면 죽으니까 마이시린 같은 약을, 항생제를 막 뿌리거든요. 그래서 양식은 어느 것이든지 별로 좋은 것이 아닙니다.

ㅡ 그래요.

이제부터는 다른 것을 물어보겠습니다. 흰떡이라는 것이 있습니까? 흰떡.

ㅡ 예, 정월에 하는 것.

그것은 어떻게 합니까?

ㅡ 지금요? 지금은 기계로 하는데. 그 옛날, 옛날 식으로, 옛날 방법으로. 옛날에는 그것을 인제 쌀가루를 빻아가지고, 쌀가루를 빻아가지고 또 절구에 찧어, 찧어요.

빻은 것을 다시 찧는다고요?

ㅡ 예, 그것이 이렇게 반들어지도록 찧어야지요. 찧어가지고 하는 것을 보았어요, 이렇게. 저 그것이 좀 그래도 이 기계 것만은 못하지요. 그것을 이렇게 이렇게 만들더라고요. 이렇게 똥그랗게 이렇게 이렇게 손으로 밀

르케 쭉쭉 뽀버가면서 이르케 맨들던데요, 힌떠글. 그 떠근 끄리며는 푸러지길 자래요.

이게 꽉:: 여물지 아너서 그런 모양이지요?

ㄱ 예, 그 떠근 푸러지길 자래요. 이르케 끄리믄 얼릉 먹꺼나 그러케 해두 쫄긴되능게 더:라구 푸러저요, 그 떠근. 그저네 흔떠근 그러케 푸러, 그래서 끄려서 쫌 나므면 그냥 풀떼기 모냥.

힌떠기라 그럼니까? 흔떠기라 그럼니까?

ㄱ 흔떠기라[27] 그래요. 그냥 힌떡 그래질 앙쿠 흔떡, 흔떠기라 불르조.

흔떠기지요?

ㄱ 에. 그러구 나서 인저 고다으메는 그르키 맨들다가 그다메는 기게루 방아까네서 맨드는 시기 이써써요. 그거는 싸를 기냥 찌는데, 이 한 마레다가 찹쌀 가등거 한 되씨기나, 두 됭가 한 되를 너어서 기냥 쩌요. 술빱처럼 쩌가꾸 방아까네 각꾸 가며는 그걸 기냥 이르케 빼:능건데. 우트케 인저 으스러징거뚜 익꾸 안 으스러징거뚜 익꾸, 인저 이 바바리. 그르키 면녀늘 그르키 해머거써요, 그 여기 와서. 근데 그 또 그르케 행거랑 바바리 읻찌요? 바바리. 이 근데 그 이르케 찔긴지. 찔겨써요, 그거는 또 떠기.

예, 찹싸리 드러가서 그렁가요?

ㄱ 아니요, 찹싸른 딴만하지 말라구 찹싸를 넝:건데요. 그 떠근 진짜 찔겨요, 이상하게. 찔겨써요, 그 떠기. 그런데 지그믄 뭐 방아까네서 뭐 빠아가 해니까 지그믄 딱 막께 조초. 몰라요. 하이튼 방아까네서 그 쌀루다 쩌서 핸 떠근 찔겨요, 그러케. 그래서 왠만핸 노인네들 이 시원차는 사람, 분드른 잘 몯 잡수셔써요, 그게 찔겨가지구. 예, 그렁 기어기 이써요.

호박 시루떠근 어떠케 핻씀니까? 호박시루떡.

ㄱ 아까 호박꼬지떠기요?

호박꼬지떡.

ㄱ 아, 그거는 쌀, 인제 찹쌀, 멥쌀 이르케 반씩 해:서 빠아서 시루에다

어서 이렇게 죽죽 뽑아가면서 이렇게 만들던데요, 흰떡을. 그 떡은 끓이면 풀어지길 잘해요.

이것이 꽉 여물지 않아서 그런 모양이지요?

ㅡ 예, 그 떡은 풀어지기를 잘해요. 이렇게 끓이면 얼른 먹거나 그렇게 해도 쫄깃대는 것이 덜하고 풀어져요, 그 떡은. 그전에 흰떡은 그렇게 풀어, 그래서 끓여서 좀 남으면 그냥 풀떼기 모양.

'흰떡'이라고 그럽니까? '흔떡'이라고 그럽니까?

ㅡ '흔떡'이라 그래요. 그냥 '흰떡' 그러질 않고 '흔떡', '흔떡'이라고 부르지요.

'흔떡'이지요?

ㅡ 예. 그러고 나서 인제 고다음에는 그렇게 만들다가 그다음에는 기계로 방앗간에서 만드는 식이 있었어요. 그것은 쌀을 그냥 찌는데, 이 한 말에다가 찹쌀 같은 것 한 되씩이나, 두 된가 한 되를 넣어서 그냥 쪄요. 술밥처럼 쪄가지고 방앗간에 가지고 가면 그것을 그냥 이렇게 빼는 것인데. 어떻게 인제 으스러진 것도 있고 안 으스러진 것도 있고, 인제 이 밥알이. 그렇게 몇 년을 그렇게 해먹었어요, 그 여기 와서. 그런데 그 또 그렇게 한 것과 밥알이 있지요? 밥알이. 이 그런데 그 이렇게 질긴지. 질겼어요, 그것은 또 떡이.

예, 찹쌀이 들어가서 그런가요?

ㅡ 아니요, 찹쌀은 단단하지 말라고 찹쌀을 넣은 것인데요. 그 떡은 진짜로 질겨요, 이상하게. 질겼어요, 그 떡이. 그런데 지금은 뭐 방앗간에서 뭐 빻아가지고 하니까 지금은 딱 맞게 좋지요. 몰라요. 하여튼 방앗간에서 그 쌀로 쪄서 한 떡은 질겨요, 그렇게. 그래서 웬만한 노인네들 이 시원찮은 사람, 분들은 잘 못 잡수셨어요, 그것이 질겨가지고. 예, 그런 기억이 있어요.

호박 시루떡은 어떻게 했습니까? 호박 시루떡.

ㅡ 아까 호박꼬지떡이요?

호박꼬지떡.

ㅡ 아, 그것은 쌀, 인제 찹쌀, 멥쌀 이렇게 반씩해서 빻아서 시루에 인제

인제 찌능건데 방아까네서두 쩌주지요. 근데 인제 그저네 우리네 지베서 찔라면 그저네 시루가 이짜나요. 이르케 구녕 뽕뽕 뚤링거. 그 시루판 노코, 인저 미창에 팓 까틍거 노코. 거기다 인저 쌀까루 한 대저비든 두 대저비든 그 시루에 용냥에 따라서 너쿠. 거기다가 호박꼬지를 기냥 쌩걸 넌능게 아니라, 호박꼬지를 씨서서 팓 살믈쩌게 살머가꾸서는 마저막 김: 드릴 때 거기다 살짝 쩌요, 호박꼬지를. 그:믄 얼축 이긍거에요, 호박꼬지가. 그래야 마시써요. 그러케 해가꾸 뭐 이르케 쪽:쪽쪽 느러노쿠서능 거기다 쌀까루 또 미창에 너웅거 모냥 고거에 마춰서 노코. 저 요로케 뭐 반지르르해게 해가꾸 인저 파슬 뿌리자너요. 네, 그러먼 그게 가운데가 드러가지요, 인저. 양:쪼게 똑가치 쌀:까루가 드러가구 그 가운데가 드러쓰니까 그러케 하믄 그게 짤르믄 한 쪼기 되구 이르케 쪼기 나능거조.

백설기라는게 이찌요? 그거는 쫌 다르지 안씀니까?

ᅳ 백설기는.

스폰지가치 이르케.

ᅳ 그거는 스뻔치가치 해능거는 술떠기라구 그러조. 술떡, 술떠기다. 예, 예. 그거는 술떠기구 백설기는 기냥 하야케 찌능거.

술떠근 어떠케 함니까?

ᅳ 술떠근 뭐 해보지는 아나써요. 저런데서 해오기는 해써두. 그 뭐, 술 너쿠 이러키 좀 부낀다[28] 그러능거 가태요. 예, 부끼는, 예. 백설기 가틍거는 저기, 그를 흰무리라구 그래지요, 흰무리. 예, 그거는 애기들 배길때 돌때, 그때 흰무리라 하지요. 하야케 아무건뚜 안 너쿠. 그 애기들 저기 때는 흰무리라구 그러케 해구. 지그믄 해능거는, 우리네 머그려구 해능거는 꺼멍콩도 너쿠 하구 이르케 해능거, 기냥 하얀데다 서꺼서 해지만 애기들 배길이나 돌때는 기냥 하야케.

버섣 가틍거슨 여기서 남니까?

ᅳ 버섣, 그저네는 버섣 마이 따러 다녀써요.

찌는 것인데 방앗간에서도 쪄주지요. 그런데 인제 그전에 우리네 집에서 찌려면 그전에 시루가 있잖아요. 이렇게 구멍 뻥뻥 뚫린 것. 그 시루판 놓고, 인제 밑창에 팥 같은 것 놓고. 거기다가 인제 쌀가루 한 대접이든 두 대접이든 그 시루의 용량에 따라서 넣고. 거기다가 호박꼬지를 그냥 생것을 넣는 것이 아니라, 호박꼬지를 씻어서 팥 삶을 적에 삶아가지고는 마지막 김 들일 때 거기다가 살짝 쪄요, 호박꼬지를. 그러면 얼추 익은 것이에요, 호박꼬지가. 그래야 맛있어요. 그렇게 해서 뭐 이렇게 쭉쭉쭉 늘어놓고서는 거기다가 쌀가루 또 밑창에 넣은 것 모양 고것에 맞추어서 놓고. 저 요렇게 뭐 반지르르하게 해가지고 인제 팥을 뿌리잖아요. 네, 그러면 그것이 가운데가 들어가지요, 인제. 양쪽에 똑같이 쌀가루가 들어가고 그 가운데가 들었으니까 그렇게 하면 그것이 자르면 한 쪽이 되고 이렇게 쪽이 나는 것이지요.

백설기라는 것이 있지요? 그것은 좀 다르지 않습니까?

ㅡ 백설기는.

스폰지같이 이렇게.

ㅡ 그것은 스폰지같이 하는 것은 '술떡'이라고 그러지요. 술떡, 술떡이다. 예, 예. 그것은 술떡이고 백설기는 그냥 하얗게 찌는 것.

술떡은 어떻게 합니까?

ㅡ 술떡은 뭐 해보지는 않았어요. 저런 데에서 해오기는 했어도. 그 뭐, 술 넣고 이렇게 좀 부낀다(부풀게 한다) 그러는 것 같아요. 예, 부끼는, 예. 백설기 같은 것은 저기, 그것을 '흰무리'라고 그러지요, '흰무리'. 예, 그것은 애기들 백일 때, 돌 때, 그때 흰무리라 하지요. 하얗게 아무 것도 안 넣고. 그 애기들 저기(미지칭) 때는 흰무리라고 그렇게 하고. 지금은 하는 것은, 우리네 먹으려고 하는 것은 검은콩도 넣고 하고 이렇게 하는 것, 그냥 하얀 데에다 섞어서 하지만 애기들 백일이나 돌때에는 그냥 하얗게.

버섯 같은 것은 여기서 납니까?

ㅡ 버섯, 그전에는 버섯 많이 따러 다녔어요.

어떤 종뉴 버서심니까?

ˉ 오이꼳 버서시라구 노::랑거 그거허구 뭐 청버섣, 또 가빼서시라고 이르케 요러:케 되는 가빼섣, 그렁게 이 사네 마니 나써써요, 그저네 나무 뜩꾸 해쓸 때는. 근데 지그믄 사네를 드러갈쑤가 업써요. 생:전 나무를 안 뜨드니까. 기니까 산두 버려써요. 왜냐하믄, 그 뭐 이 넝쿨지는 그 나무가 그 솔라무래등가, 여기 가시다 보며는 다: 가머써요. 근데 그게 그 가믄 나무가 보며는 다 뿌리가 이써요. 이 감는 나무가 가머 올라가는데 그 뿌리가 그 나무를 빠라머거서 나무가 주거요. 그래서 지그믄 그 버섣, 가:미 버서시구 머:구 사네 드러갈쑤가 업써요. 그저네 마이, 여르메 비오구, 비오구 나면 마이 따러 다녀써요. 따다가 그거 인제 살머가꾸서는 저기 호방 너쿠 이르케 뭐 밀까루 쪼끔 풀구 이르케 해서 얼큰해게 끄리면 마시써써요. 그래서 마이 해머거써요.

근데 그 독빼서신지 멍는 버서신지를 구별할수가 이써씀니까?

ˉ 안 멍는 버서슨 아러요, 그저네 마이 따러 다녀서. 빨:간 버섣 뭐 이렁건 안 머거요. 그리구 몬 멍는 버서슨 이, 이게 버서시믄 이 대, 대가 뚝, 이 멍는 버서슨 짜악짝 고기마냥 찌저저요, 버서시. 근데 몬 멍는 버서슨 기냥 뚝뚝.

그냥 부러진다구요?

ˉ 에, 뭐, 트키 아능거는 아니지마는 그래두 대충 아라요. 그 머그믄 미친대는 버섣뚜 읻꾸. 뭐 그러능거.

들깨는 따로 심능게 이씀니까?

ˉ 에, 따루 심쪼. 참깨, 참깨하구 들깨. 참깨는 요기 요:러케 가시다 보믄, 우리 요기 참깨 꼬두마리[29] 그건 늑께 시머봐써요. 제가 참깨는 이미 다 터:른 상태거등요. 머어 나:, 딴 집뜨른 다 턴: 상태에요. 저두 쪼끔 시머따 터런는데. 제가 쫌 늑께 시머봐써요. 요기 요 나가는데. 그랟떠니, 고 꼬두마리징거 고거는 하양깨고, 지금 꼬시 한창 피능 거는 까만깨에요.

어떤 종류의 버섯입니까?

ㅡ 오이꽃버섯이라고 노란 것 그것과 뭐 청버섯, 또 갓버섯이라고 이렇게 요렇게 되는 갓버섯, 그런 것이 이 산에 많이 났었어요, 그전에 나무 뜯고 했을 때에는. 그런데 지금은 산에를 들어갈 수가 없어요. 생전(=전혀) 나물을 안 뜯으니까. 그러니까 산도 버렸어요. 왜냐하면, 그 뭐 이 넝쿨지는 그 나무가 그 소나무라던가, 여기 가시다가 보면 다 감았어요. 그런데 그것이 그 감은 나무가 보면 다 뿌리가 있어요. 이 감는 나무가 감아 올라가는데 그 뿌리가 그 나무를 빨아먹어서 나무가 죽어요. 그래서 지금은 그 버섯, 감히 버섯이고 뭐고 산에 들어갈 수가 없어요. 그전에 많이, 여름에 비 오고, 비 오고 나면 많이 (버섯을) 따러 다녔어요. 따다가 그것 인제 삶아가지고는 저기(미지칭) 호박 넣고 이렇게 뭐 밀가루 조금 풀고 이렇게 해서 얼큰하게 끓이면 맛있었어요. 그래서 많이 해먹었어요.

그런데 그 독버섯인지 먹는 버섯인지를 구별할 수가 있었습니까?

ㅡ 안 먹는 버섯은 알아요, 그전에 많이 따러 다녀서. 빨간 버섯 뭐 이런 것은 안 먹어요. 그리고 못 먹는 버섯은 이, 이것이 버섯이면 이 대, 대가 뚝, 이 먹는 버섯은 짝짝 고기처럼 찢어져요, 버섯이. 그런데 못 먹는 버섯은 그냥 뚝뚝.

그냥 부러진다고요?

ㅡ 예, 뭐, 특히 아는 것은 아니지마는 그래도 대충 알아요. 그 먹으면 미친다는 버섯도 있고. 뭐 그러는 것.

들깨는 따로 심는 것이 있습니까?

ㅡ 예, 따로 심지요. 참깨, 참깨하고 들깨. 참깬 요기 요렇게 가시다가 보면, 우리 요기 참깨 꼬투리 그것은 늦게 심어보았어요. 제가 참깨는 이미 다 턴 상태거든요. 뭐 나, 다른 집들은 (깨를) 다 턴 상태예요. 저도 (깨를) 조금 심었다가 털었는데. 제가 좀 늦게 심어보았어요. 요기 요 나가는 데. 그랬더니, 그 꼬투리진 것 그것은 하얀깨이고, 지금 꽃이 한창 피는 것은 검은깨

게서 까만깨가 느징거 가태길래 기냥 먹뜬 안 먹뜬 경험 사머서 시험쩌기로 시머봐써요, 기냥. 머그믄 조쿠 몬 머그믄 고마니구.

지금 상태는 어떠씁니까?

¯ 꼬 펴요. 꼬 펴서 해니까 머글꺼 가태요. 그러구 들깨는 지금 한창 자라는 중이에요. 들깨는 가으레 해거든뇨.

아, 그 들, 들깨가 훨씬 더 저 강하지요, 참깨보다는?

¯ 강하지요. 억시구.[30] 자라믄 그게 억셔요. 참깨는 그거는 마으믈 몬놔:요. 그거 다 돼:서 나시 이르케 빌: 때까지 그게 다:: 됏:따가두 떨::썩하는수가 이써요. 걍 털썩 주거요, 그냥. 그래서 그거는 낟 꺼러봐야 안다구 그래요. 낟 꺼러 봐야 안다. 참깨는 잘 돼써도 낟 거러 봐야 안다. 그니까 빌:: 때 안다 이거에요.

아, 낟, '낟 거러'의 나슨 나신 모양이조?

¯ 예.

'거러'는뇨?

¯ 낟 거러 봐야 된다. 저두 이거 뭐 다::들 해는 마:린데. 기:니까 나시루다가 빌라구 이르케 거러봐야 안다.

거러봐야, 예, 예.

¯ 잘 됏는지 몯 됏는지는 낟 꺼러 봐야 안다. 이런시기로. 암만 잘 됏:따가두 그게 다:: 된거 갇떠라두 폭썩할 때가 이써요, 벼란가네. 그래서 참깨는, 서루 무슨 말:해믄 "우리 참깨 낟 꺼러 봐야 아러." 그리고 "누구깨 잘 됏:떤데 그거 낟 꺼러 봐야 아러." 이런시기로 말:해:요. 아, 구름가치 잘:: 됏따가두 기냥 어느날 갑짜기 그냥, 기냥 푹 저기 해는수가 이써요 써요. 참깨는 쫌 그렁게 이써요. 근데 뭐, 들깨는 뭐, 시머놔:서 자라기만 하면. 근데 이제 벌레가 이쓰니까 양만 며뻔 주면 들깨는 머. 저 근데 들깨두 바람 마즈믄 기냥 또 허꺼에요.

어, 그 바라믄 무슨 바라밈니까?

예요. 그래서 검은깨가 늦은 것 같기에 그냥 먹든 안 먹든 경험 삼아서 시험적으로 심어보았어요, 그냥. 먹으면 좋고 못 먹으면 그만이고.

지금 상태는 어떻습니까?

ㅡ 꽃(이) 피어요. 꽃이 피어서 하니까(피니까) 먹을 것 같아요. 그리고 들깨는 지금 한창 자라는 중이에요. 들깨는 가을에 (추수를) 하거든요.

아, 그 들, 들깨가 훨씬 더 저 강하지요, 참깨보다는?

ㅡ 강하지요. 억세고. 자라면 그것이 억세어요. 참깨는 그것은 마음을 못 놓아요. 그것 다 되어서 낫이 이렇게 벨 때까지 그것이 다 되었다가도 떨썩하는(망치는) 수가 있어요. 그냥 털썩 죽어요, 그냥. 그래서 그것은 낫(을) 걸어보아야 안다고 그래요. 낫(을) 걸어 보아야 안다. 참깨는 잘 되었어도 낫을 걸어 보아야 안다. 그러니까 벨 때 안다 이거예요.

아, 낫, '낟 거러'의 '낟'은 '낫'인 모양이지요?

ㅡ 예.

'거러'는요?

ㅡ 낫 걸어 보아야 된다. 저도 이것은 뭐 다들 하는 말인데. 그러니까 낫으로 베려고 이렇게 걸어보아야 안다.

걸어 보아야, 예, 예.

ㅡ 잘 되었는지 못 되었는지는 낫을 걸어 보아야 안다. 이런 식으로. 아무리 잘 되었다가도 그게 다 된 것 가더라도 망칠 때가 있어요, 별안간에. 그래서 참깨는, 서로 무슨 말을 하면 "우리 참깨 낫(을) 걸어 보아야 알아." 그리고 "누구 깨 잘 되었던데 그것은 낫을 걸어 보아야 알아." 이런 식으로 말을 해요. 아, 구름같이 잘 되었다가도 그냥 어느날 갑자기 그냥, 그냥 푹 저기(미지칭) 하는 수가 있어요. 참깨는 좀 그런 것이 있어요. 그런데 뭐, 들깨는 뭐, 심어놓아서 자라기만 하면. 그런데 이제 벌레가 있으니까 약만 몇 번 주면 들깨는 뭐. 저 그런데 들깨도 바람 맞으면 그냥 또 헛것이에요.

어, 그 바람은 무슨 바람입니까?

ㅡ 저두 모르게써요. 바라미 부러서 바람 마즌건지. 뭐, “들깨가 바람 마저서 그냥 빈쭉재여.” 이래구들 그런 마:를 써요.

어, 게저리 바뀌어서 부는 바람 아니구요?

ㅡ 바라미 쎄:서 마절때는건지는 모르겐는데. 들깨는 그게 이써요, 또. 깨가 잘 된거 가튼데 바라미 마절때므는 빈 쭉쨍이에요. 깨가 여물지를 모태구. 그게 바람 마절따[31] 그러대요. “우리 들깨 바람 마저서 헐꺼여.” 이래 그런시기로 말:해요.

그 바라미 무슨 바라밈니까?

ㅡ 그게 빈 쭉째로[32] 영근데는 소리 가태요.

음, 여기서 쓰는 양념, 주로 마니 쓰는 양녀믄 어떤걷뜨리 이씀니까?

ㅡ 음식 맨들 때요? 뭐, 고추까루 뭐, 깨소금, 간장 가틍거, 마늘, 파. 그건 항상 드러가야 되니까.

기본저그로.

ㅡ 예, 그거는 뭐:를 해든지 드러가야 해니까.

생강은 일반저그로 마니 쓰는 세밈니까? 특뻐란 경우에 쓰는 건가요?

ㅡ 생강, 생강은 마이는 안 써요. 저는 기냥 웬마:난 때 김치 헐 때는 생강 별로. 김장 가튼 때 이런 때 쫌 쓰구. 생강이 수정과 할 때 마이 쓰조.

그러초, 예.

ㅡ 수정과 할 때 마이 쓰구.

여기서는 생강을 마니 키우는 세밈니까?

ㅡ 아니요, 거이 업쪼. 거이 업꾸. 기냥 저는 안 심는데 기냥 머글껃뜰 조금씩 심는 사람들뚜 이써요.

일보는 보니까 생강을 아주 마니 멍능거 가태요. 그걸 비저가지고 김치, 생강김치를 다머서 팔기도 하거든뇨. 그 괜차내요. 마시 괜찬코. 스시, 그 스시가, 스시를, 초밥 가틍거 머글 때는 식초에 저려가지고 마니 먹꺼든뇨.

ㅡ 저는 초바블 조아해거든뇨. 그래가꾸 저는 회:를 머거두 와사비, 그

－ 저도 모르겠어요. 바람이 불어서 바람 맞은 것인지 뭐, "들깨가 바람 맞아서 그냥 빈쭉지야." 이러고들 그런 말을 써요.

어, 계절이 바뀌어서 부는 바람 아니구요?

－ 바람이 세어서 맞았다는 것인지는 모르겠는데. 들깨는 그게 있어요, 또. 깨가 잘 된 것 같은데 바람이 맞았다면 빈 쭉정이예요. 깨가 여물지를 못하고. 그것이 바람 맞았다고 그러데요. "우리 들깨 바람 맞아서 헛것이야." 이렇게 그런 식으로 말해요.

그 바람이 무슨 바람입니까?

－ 그것이 빈 쭉정이로 여문다는 소리 같아요.

음, 여기서 쓰는 양념, 주로 많이 쓰는 양념은 어떤 것들이 있습니까?

－ 음식 만들 때요? 뭐, 고춧가루 뭐, 깨소금, 간장 같은 것, 마늘, 파. 그것은 항상 들어가야 되니까.

기본적으로.

－ 예, 그것은 무엇을 하든지 들어가야 하니까.

생강은 일반적으로 많이 쓰는 셈입니까 특별한 경우에 쓰는 것인가요?

－ 생강, 생강은 많이는 안 써요. 저는 그냥 웬만한 때 김치 할 때는 생강 별로. 김장 같은 때 이런 때 좀 쓰고. 생강이 수정과 할 때 많이 쓰지요.

그렇지요, 예.

－ 수정과 할 때 많이 쓰고.

여기서는 생강을 많이 키우는 셈입니까?

－ 아니요, 거의 없지요. 거의 없고. 그냥 저는 안 심는데 그냥 먹을 것들 조금씩 심는 사람들도 있어요.

일본은 보니까 생강을 아주 많이 먹는 것 같아요. 그것을 빚어가지고 김치, 생강김치를 담가서 팔기도 하거든요. 그 괜찮아요. 맛이 괜찮고. 스시, 그 스시가, 스시를, 초밥 같은 것 먹을 때에는 식초에 절여가지고 많이 먹거든요.

－ 저는 초밥을 좋아하거든요. 그래가지고 저는 회를 먹어도 와사비, 그

촌사람드른 와사비를 잘 안 멍는데, 저는 저두 촌사라민데 저는 와사비를 조아해요. 그래서 회 머글 때 그냥 거기다가 듬뿍 처요, 그냥 그 고추장에다.

눈물 안 나오나요?

– 그저, 그래야 멍는 마시 나요. 그래서 그래니깐 그거를 조아해구. 해파리 냉채 그거뚜 조아해요. 그때 우리 고모부가 서울가더니, 아이 촌:녀니 어떠케 그렁걸 멍느냐구. 아니, 넌 이:상해다구. 촌:녀니 어떠케 그렁걸 멍냐구. 촌:사라믄 잘 암 멍는데. 그래서 제가 그거를 참 조아해가꾸 해파리를. 우리 딸들 시집갈 때는 지베서 차려써요. 지끔드른 안 차리자나요. 지베서 차리니까 뭐, 마이는 아 내:도 머글께 서로가 노나아 머글꺼뚜 이꾸. 머글께 마나요, 와서들 하니까. 네:번 겨론식 핼 때 그 해파리를 꼭 해써요. 제가 그걸 잘 무처요. 그거는 쏘:는 맏뚜 이써야 해구. 예, 그래가꾸선 제가 좀 뭐 면 싸람한테 알려, 그걸 가리켜 달라 해서 가리켜 주기두 해구. 이, 글쎄, 면찝 가서 그걷뚜 또 해달라구 해서, 해달래서 해주구.

하기두 하구.

– 예, 제가 조아하니까 그거를. 게서 그게 좀 탁::탁 쏘:자나요. 지바네 황:가베 기냥 마틍게, 일핼 임무 마틍게 해파리 무치능거하구 저기 소고기 그 회, 유쾨 그거하구 두: 가지만 그냥 며치를 마터서 핸떠니 그냥 혀가 다 갈라저가꾸. 그거 무칠래믄 자꾸 마슬 쪼금 보고 그래다 보니까. 그래서 한번 혼:난저기 이써써요. 유쾨하구 그거만 두 가지만 기냥 마터가꾸 해는데 엄::청 잘 팔리더라구요, 그게. 예.

아, 그럼 유쾨를 잘 해멍는 펴닌가요?

– 유쾌가 꼭뜰 해는데. 해:파리가 그러케 잘 팔릴쑤가 엄떠라구요. 그래가꾸.

마시 이써떤 모냥이지요?

촌사람들은 와사비를 잘 안 먹는데, 저는 저도 촌사람인데 저는 와사비를 좋아해요. 그래서 회 먹을 때 그냥 거기다가 듬뿍 쳐요, 그냥 그 고추장에다.

눈물 안 나오나요?

ㅡ 그저, 그래야 먹는 맛이 나요. 그래서 그러니까 그것을 좋아하고. 해파리 냉채 그것도 좋아해요. 그때 우리 고모부가 서울가더니, 아이 촌년이 어떻게 그런 것을 먹느냐고. 아니, 너는 이상하다고. 촌년이 어떻게 그런 것을 먹느냐고. 촌사람은 잘 안 먹는데. 그래서 제가 그것을 참 좋아해가지고 해파리를. 우리 딸들 시집갈 때에는 집에서 차렸어요. 지금들은 안 차리잖아요. 집에서 차리니까 뭐, 많이는 안 해도 먹을 것이 서로가 나누어 먹을 것도 있고. 먹을 것이 많아요, 와서들 하니까. 네 번 결혼식할 때 그 해파리를 꼭 했어요. 제가 그것을 잘 무쳐요. 그것은 쏘는 맛도 있어야 하고. 예, 그래가지고 제가 좀 뭐 몇 사람한테 알려, 그것을 가르쳐 달라고 해서 가르쳐 주기도 하고. 이, 글쎄, 몇 집 가서 그것도 또 해달라고 해서, 해달래서 해주고.

하기도 하고.

ㅡ 예, 제가 좋아하니까 그것을. 그래서 그것이 좀 탁탁 쏘잖아요. 집안의 환갑에 그냥 맡은 것이, 일할 임무 마튼 것이 해파리 무치는 것과 소고기 그 회, 육회 그것과 두 가지만 그냥 며칠을 맡아서 했더니 그냥 혀가 다 갈라져가지고. 그것 무치려면 자꾸 맛을 조금 보고 그러다 보니까. 그래서 한번 혼난 적이 있었어요. 육회와 그것만 두 가지만 그냥 맡아가지고 하는데 굉장히 잘 팔리더라고요, 그것이. 예.

아, 그러면 육회를 잘 해 먹는 편인가요?

ㅡ 육회를 꼭들 하는데. 해파리가 그렇게 잘 팔릴 수가 없더라고요. 그래가지고.

맛이 있었던 모양이지요?

ㅡ 에, 괜차난썬써요. 하이튼 저는 그걸 탁탁 쏴:야 되구. 시큼달큼하믄서 탁탁 쏴:야 그 맏, 제 마시거든뇨. 기인까 가치, 두 지비가 황가비언는데, 그 집뚜 해파리를 핸는데 그 지븐 해파리가 하나뚜 암 먹뜨래요. 그랜따고 불려가서 이거 쫌 다시 해보라구 그래서 가보니까 불그죽죽 이상해게 해놛:떠라구요. 제가 고처준, 고처준 저기가 이써요. 게서 그 해:파리 그 쏘:는걸 조아해요, 제가.

예.

ㅡ 저:기, 뭐, 게이트볼 치며는 주로 남자거든뇨. 우정며네는 여자 세명빼께 업써요. 회 먹고 그렁건 잘 머그러 가는데 딴 사람드른 안 너트라구요, 별루. 근데 나는 와사비를 마니 너어요. 아예 와사비를 너치를 안는 사람두 이써요.

그러씀니다, 예.

ㅡ 그냥 기저를 해구 기냥, 몬 너케 해는 사람두 읻떠라구요.

일본서도 뭐, 그 마니 멍는데서도 와사비 뺑걸 또 찬는 사라미 이꺼든뇨.

ㅡ 저는 그 와사비가 안 드러가므는 닝닝행거 가꾸 회마시 안 나요.

트기하시네요.

ㅡ 예, 매코:매서 눈무리 날찌언정 그게 드러가야 제 마시 나능거 가태요.

청국짱은뇨?

ㅡ 청국짱은 먹낀 머거두 별:루 조아해진 아나요. 그게 조태는데. 에, 조태는데. 누가 한번 뭐 그거를 한 수깔씩 머그믄 사리 쭉 빠진다구 지:가 뚱뚱하다구 그걸 머그라는데 도::저히 사른 안 빠저두 그건 몸 먹껟떠라구요. 사를 빼:야하는데 찌기는 쉬워두 빠지지는 아나요.

굉장히 어렵씀니다.

ㅡ 제가 그저네는 사리 그러케 업써써요. 안 쩌써써요. 깅까 그저네 본 애기 엄마드리 "아줌마 살쩌써. 나이 타시야." 인제 이런 시그루 말:해는데. 편해지니까 사리 찌더라구요, 편해지니까. 마으미 좀 펴내야, 예, 사

⁻ 예, 괜찮았었어요. 하여튼 저는 그것을 탁탁 쏘아야 되고. 시큼달큼하면서 탁탁 쏘아야 그 맛, 제 맛이거든요. 그러니까 같이, 두 집이 환갑이었는데, 그 집도 해파리를 했는데 그 집은 해파리를 하나도 안 먹더래요. 그랬다고 불려가서 이것 좀 다시 해보라고 그래서 가보니까 불그죽죽 이상하게 해놓았더라고요. 제가 고쳐준, 고쳐준 저기가(미지칭) 있어요. 그래서 그 해파리 그 쏘는 것을 좋아해요, 제가.

예.

⁻ 저기, 뭐, 게이트볼 치면 주로 남자거든요. 우정면에는 (게이트볼 치는 사람으로는) 여자(가) 세 명밖에 없어요. 회 먹고 그런 것 잘 먹으러 가는데 다른 사람들은 (와사비를) 안 넣더라고요, 별로. 그런데 나는 와사비를 많이 넣어요. 아예 와사비를 넣지를 않는 사람도 있어요.

그렇습니다, 예.

⁻ 그냥 기절을 하고 그냥, 못 넣게 하는 사람도 있더라고요.

일본에서도 뭐, (와사비를) 그 많이 먹는 데에서도 와사비 뺀 것을 또 찾는 사람이 있거든요.

⁻ 저는 그 와사비가 안 들어가면 밍밍한 것 같고 회맛이 안 나요.

특이하시네요.

⁻ 예, 매콤해서 눈물이 날지언정 그것이 들어가야 제 맛이 나는 것 같아요.

청국장은요?

⁻ 청국장은 먹기는 먹어도 별로 좋아하지는 않아요. 그것이 좋다는데. 예, 좋다는데. 누가 한번 그것을 한 숟갈씩 먹으면 살이 쭉 빠진다고 제가 뚱뚱하다고 그것을 먹으라는데 도저히 살은 안 빠져도 그것은 못 먹겠더라고요. 살을 빼야 하는데 찌기는 쉬워도 빠지지는 않아요.

굉장히 어렵습니다.

⁻ 제가 그전에는 살이 그렇게 없었어요. (살이) 안 쪘었어요. 그러니까 그전에 본 애기 엄마들이 "아줌마 살쪘어. 나이 탓이야." 인제 이런 식으로 말하는데. 편해지니까 살이 찌더라고요. 편해지니까. 마음이 좀 편해

리 찌더라구요. 그저네 논농사를 내가 지을 때는 장사를[33] 다니면서도 그냥, 저 경웅기가 노늘 간대등가 뭐 모를 한대등가 그러며는 가방은 미긴[34] 미:구 나간는데 이 마으믄 거기에[35] 다 이써요. 괘니 부란하구. 남들 해능거 보믄 부란하구. 나는 모타니까 부란하구.

그래서 그 마를 해써요. 저기, "기냥 바미나 돼라." 모르는 사라믄, 바메 뭐 무슨 이리 이써서 조하해는 건뚜 아닌데두 그 뭐, 이상해게 마:를 핼쑤두 일찌만 나는 그래써요. "그저 바미나 돼라. 너:두 모타구 나두 모타구." 조용해며는 부란하니까 그냥 아치메두 이러나지두 아내서 기게소리가 탕탕탕탕 나고 그러면 그냥 이 마으미 부란해요. 기냥 안정이 안 되구 부란하구. 걱쩡스러워서 그런 건진 몰라두. 그 내 표는 안 해두 이게 항시 부란해요.

그러니까 그때는 사리 안 찌더라구요. 그 뭐 논농사를 인저 내노코 보니까. 뭐, 바시야[36] 을마 안 저기해구[37] 해니까 이르케 해주니까 해는데. 그때부터는 경운기 소리가 나든지 트렉타 소리가 나든지 태연해저요. 기냥 내 마으미, 그 부란핼떵게 하나뚜 업꾸. 그냥 그 소리가 아무리 나도 기냥 나대루 쉬:구 시프면 드러눕꼬. 그러니까 사리 찌더라구요. 마으미 펴내지니까 사리 찌능거 가태요.

대개 그러치요.

ㅡ 에, 그러키 생각케요, 저는. 뭐 모르는 사라믄 마이 머거서 찐.

쪼금 머거두 머.

ㅡ 물만 머거두 쩌요. 아이, 진짜 솔찌키 말른 사람들 뭐, 안 머거서 말르능게 아니에요. 에, 기잉깐 신경이 무뎌지니까, 이 신경이 날카로웟따가 무뎌지니까 사리 찌더라구요.

그러씁니다.

ㅡ 예. 기 뭐, 어떤 사라믄 그러케 살찌다가 어떠케 핼꺼냐 그러는데. 아이, 내가 얼마나 사리 쩌쓰면 저 사라미 저런 마를 할까? 아, 내가 다니다

야, 예, 살이 찌더라고요. 그전에 논농사를 내가 지을 때는 장사를 다니면서도 그냥, 저 경운기가 논을 간다든가 뭐 모를 한다든가 그러면 가방은 메기는 메고 나갔는데 이 마음이 거기에 다 있어요. 괜히 불안하고. 남들 하는 것 보면 불안하고. 나는 못하니까 불안하고.

그래서 그 말을 했어요. 저기, "그냥 밤이나 되어라." 모르는 사람은, 밤에 뭐 무슨 일이 있어서 좋아하는 것도 아닌데도 그 뭐, 이상하게 말을 할 수도 있지만 나는 그랬어요. "그저 밤이나 돼라. 너도 못하고 나도 못하고." 조용하면 불안하니까 그냥 아침에도 일어나지도 안 해서 기계소리가 탕탕탕탕 나고 그러면 그냥 이 마음이 불안해요. 그냥 안정이 안 되고 불안하고. 걱정스러워서 그런 것인지는 몰라도. 그 내 표는 안 해도 이게 항시 불안해요.

그러니까 그때는 살이 안 찌더라고요. 그 뭐 논농사를 이제 내어놓고 보니까. 뭐, 밭이야 얼마 안 저기하고 하니까(일하는 양이 많지 않으니까). 이렇게 해주니까 하는데. 그때부터는 경운기 소리가 나든지 트랙터 소리가 나든지 태연해져요. 그냥 내 마음이, 그 불안했던 것이 하나도 없고. 그냥 그 소리가 아무리 나도 그냥 나대로 쉬고 싶으면 드러눕고. 그러니까 살이 찌더라고요. 마음이 편해지니까 살이 찌는 것 같아요.

대개 그렇지요.

‐예, 그렇게 생각해요, 저는. 뭐 모르는 사람은 많이 먹어서 찐.

조금 먹어도 뭐.

‐물만 먹어도 쪄요. 아이, 진짜 솔직히 마른 사람들 뭐, 안 먹어서 마르는 것이 아니에요. 예, 그러니까 신경이 무뎌지니까, 이 신경이 날카로웠다가 무뎌지니까 살이 찌더라고요.

그렇습니다.

‐예. 그 뭐, 어떤 사람은 그렇게 살찌다가 어떻게 할 것이냐고 그러는데. 아이, 내가 얼마나 살이 쪘으면 저 사람이 저런 말을 할까? 아, 내가

보믄 나보다 더 찐 사람두 만턴데.

아직 지금두 요즘두 간장, 된장, 고추장, 된장은 지베서 담습니까?

ㅡ 예, 다마요.

어, 된장은 어떤시그로 담씀니까?

ㅡ 된장, 옌나레는 간장을 마이 머그니까. 무를 그저네 뭐, 우리 시어머니가 당그시능거 보면, 이 메주가 한 마를 해며는 두 짜기 나와요, 크게. 크게 두 짜기 나오는데, 그걸 이르케 바늘 갈르시더라구요. 기니까 멀:가케 당그능거조. 이 반 짜게다가 물 한 동이를 치시더라구요.

근데 지끔 뭐 간장을 그러케 마이. 우리 애드리 가따 간장을, 걔드른 세상 업써도 조선간장을 가따 머거요. 우리가치 담긍거를. 그래는데 또 그러케 마이 안 먹찌요, 옌:날처럼. 예, 그래니까 지그믄 콩을 두: 마리구 서 마리구 콩을 해는대로[38] 내가 메주를 쒀:요, 다.

된장을 여러 지비서 가따 먹더니. 우리 큰딸레, 식꾸가 마:는데 그 시아버니가 된:장만 또 하루도 된:장이 업쓰믄 안 된대요. 어제두 와서 퍼갔찌마는. 그래서 된:장을 마니 해요. 그래는데 서: 마를 해든 면 마를 해든 간장무를 맨드능거를 잘해야 한 동이나 나오까[39] 정도로배끼 간장무를 안 맨드러요. 그러니까 저 찐항거조. 인제 이마난 항아리가 조:기 당그는 항아리가 인는데 메주가 이르키 다 차다시피 해도. 그래니깐 기냥 찡간장이 되능거조 뭐.

그래는데 그러케 해서 그런지 뭐, 된:장을 항시 마시 조타구 하더라구요. 그래서 인저 그거 당궈따가 한 달쯤 너므면 저, 그, 메주떵어리를 꺼내요. 메주떵어리 꺼:내고 저, 거기다가 저는 넌능게 뭐, 딴 싸람드른 쌀가루두 해서 뭐 어떠케 해구 핸다는데, 저는 기냥 보리쌀, 보리쌀 한 서너 되 살머가꾸 그거빼께 넌능게 읍써요. 그거 너어서 인저 소금 더 너어서 그러케 해서 기냥 인저 된:장하구 간장하구 그러키.

고추장은 어떠케 담씀니까?

다니다가 보면 나보다 더 (살이) 찐 사람도 많던데.

아직 지금도 요즘도 간장, 된장, 고추장, 된장은 집에서 담급니까?

ㅡ 예 담가요.

어, 된장은 어떤 식으로 담급니까?

ㅡ 된장, 옛날에는 간장을 많이 먹으니까. 물을 그전에 뭐, 우리 시어머니가 담그시는 것을 보면, 이 메주가 한 말을 하면 두 짝이 나와요, 크게. 크게 두 짝이 나오는데, 그것을 이렇게 반을 가르시더라고요. 그러니까 말갛게 담그는 것이지요. 이 반 짝에다가 물 한 동이를 치시더라고요.

그런데 지금 뭐 간장을 그렇게 많이. 우리 애들이 가져다가 간장을, 그 애들은 세상 없어도 조선간장을 가져다가 먹어요. 우리같이 담근 것을. 그러는데 또 그렇게 많이 안 먹지요, 옛날처럼. 예, 그러니까 지금은 콩을 두 말이고 서 말이고 콩을 하는 대로 내가 메주를 쑤어요, 다.

된장을 여러 집에서 가져다가 먹더니. 우리 큰딸네, 식구가 많은데 그 시아버지가 된장만 또 하루도 된장이 없으면 안 된대요. 어제도 와서 퍼갔지마는. 그래서 된장을 많이 해요. 그러는데 서 말을 하든 몇 말을 하든 간장물을 만드는 것을 잘해야 한 동이나 나올까 정도로밖에 간장물을 안 만들어요. 그러니까 저 진한 것이지요. 인제 이만한 항아리가 저기 담그는 항아리가 있는데 메주가 이렇게 다 차다시피 해도. 그러니까 그냥 진간장이 되는 거지요 뭐.

그러는데 그렇게 해서 그런지 뭐, 된장을 항시 맛이 좋다고 하더라고요. 그래서 인제 그것 담갔다가 한 달쯤 넘으면 저, 그, 메줏덩어리를 꺼내어요. 메줏덩어리 꺼내고 저, 거기다가 저는 넣는 것이 뭐, 다른 사람들은 쌀가루도 해서 뭐 어떻게 하고 한다는데, 저는 그냥 보리쌀, 보리쌀 한 서너 되 삶아가지고 그것밖에 넣는 것이 없어요. 그것을 넣어서 인제 소금 더 넣어서 그렇게 해서 그냥 인제 된장하고 간장하고 그렇게.

고추장은 어떻게 담급니까?

¯ 예, 고추장은 그저네 시어머니가 당글 때는 보리쌀 뭐, 가라다가. 근데 그저네 고추장 당그능거는 뭐, 허:야케[40] 당그구. 그저네는 좀 그래써요, 음씨기. 근데 지그믄 그러케 허야케 안 당그자나요. 게서 저는 기냥 제 송편헐 때 쌀까루가 넝너키 빠아서 말링거. 게 인저 구:정때 부끼미라[41] 그러조. 그 찹쌀 반 멥쌀 반 해능거. 그때 인저 넝너키 빠아서 말리조. 그래 말링거, 말려떵거 그런 가루다가 엳끼르믈 너쿠 새겨서.[42] 새겨서 인저, 이르케 좀 쪼려서 그러케 해가꾸서는 메주까루 너쿠 그러케 당그조.

메주, 메주가루, 꼬춘까루하구 비율 가틍거는 얼마나?

¯ 그거는 저 뭐, 한 열끄니다 해며는 아, 어느 정도 기냥 내 맘:쩌기로 대중해서 해능거지. 그고 그게 면씸녀늘 해다보니까. 뭐 이르키 뭐 재:구 뭐 하능거보다두, 이 요정두 되면 요정두다, 이르케 눈대정이루다 하구. 그게 그르키 되드라구요, 꼭 재:고 뭐 하능거보다두. 그르케 하구 조청 좀 사다가 좀 조금 너쿠.

아, 조청을 너쿠요.

¯ 근데 제가 장사를 다니다 보니까, 고추장드를 당그능거 보니까 그 왜된장, 예, 요기 나오능거, 그거를 너으믄 고망이[43] 안 난데요. 고망이 안 난다구. 고추장에 고망이 안 난다. 우리네 고추장은 안 여러 노으면 고망이 요러케 뽀::야케 나요.

고망이라 그러군요. 하야케, 하야케.

¯ 예, 그게 원, 그게 나야 정상잉거지요. 그게 뜨는건데. 근데 그 왜된장을 너면 생전 안 여러 놔:도 고망이 하나두 안 난대요.

위에다가 이르케 더퍼 논는다는 마리조?

¯ 아니조. 그 된장을 너쿠.

아, 가치 버물리면.

¯ 버무리능거조. 인저 우리네는 메주가루를 넌는데 메주 대신 그걸 넌

ᅳ 예, 고추장은 그전에 시어머니가 담글 때에는 보리쌀 뭐, 갈아다가. 그런데 그전에 고추장 담그는 것은 뭐, 하얗게 담그고. 그전에는 좀 그랬어요, 음식이. 그런데 지금은 그렇게 하얗게 안 담그잖아요. 그래서 저는 그냥 제 송편할 때 쌀가루가 넉넉히 빻아서 말린 것. 그것이 인제 구정때 부끼미라 그러지요. 그 찹쌀 반, 멥쌀 반 하는 것. 그때 인제 넉넉히 빻아서 말리지요. 그래 말린 것, 말렸던 것 그런 가루에다가 엿기름을 넣고 삭혀서. 삭혀서 인제, 이렇게 좀 졸여서 그렇게 해가지고 메줏가루 넣고 그렇게 담그지요.

메주, 메줏가루, 고춧가루하고 비율 같은 것은 얼마나?

ᅳ 그것은 저 뭐, 한 열 근이다 하면 아, 어느 정도 그냥 내 마음으로 대중하여 하는 것이지. 그리고 그것이 몇십 년을 하다가 보니까. 뭐 이렇게 뭐 재고 뭐 하는 것보다도, 이 요 정도 되면 요 정도다, 이렇게 눈대중으로다 하고. 그것이 그렇게 되더라고요, 꼭 재고 뭐 하는 것보다도. 그렇게 하고 조청 좀 사다가 좀 조금 넣고.

아, 조청을 넣고요.

ᅳ 그런데 제가 장사를 다니다가 보니까, 고추장들을 담그는 것 보니까 그 왜된장, 예, 요기 나오는 것, 그것을 넣으면 곰팡이가 안 난대요. 곰팡이가 안 난다고. 고추장에 곰팡이가 안 난다. 우리네 고추장은 (항아리 두껑을) 안 열어 놓으면 곰팡이가 요렇게 뽀얗게 나요.

고망이라 그러는군요. 하얗게, 하얗게.

ᅳ 예, 그것이 원, 그것이 나야 정상인 것이지요. 그것이 뜨는 것인데. 그런데 그 왜된장을 넣으면 생전 안 열어 놓아도 곰팡이가 하나도 안 난대요.

(우리 된장) 위에다가 이렇게 (왜된장을) 덮어 놓는다는 말이지요?

ᅳ 아니지요. 그 된장을 넣고.

아, 같이 버무리면.

ᅳ 버무리는 것이지요. 인제 우리네는 메줏가루를 넣는데 메주 대신 그

능거조. 그러면 고치장도 뭐 마신꾸 뭐 어쩌구 그러더라구요. 저는 그거 한번두 안 사다 해써요. 기냥, 나는 그래요. 간장이구 머:구 고망나능거가 사라일따는 증표자나요. 그게 흉이 아니거드뇨. 그래는데 뭐 우리껀 생전 안는다구 그래. 그러든데. 그게 방:부제가 드럳끼 때무네. 그게 잉, 그게 방:부제가 드러. 우리네꺼는 여러놔써두 이게 좀 기피 이때등가 그러믄 가세[44] 나요, 이르케. 기니까 나는 그래요. "나능게 정상이다." 된장 가틍 걷 마니 담그는 분, 거, 나오자나요? 테레비에. 그러면 뭐, 거기두 보면 고망이 쌍:: 낭거 이르케 제처가면서 이르케 해드라구요. 게 간장 가틍걷뚜 이르케 푹 다더노쿠 안 여러노으면 기냥 아주 한:니부를 더펴요, 그냥 하야케. 그게 인제 그저네 으:른들 말쓰메 바위꼬시라 그러더라구요. 그거를 이르키 싹 껀지므는 그냥 진짜 바위에 이:끼처럼 이르키 다 건저저요. 그게 나는 정상이다 그러케 생각.

그게 아마 된장에 피능거와 가틍거.

- 그러치요. 그 종뉴지.

것(왜된장)을 넣는 것이지요. 그러면 고추장도 뭐 맛있고 뭐 어쩌고 그러더라고요. 저는 그것은 한번도 안 사다 했어요. 그냥, 나는 그래요. 간장이고 무엇이고 곰팡이가 나는 것이 살아 있다는 증표잖아요. 그게 흉이 아니거든요. 그런데 뭐 우리것(메주가루를 넣는 것)은 생전 안한다고 그래. 그러던데. 그것이 방부제가 들었기 때문에. 그것이 이, 그것이 방부제가 들어. 우리네 것은 열어 놓았어도 이것이 좀 깊이 있다든가 그러면 가에 (곰팡이가) 나요, 이렇게. 그러니까 나는 그래요. "(곰팡이가) 나는 것이 정상이다.: 된장 같은 것 많이 담그는 분, 거, 나오잖아요? 텔레비전에. 그러면 뭐, 거기도 보면 곰팡이가 싹 난 것 이렇게 제쳐가면서 이렇게 하더라고요. 거기 간장 같은 것도 이렇게 (뚜껑을) 푹 닫아 놓고 안 열어 놓으면 그냥 아주 핫이불을 덮어요, 그냥 하얗게. 그것이 인제 그전에 어른들 말씀에 '바위꽃'이라 그러더라고요. 그것을 이렇게 싹 건지면 그냥 진짜 바위에 이끼처럼 이렇게 다 건져져요. 그것이 나는 정상이다 그렇게 생각.

그것이 아마 된장에 피는 것과 같은 것.

– 그렇지요. 그 종류지.

■ 주석

1) '맨드릉거'는 어간 '맨들-'에 과거표시 관형사형어미 '은'이 통합된 것이다. 이 경우에 대부분의 지역어에서는 어간말의 'ㄹ' 뒤에서 어미초의 '으'가 탈락한다. 그러나 이 지역어를 포함하는 중부의 하위지역어에서는 그 경우에 어미초의 '으'가 탈락되지 않는다. 그러므로 동사 어간 '빨-'(洗濯)에 어미 '-으면'이 통합한 음성형은 '빨면'이 아니라 '빠르면'이 된다. 그러나 제보자의 말에서는 '만드능거'에서 보듯이 어간말의 'ㄹ' 뒤에서 어미초 '으'의 탈락을 보이기도 한다.

2) '가태요'는 어간 '같-'과 어미 '-애요'로 분석된다. 어간이 자음소로 끝나는데도 통합하는 어미가 '-어요'가 아니고 '-애요'인 것이 특별하다. 그러나 사실은 어간 '같-'이 어미 '-애요'와 통합하는 것이 아니다. 어간 '같-'은 두 개의 어간 즉 '자음소'나 '으'로 사작하는 어미와 통합하는 '같-'과 '-어'로 시작하는 어미와 통합하는 어간 '가태-'를 가지고 있다. 그러니까 '가태요'는 어간 '가태-'와 어미 '-어요'가 통합하여 실현된 것이다. 이것은 어간 '쪼개-'(割)이 어미 '-어요'와 통합하여 실현되는 것이 '쪼개요'인 것과 동일하다.

그런데 '같-'이 위와 같이 두 개의 어간형을 가지는 것은 그 어간의 원형이 'ᄀᆞᆮᄒᆞ-'였기 때문이다. 이러한 사실은 동사 'ᄒᆞ-'에서 변화된 '하-'가 '자음소'나 '으'로 사작하는 어미와 통합하는 '하-'과 '-어'로 시작하는 어미와 통합하는 어간 '해-'를 가지고 있다는 사실을 통해서도 알 수 있다.

3) 중국말로는 '쌍차이'라고 함.

4) '너따가'는 동사 어간 '넣-'과 어미 '-다가'가 통합한 것이다. 이 경우에는 '너타가'로 실현되는 것이 마땅하다. 이 점에서 '너따가'는 제보자가 그 동사의 어간을 '넝-'로 인식하고 있다는 것을 말해준다.

5) '엄써가꾸'는 어간 '엄ㅆ-'과 어미 '-어가꾸'가 통합한 것이다. 제보자는 표준어 어간 '없-'에 대하여 '업ㅆ-'을 사용하는 것이 일반적이다. 그러나 매우 드물게 '엄ㅆ-'과 '웁ㅆ-'을 사용하기도 한다. 그들 어간형은 충청방언에서 많이 사용되는데, 이 지역어에도 충청방언의 간섭이 있는 것으로 보인다.

6) '비우'는 '비위'의 둘째 음절이 가진 이중모음소 'uj' 중 'j'가 탈락한 것이다.

7) '애호바기로는'은 명사 '애호박'과 어미 '-이로'와 '-는'이 통합한 것이다. 어미 '-이로'의 표준어형은 '-으로'이다. 참고: '생업'의 주14)

8) '웂짜나요'는 어간 '웂ㅆ-'과 선어말어미 '-잖-'과 어미 '-아요'가 통합한 것이다. 제보자는 일반적으로 표준어 어간 '없-'에 대하여 '업ㅆ-'을 사용하는데, 매우 드물게 '엄ㅆ-'이나 '웂ㅆ-'을 사용한다. 참고: 주5).

9) '마시룬'은 명사 '맛'과 어미 '-이루'와 '-은'이 통합한 것이다. 어미 '-이루'는 표준어 어미 '-으로'에 대한 지역어형이다. 그리고 어미 '-은'은 주제표시의 기능을 가진 것으로서 '-는'과 함께 복합형태소를 구성하는 것이다. 표준어 문법에 따르면 '-은'은 명사나 문법형태소가 자음소로 끝날 때 그 뒤에 통합하는 것으로 되어 있다. 그러나 구어(口語)에서는, '넌 (이:상해다구.)'나 '난 (그런 꼬른)'이나 '마시룬'에서 보듯이, 모음소로 끝나는 명사나 문법형태소에 '-은'이 통합하는 경우가 많다. 이것은 '-은'과 복합형태소를 구성하는 '-는'이 '-은'의 중가를 거쳐 '-은은> -으는>-는'의 과정을 거쳐서 형성되었다는 것을 뒷받침하는 것이다. 다시 말하면 구어에서는 명사나 문법형태소가 모음소로 끝나도 원래의 통합방식을 그대로 유지하는 것이다.

10) '보끄기'는 동사 어간 '보끄-'에 명사형어미 '-기'가 통합한 것이다. 그런데 여기에 분석된 동사 어간 '보끄-'는 표준어 동사 '볶-'(炒)에서 어간이 확장된 것이다.

11) 여기서 '죽이다'는 '뻣뻣한 것을 부드럽게 한다'는 뜻이다.

12) '마:러'는 어간 '말-'(調)에 어미 '-어'가 통합한 것이다. 어간 '말-'의 '아'는 단(短)모음소인데, 제보자는 장모음으로 발음한다. 역시 단(短)모음소를 가지는 '전'(前)과 '하-'(爲)를 '저:네'와 '해:기'에서 보듯이 장모음소를 가지는 것으로 발음하는 것을 보면, 단어의 첫음절을 길게 발음하는 경향이 있는 것으로 보인다.

13) '푸래기'는 '범벅'이나 '풀떼기'에 대한 지역어형임.

14) 풀게다: 호박같이 단단한 것이 삶겨서 풀리다.

15) 약간 비스듬하게. 표준어형은 '어슷어슷'임.

16) '쇠까바'에 대한 표준어는 '쇨까봐'이다. 다시 말하면, 동사 어간 '쇠-'(老)에 앞말이 뜻하는 상황이 될 것 같이 걱정하거나 두려워함을 나타내는 '-을까봐'가 통합한 것인데, 제보자는 경음소 /ㄲ/ 앞에서 유음소를 탈락시키며 비어두에서 '봐'의 활음소 /w/도 탈락시킨다. 이러한 현상은 70대의 중부방언 화자의 말에서 흔하게 발견된다.

17) '망하차나요'는 어간 '망핳-'과 선어말어미 '-잖-'과 어미 '-아요'로 분석된다. 표준어 동사 '망하-'는 이 지역어를 포함하는 중부방언에서 '망핳-'으로 재구조화되어 있다. 이렇게 재구조화된 것으로는 표준어 상태동사 '이상하-'에 대한 '이상핳-'이 있다.

18) '오이소배기'는 명사 '오이'와 명사 '솝'과 접미사 '-애기'로 분석된다. '솝'은 '안'(裏)을 의미하는 '속'의 고어. '-애기'는 '작은 것'을 표시하는 '-아기'에서 변한 것임.

19) '씀바귀'의 지역어형.

20) 감(柿)이나 씀바귀와 같이, 떫거나 쓴 것을 소금물에 담가 떫은맛이나 쓴맛을 우려내는 것.

21) '저기'는 미지칭으로, 여기서는 '먹고 싶다'거나 '입에 맞다'를 나타내려고 한 것 같음.

22) '여런'은 '여기서'라고 하려다가 '이런 데'가 결부되어 순간적으로 이루어진 혼성어인 것 같음.

23) '삭바람'은 '겨울철에 북쪽에서 불어오는 찬 바람'을 지칭하는 '삭풍'(朔風)을 말하는 것 같은데, 여기서는 '늦가을에 부는 찬 바람'을 지칭하는 것으로 보임.

24) 국물이 어느 정도 있게.

25) 제보자가 말하는 '지지미'는 '매운탕'을 뜻하는 것으로 보임.

26) 깔깔한 데가 없이 매우 부드럽도록

27) '흔떡'은 '떡국용 가래 떡'에 대한 지역어임.

28) '부끼다'는 '부풀리다'에 대한 지역어.

29) '꼬두마리'는 '꼬투리'에 대한 지역어.

30) '억시구'는 어간 '억시-'와 어미 '-구'로 분석된다. '억시-'는 '억세-'에서 모음소 '에'가 '이'로 변한 것이고 '-구'는 '-고'에서 모음소 '오'가 '우'로 변한 것이다.

31) '병이 들었다'는 뜻임.

32) '쭉째'는 '쭉정이'에 대한 지역어.

33) 제보자는 이 무렵에 화장품 판매원으로 활동했음.

34) '미긴'은 동사 어간 '미-'와 명사형성어미 '-기'와 어미 '-은'으로 분석된다. 어간 '미-'에 대한 표준어 동사어간은 '메-'이다. 이 지역어 동사 어간 '미-'는 전 시기의 어간 '메-'로부터 '에〉이'의 변화를 거친 것이다.

35) 농사 짓는 일을 가르킨다.

36) '바시야'는 명사 '밧'(田)과 어미 '-이'와 강세표시 어미 '-야'로 분석된다. '밧'

의 'ㅅ'는 '밭'의 'ㅌ'에서 변한 것이다. 이 지역어를 포함하는 중부방언은 표준어의 명사 어간말 자음소 'ㅌ'나 'ㅊ'에 대하여 'ㅅ'의 대응을 보인다. 예. 끗(끝, 末): 끄시, 끄슬, 끄세, 솟(솥, 鼎): 소시, 소슬, 소세, 빗(빛, 光): 비시, 비슬, 비세, 꼿(꽃, 花): 꼬시, 꼬슬, 꼬세(곡용형은 각각 어간에 어미 '-이', '-을', '-에'가 통합한 것임).

37) '품이 많이 들지 않고'를 나타내려고 한 것으로 보인다.

38) 추수하는 대로.

39) '나오까'는 동사어간 '나오-'와 어미 '-까'로 분석되는데, 어미 '-까'에 대한 표준어 어미는 '-을까'이다. 동사어간 '나오-'에 어미 '-을까'가 통합하면 모음소로 끝나는 어간 뒤에서 어미초의 '으'는 탈락하여 '나올까'가 되어야 한다. 그러나 실제 발음에서는 'ㄹ'가 탈락한다. 이러한 현상은 방언이나 지역어에 따라 차이가 있는데, 예를 들어, 동남방언의 경우에는 일반적이다. 이에 반하여 제보자의 말에서는 매우 드물게 이러한 현상이 발견된다.

40) '허:야케'는 어간 '허:얗-'과 어미 '-게'로 분석된다. 어간 '허:얗-'은 표준어 어간 '희-'(白)의 전 시기어형 'ᄒᆡ-'에 '어미 -아'와 어간 'ᄒᆞ-'가 통합한 파생어 'ᄒᆡ아ᄒᆞ-'에서 변한 것이다. 'ᄒᆡ아ᄒᆞ-'는 첫음절의 'ㅣ'가 다음 음절로 이동하여 'ᄒᆞ야ᄒᆞ-'로 되고 어간말 모음소 'ㆍ'가 탈락하여 'ᄒᆞ얗-'으로 된 다음 첫음절의 'ㆍ'가 'ㅏ'로 되어 표준어 '하얗-'으로 되었다. 그런데 여기의 예는 첫음절의 'ㆍ'가 'ㅓ'로 된 것이다.

현대국어에 어간말 자음소로 'ㅎ'를 가지는 상태동사는 어간에 '어미 -아'와 어간 'ᄒᆞ-'가 통합하여 형성된 것이다. 예. '(감+아 ᄒᆞ-〉가맣-〉)까맣-'(黑), '(노ᄅᆞ+아 ᄒᆞ-〉노라ᄒᆞ-〉)노랗-'(黃) 등.

41) 이 단어에 대한 표준어 단어는 '부침개'나 '지짐이'이다.

42) '새겨서'는 어간 '새기-'와 어미 '-어서'로 분석된다. 어간 '새기-'는 표준어 어간 '삭이-'에 대당하는데, 이 단어는 '삭-'(消)의 사동사로서 그 뜻은 '먹은 것을 소화시키다'이다.

'삭-'(消)의 사동사로 '삭히-'가 있다. 이 단어의 뜻은 '젓이나 김치 등을 삭게하다'이다. 표준어의 용법으로는 '쌀가루'에 '엿기름'을 넣을 경우에는 '삭인다'라고 하지 않고 '삭힌다'라고 해야 한다. 이 점에서 '새기-'는 '사키-'나 '새키-'라고 해야 맞다. 이런 화맥(話脈)에서 '새기-'가 사용되는 것이 제보자의 개인방언인지 일반적인 이 지역어인지 확인할 필요가 있다.

43) '고망'의 표준어형은 '곰팡이'이다.

44) '가세'는 명사 '갓'과 어미 '-에'로 분석된다. 명사 '갓'의 표준어형은 '가'(邊)이다. 여기에 분석된 '갓'은 '가'의 고형인 'ᄀᆞᇫ'에서 변한 것이다.

세시풍속

저 뭐야, 세시풍속 노리 이제 지그믄 다 그 풍습드리 업서전는데 옌날 어려슬 때 기어글 좀 더듬능검니다. 이뤌부터 해당되능거 이스면 말씀해 주시고요, 해당되능거시 업스면 그냥 지나가겐습니다. 안택구시라능거 드러보셔슴니까?

ㅡ 구시요?

지반 펴난하도록 저, 정월 뒈며는.

ㅡ 머 조상 달래는 굳?

예, 예, 예, 안택굳.

ㅡ 기냥 앙:꾸시라구 그래던데.

그, 그검니다. 저, 집찜마다 다 함니까? 좀 여유가 인는 지베서만 하는지요?

ㅡ 아니조오. 지그믄 교훼 다니니까 그렁게 업찌만 그저:네는 저 무슨 전:통 모냥 그 구태,[1] 구슬 마:니 핸펴니에요. 멘:녀네 함:번씩, 머 행사처럼. 펴난끋탠다구 아퍼서두 핼쑤 익꾸 안 아푼데두 하구 그래요. 그거 그래써요, 그저네, 에. 그러믄 저녀게 거기 머 가구들.

그러면 그거 할 때 뭐 차려노코 하능검니까?

ㅡ 그러묘.

음시글 채리고요?

ㅡ 예, 차려노쿠 하지요.

어떤, 어떵걷뜨리? 기어게 나능게 뭐 이슴니까?

ㅡ 머 조상끋탄다구 해면 지사지내능거 모냥[2] 다 채려나요.

그리고 어떤 사라미 와서 뭘 가지고 어떠케 함니까?

저 뭐야, 세시풍속 놀이 이제 지금은 다 그 풍습들이 없어졌는데 옛날 어렸을 때 기억을 좀 더듬는 겁니다. 일월부터 해당되는 것이 있으면 말씀해 주시고요, 해당되는 것이 없으면 그냥 지나가겠습니다. 안택굿이라는 것 들어보셨습니까?

ㅡ 굿이요?

집안 편안하도록 저, 정월 되면.

ㅡ 뭐 조상 달래는 굿?

예, 예, 예, 안택굿.

ㅡ 그냥 안굿이라고 그러던데.

그, 그겁니다. 저, 집집마다 다 합니까? 좀 여유가 있는 집에서만 하는지요?

ㅡ 아니지요. 지금은 교회에 다니니까 그런 게 없지만 그전에는 저 무슨 전통 모양 그 굿해, 굿을 많이 한 편이에요. 몇 년에 한 번씩, 뭐 행사처럼. 편안굿한다고 아파서도 할 수 있고 안 아픈데도 하고 그래요. 그거 그랬어요, 그전에, 예. 그러면 저녁에 거기 뭐 가고들.

그러면 그거 할 때 뭐 차려놓고 하는 겁니까?

ㅡ 그럼요.

음식을 차리고요?

ㅡ 예, 차려놓고 하지요.

어떤, 어떤 것들이? 기억에 나는 게 뭐 있습니까?

ㅡ 뭐 조상굿한다고 하면 제사지내는 것 모양 다 차려놓아요.

그리고 어떤 사람이 와서 뭘 가지고 어떻게 합니까?

ˉ 무당이 해능거지요.

온 익꼬?

ˉ 예, 무당이 와서 해, 뭐 징치는 사람 또 딸려서 오구. 뭐 해가꾸 머 하구. 뭐 시니 올라따 이래고 머.

무당드리 이제 그런 경우에 가마:니 안자서 함니까, 움지기면서 함니까?

ˉ 아니조오. 처메는 뭐 인제 이, 그, 차려논:데 안자서 저 징 뚜둘겨가면서 해:가꼬 머, 시니 올라따 그래므는 이르케 서서 머 이르케 해:가며 해던데요.

용왕 먹, 머긴다는 마른 드러시슴니까? 용왕, 용왕 머기기.

ˉ 아아, 제가 얘:기해찌요? 저: 아래 움무리[3] 큼게 이썯따구. 그게 용왕핸테 뭐 제사 지낸다구. 그 소 함마리 자버서 해능거가 그 용왕니맨테 뭐 제사 지낸다구.

소를 자바가지고?

ˉ 그저네 소 자버가꾸 해써요.

크:게 해꾼뇨.

ˉ 예, 그랜는데 그걸 업쌔써요.

그거는 그러면 일려네 함번식 하능검니까? 면녀네 함번식 하능검니까?

ˉ 멘녀네 함번 해나봐요. 해마다 해능건 아니고.

조왕제라능건 보션는지요? 조왕이면 저 부뚜막시니 뒈는데.

ˉ 건 뭐:: 기냥 구탤쩌게는 부어게 가서두 해구 뭐, 이르케 이르케 해, 해능건.

당산제는 보셔슴니까?

ˉ 당산제래능거는 저기 사네, 사네 가서 이르케 사네다가 당 가틍거, 또 당이 업쓰믄 머 서낭이라나.

서낭당?

ˉ 예, 무슨 이르케 나무 하나 해노쿠 거기 머 뺄:경거 머 이렁거.

ㅡ 무당이 하는 것이지요.

옷 입고?

ㅡ 예, 무당이 와서 해, 뭐 징 치는 사람 또 딸려서 오고. 뭐 해서 뭐 하구. 뭐 신이 올랐다 이러고 뭐.

무당들이 이제 그런 경우에 가만히 앉아서 합니까, 움직이면서 합니까?

ㅡ 아니지요. 처음에는 뭐 인제 이, 그, 차려놓은 데 앉아서 저 징 뚜들겨가면서 해가지고 뭐, 신이 올랐다 그러면 이렇게 서서 뭐 이렇게 해가며 하던데요.

용왕 먹, 먹인다는 말은 들으셨습니까? 용왕, 용왕 먹이기.

ㅡ 아아, 제가 얘기했지요? 저 아래 우물이 큰 게 있었다고. 그게 용왕에게 뭐 제사 지낸다고. 그 소 한 마리 잡아서 하는 것이 그 용왕님한테 뭐 제사 지낸다고.

소를 잡아가지고?

ㅡ 그전에 소 잡아가지고 했어요.

크게 했군요.

ㅡ 예, 그랬는데 그걸 없앴어요.

그것은 그러면 일 년에 한 번씩 하는 겁니까? 몇 년에 한 번씩 하는 겁니까?

ㅡ 몇 년에 한 번 하나 봐요. 해마다 하는 것은 아니고.

조왕제라는 것은 보셨는지요? 조왕이면 저 부뚜막신이 되는데.

ㅡ 그건 뭐 그냥 굿할 적에는 부엌에 가서도 하고 뭐, 이렇게 이렇게 하, 하는 것은.

당산제는 보셨습니까?

ㅡ 당산제라는 것은 저기 산에, 산에 가서 이렇게 산에다가 당 같은 것, 또 당이 없으면 뭐 서낭이라나.

서낭당?

ㅡ 예, 무슨 이렇게 나무 하나 해놓고 거기 뭐 빨건 것 뭐 이런 것.

거, 저, 헝겁 가틍거 매:노코.

ㅡ 에, 거기 그게: 당, 탕이라구 그러던대요. 근데 그거를 우애는[4] 집뚜 익꾸, 안 우애는 집뚜 익꾸 그랜나봐요.

그다암, 저:, 정워레 복쪼리.

ㅡ 건: 피리 산찌요. 왜냐믄 새벼게 이르케 가따 덩(던)저노턴가? 대문 아니로 이르케. 예, 복쪼리라 그러며 소리 질러가멘서 이르케 대:문 위로 다 다 드롤쑤 읻짜나요. 그저네 인자 나무 대:무닌데 그 위:가 터저쓰니까 그 위로 이르케 좀. 그래구 인제 도:는 나중에 바더가요. 그 당정 반능게 아니구. 정월따리니까.

복쪼리 파는 사라미 던저 논는단 마리지요?

ㅡ 예, 그러니깐 그저:네는 그거를 저:, 복쪼래를[5] 무슨 단체, 그러니까 이르케 인저 사에치 구락뿌라구 그렁걷뚜 익꾸, 이써꾸. 인자 그런 크러베서 저, 자:금 맨드느냐구 그러케 이를 마이 핸:찌요.

그걸 뭐:라 그런다구요?

ㅡ "복쪼래 사시오." 라구. "봉 마:니 바드세요." 그래구 덩지구 가조.

부정 쫀는 그 머, 노리 가틍걷또 이서슴니까?

ㅡ 당여니 읻찌요. 구태며는 당여니 읻쪼.

구태가지고 하능검니까?

ㅡ 예.

나이떡 먹끼라능거 드러보션는지요?

ㅡ 그게 나이떠기래능게 이:월따레 해능건지. 드낀 드러써요. 근데 이:월따레인지. 나이떡, 정워레는 나이떠기래능건 아니구. 이:월따린지 그때머 나이떠기라능거 그렁거는 드릉거 가태요.

어떠케 하는지는 잘 모르시구요? 콩복끼는 해보셔슴니까?

ㅡ 마이 핸찌요. 콩 보꺼서 가러서 콩까루 맨들구 그러능건데요. 옌:나레거 마이 핸찌요.

거, 저, 헝겊 같은 것 매어놓고.

- 예, 거기 그게 당, 탕이라고 그러던데요. 그런데 그것을 위하는 집도 있고, 위하지 않는 집도 있고 그랬나 봐요.

그다음, 저, 정월에 복조리.

- 그것은 필히 샀지요. 왜냐하면 새벽에 이렇게 갖다 던져놓던가? 대문 안으로 이렇게. 예, 복조리라 그러면서 소리 질러가면서 이렇게 대문 위로 다 들어올 수 있잖아요. 그전에 인제 나무 대문인데 그 위가 터졌으니까 그 위로 이렇게 좀. 그러고 인제 돈은 나중에 받아가요. 그 당장 받는 것이 아니고. 정월달이니까.

복조리 파는 사람이 던져 놓는단 말이지요?

- 예, 그러니깐 그전에는 그것을 저, 복조리를 무슨 단체, 그러니까 이렇게 이제 4H 클럽이라고 그런 것도 있고, 있었고. 인제 그런 클럽에서 저, 자금 만드느라고 그렇게 일을 많이 했지요.

그걸 뭐라 그런다고요?

- "복조리 사시오" 라고. "복 많이 받으세요." 그러고 던지고 가지요.

부정 쫓는 그 뭐, 놀이 같은 것도 있었습니까?

- 당연히 있지요. 굿을 하면 당연히 있지요.

굿해가지고 하는 겁니까?

- 예.

나이떡 먹기라는 것 들어보셨는지요?

- 그게 나이떡이라는 것이 이월달에 해는 것인지. 듣기는 들었어요. 그런데 이월달에인지. 나이떡, 정월에는 나이떡이라는 것은 아니고. 이월달인지 그때 뭐 나이떡이라는 것 그런 것은 들은 것 같아요.

어떻게 하는지는 잘 모르시고요? 콩볶기는 해보셨습니까?

- 많이 했지요. 콩 볶아서 갈아서 콩가루 만들고 그러는 것인데요. 옛날에 그 많이 했지요.

그때 사용하는 콩이 종뉴가 어떵 콩임니까?

ㅡ 지금 콩이지요. 머 똑까찌요. 까:만콩을 복끌려면 그거 보꾸구. 하얀 콩을 복끌려면 하얀. 인제 떠글 파:라케 핼래므는 그 까:만, 그 지금 서리태래능거, 그 소기 파라스름해자나요? 그러니까 그거 이러키 인저 얌:저내게 머 쩌 떡 쫌 해 보낼래면 그렁거 색깔두 낵:꾸, 그 노:란 색깔두 낵:꾸 그랟찌요.

그러쿠뇨. 달찝태우기는 해보셔슴니까? 보름.

ㅡ 하지요.

어디 저, 어디다가 달찌블 지슴니까?

ㅡ 질:찌는 앙쿠 기양 이러키. 글: 지부리라구 그래는데요, 여기는.

지불로리.

ㅡ 예, 지불로리라구 해구. 그저네 부를 노쿠 이즈믄 그렁거 뭐 별로 업:써요.

업:찌요? 이제 옌:날 기어글 더드머서.

ㅡ 옌:나렌 그거 시매게 해써요.

그럼 그 부를 가지고 어, 어떤시그로 함니까? 지불로리.

ㅡ 쥐불로리. 머 이런 저 동산 가튼데 아니믄 논:, 저 무름는 논: 가튼데서 그거 해:가꾸 이르케 빙빙 돌리고 그냥 그런시기로.

돌리기만 하고 그 불 지르고 이렁거는 안 해슴니까?

ㅡ 불 지르능거? 그렁거는.

뚝 가튼데 부를 질러서.

ㅡ 그거는 나제 하지요.

나제?

ㅡ 에:, 어:른드리 그거는 나제 인제 불 노쿠 그러능거. 근 보메 마이 노치요.

뭐 때무네 논뚝 가튼데 부를 논는지 드러보셔슴니까?

ㅡ 부를 노면 그러니깐 저, 병:충해 가틍거 그렁거, 그렁거 주기기 위해서 예방이로, 예:방 차워네서 마이 하능거지요.

그때 사용하는 콩이 종류가 어떤 콩입니까?

ㅡ 지금 콩이지요. 뭐 똑같지요. 까만콩을 볶으려면 그거 볶고. 하얀콩을 볶으려면 하얀. 인제 떡을 파랗게 하려면 그 까만, 그 지금 서리태라고 하는 것, 그 속이 파르스름하잖아요? 그러니까 그거 이렇게 인제 얌전하게 뭐 쪄서 떡을 좀 해 보내려면 그런 것 색깔도 냈고, 그 노란 색깔도 냈고 그랬지요.

그렇군요. 달집태우기는 해보셨습니까? 보름.

ㅡ 하지요.

어디 저, 어디다가 달집을 짓습니까?

ㅡ 짓지는 않고 그냥 이렇게. 그것을 쥐불이라고 그러는데요, 여기는.

지불놀이.

ㅡ 예, 쥐불놀이라고 하고. 그전에 불을 놓고 이즘은 그런 것 뭐 별로 없어요.

없지요? 이제 옛날 기억을 더듬어서.

ㅡ 옛날에는 그것을 심하게 했어요.

그럼 그 불을 가지고 어, 어떤 식으로 합니까? 쥐불놀이.

ㅡ 쥐불놀이. 뭐 이런 저 동산 같은 데 아니면 논, 저, 물이 없는 논 같은 데서 그거 해가지고 이렇게 빙빙 돌리고 그냥 그런 식으로.

돌리기만 하고 그 불 지르고 이런 것은 안 했습니까?

ㅡ 불 지르는 것? 그런 것은.

뚝 같은 데 불을 질러서.

ㅡ 그것은 낮에 하지요.

낮에?

ㅡ 예, 어른들이 그것은 낮에 인제 불 놓고 그러는 것. 그것은 봄에 많이 놓지요.

무엇 때문에 논둑 같은 데 불을 놓는지 들어보셨습니까?

ㅡ 불을 놓으면 그러니까 저, 병충(해) 같은 것 그런 것, 그런 것 죽이기 위해서 예방으로, 예방 차원에서 많이 하는 것이지요.

소 경:강 빌:기라능걷또 인는지요? 그 한 해 소가 겅강하도록 소한테 대해서 하능게.

⁻ 아, 굳 타구 그래므는 소에두 비러요.

다니면서?

⁻ 에:, 다, 다니면서 비러요.

그 점, 점치능거슨 이슴니까? 소저미니 달, 달쩌미니 밥쩌미니 육점, 노래해 가지고 그 저를 보능거요.

⁻ 그렁거는.

그렁거는 업석꼬요? 줄다리기 가틍거슨?

⁻ 줄다리기 가틍거는 무슨 행사 때 마이 하자나요?

그러니까 마으레서?

⁻ 마으레서는 업:찌요.

어떤 지방에 가며는 동네동네끼리 줄다리기를 한담니다.

⁻ 저 아래쪼게서 마이 해능거 갇떤데.

아주 줄도 크, 굴께 만드러서. 그다으메 이제, 아까 오곡빱 한다고 그랟찌요? 그때 드러가는 오고근 어떵검니까?

⁻ 거기에 드러가능거는 뭐 쌀 머, 조, 수수, 콩, 팓, 그 또 버릳쌀,[6] 찹쌀, 뭐 작꼬기로 해능거지요.

귀발기수를 드러보셔슴니까?

⁻ 예, 머거두 받:써요.

그거는 언제?

⁻ 보름날 아치메 그 부:럼 깨튼다구 핼 때 그때요. 그저네는 머거봗찌만. 어려서는 머 그거, 그거를 머그라구, 귀멍는다구 머그라구 그랜는데 이즈메는 그렁거 머 업:써요.

조:리 가지고 밥 어드러 다니고 이런 노리도 이서슴니까?

⁻ 아니요.

그거 아마 보름 때 하겓찌요?

소 건강 빌기라고 하는 것도 있는지요? 그 한 해 소가 건강하도록 소한테 대해서 하는 것이.

ㅡ 아, 굿 하고 그러면 소에게도 빌어요.

다니면서?

ㅡ 예, 다, 다니면서 빌어요.

그 점, 점치는 것은 있습니까? 소점이니 달, 달점이니 밥점이니 육점, 노래해가지고 그 점을 보는 것요.

ㅡ 그런 것은.

그런 것은 없었고요? 줄다리기 같은 것은?

ㅡ 줄다리기 같은 것은 무슨 행사 때 많이 하잖아요?

그러니까 마을에서?

ㅡ 마을에서는 없지요.

어떤 지방에 가면 동네와 동네끼리 줄다리기를 한답니다.

ㅡ 저 아래쪽에서 많이 하는 것 같던데.

아주 줄도 크, 굵게 만들어서. 그다음에 이제, 아까 오곡밥 한다고 그랬지요? 그때 들어가는 오곡은 어떤 것입니까?

ㅡ 거기에 들어가는 것은 뭐 쌀 뭐, 조, 수수, 콩, 팥, 그 또 보리쌀, 찹쌀, 뭐 잡곡으로 하는 것이지요.

귀밝이술을 들어보셨습니까?

ㅡ 예, 먹어도 보았어요.

그것은 언제?

ㅡ 보름날 아침에 그 부럼 깬다고 할 때 그때요. 그전에는 먹어보았지만. 어려서는 뭐 그거, 그것을 먹으라고, 귀먹는다고 먹으라고 그랬는데 이즘에는 그런 것 뭐 없어요.

조리 가지고 밥 얻으러 다니고 이런 놀이도 있었습니까?

ㅡ 아니요.

그거 아마 보름 때 하겠지요?

- 오곡빱 때는 어:드러 다녀요. 그거 이러키 저:기.

조리, 조리.

- 아니야, 그륵 까꾸요.

머리 안 빈는 그런 경우가 어떤 때 인는지 아심니까?

- 초상나쓸 때. 그저네 우리 동네서 초상이 날따 그래므는 그 머리를 몯 빅께 해써요. 빋찌 말라고 그래써요.

바느질 안 하는 경우도 이슴니까?

- 초상 때는 바느질 아에 모:태요.

아까 저, 널:뛰기는 해보셛따고 그랟찌요?

- 마이 핻찌요.

너:른 그때 뭘: 가지고 어떵걸 해슴니까?

- 나무 이르케(직사각형 모양을 손으로 그리면서) 뎅거, 너:리 이써요, 이르케. 그거 가꾸.

미테는?

- 미테 인제 이러키 머 흐, 직 가등거를 이르케 인저 가마에다 이르케 해서 이르케 무꺼서 노쿠.

평평한데다가 노코.

- 에:, 누피노쿠 거기 사라미 또 안저야뒈:요, 거 너: 루에.

가운데 안는다 마리지요?

- 예, 가운데 안저야뒈:요, 사:라미.

튀지 마라고 그렁가요?

- 에, 그래야 정:상쩌그로 너:리 뛰어저요.

근데 양쪼게서 이거 노피에 따라서 그 노::피 올라가고 안 올라가고 이르케 뒈겓찌요?

- 아니조. 이게 힘, 그 굴:르는 히메 올러가능거거드뇨. 접쪽[7] 싸라미 굴르질 모태므 이 사라미 잘 안 올러가요. 그 이 사라미 잘 굴르므 저 사람 쑥쑥 올러가구 그래요. 이게 내려오면서 굴르는 히미 이써야 올러가요.

ㅡ 오곡밥 때는 얻으러 다녀요. 그거 이렇게 저기.

조리, 조리.

ㅡ 아니야, 그릇 가지고요.

머리 안 빗는 그런 경우가 어떤 때 있는지 아십니까?

ㅡ 초상났을 때. 그전에 우리 동네서 초상이 났다 그러면 그 머리를 못 빗게 했어요. 빗지 말라고 그랬어요.

바느질 안 하는 경우도 있습니까?

ㅡ 초상 때는 바느질 아예 못해요.

아까 저, 널뛰기는 해보셨다고 그랬지요?

ㅡ 많이 했지요.

널은 그때 무엇을 가지고 어떤 것을 했습니까?

ㅡ 나무 이렇게(직사각형 모양을 손으로 그리면서) 된 것, 널이 있어요, 이렇게. 그것 가지고.

밑에는?

ㅡ 밑에 인제 이렇게 뭐 흐, 짚 같은 것을 이렇게 인제 가마에다 이렇게 해서 이렇게 묶어서 놓고.

평평한 데다 놓고.

ㅡ 예, 눕혀놓고 거기 사람이 또 앉아야 돼요, 그 널 위에.

가운데 앉는다는 말이지요?

ㅡ 예, 가운데 앉아야 돼요, 사람이.

튀지 말라고 그런가요?

ㅡ 예, 그래야 정상적으로 널이 뛰어져요.

그런데 양쪽에서 이것 높이에 따라서 그 높이 올라가고 안 올라가고 이렇게 되겠지요?

ㅡ 아니지요. 이게 힘, 그 구르는 힘에 올라가는 것이거든요. 저쪽 사람이 구르질 못하면 이 사람이 잘 안 올라가요. 그 이 사람이 잘 구르면 저 사람 쑥쑥 올라가고 그래요. 이게 내려오면서 구르는 힘이 있어야 올라가요.

겐:까 내려올 때 그 굴르는 히미 이써야 널:뛰기에 성공행거지요.

한::참 올라가는 경우도 익겐네요?

ˉ 그러뵤::, 잘: 굴르며는.

그러면 송판, 아 저, 널:두 좀 길:고?

ˉ 길:지요. 한 이 두께(약 5-6㎝ 정도로 엄지와 검지를 벌려 보이면서). 그저네 엔:마난 동네 하나씩 다 이써써요, 그 너:리.

그랟껜네요. 평소에는 안 뛰지요?

ˉ 안 뛰지요. 근:데 인제 무슨, 지금 인제 시월 사밀날, 이르케 인제, 저:기 이르케 인저 체유퀘 가틍거 이쓸 때 그런 때사 뛰어요.

행사 때만?

ˉ 행사 때.

지신발끼라능거 해보셔슴니까?

ˉ 지신발끼래능거는 보리바테서 밤능거 갇떤데. 근데 뭐 별루. 발:끼를 해야 뒌다구, 엔:나레는. 어려서 그 하라버지댈까, 발, 발:짜구 해:서 조끔 발:븐 기어근 이써요.

여기도 만두도 해먹슴니까?

ˉ 그러뵤.

아네 무얼 너슴니까?

ˉ 정워리므는 만두 집찝마다 다 해:요.

속, 만두 소:글 어떵걸 너슴니까?

ˉ 그, 지베 따라서 뭐 주로 김치가 마이 드러가능거구. 김치 드러가구 고기 드러가구 뭐.

꿩은 안 쓰능군뇨?

ˉ 꿩이요? 그렁건 업:써요.

저 북쪼게서는 만두할 때 꼭 꿩고기를 너커든뇨. 영동할미라는 말 드러보셔슴니까?

그러니까 내려올 때 그 구르는 힘이 있어야 널뛰기에 성공한 것이지요.

한참 올라가는 경우도 있겠네요?

ㅡ 그럼요, 잘 구르면.

그러면 송판, 아 저, 널도 좀 길고?

ㅡ 길지요. 한 이 두께(약 5-6㎝ 정도로 엄지와 검지를 벌려 보이면서). 그전에 웬만한 동네에는 하나씩 다 있었어요, 그 널이.

그랬겠네요. 평소에는 안 뛰지요?

ㅡ 안 뛰지요. 그런데 인제 무슨, 지금 인제 시월 삼일날, 이렇게 인제, 저기 이렇게 인제 체육회 같은 것이 있을 때 그런 때에야 뛰어요.

행사 때만?

ㅡ 행사 때.

지신밟기라는 것은 해보셨습니까?

ㅡ 지신밟기라는 것은 보리밭에서 밟는 것 같던데. 그런데 뭐 별로. 밟기를 해야 된다고, 옛날에는. 어려서 그 할아버지대일까, 밟, 밟자고 해서 조금 밟은 기억은 있어요.

여기도 만두도 해먹습니까?

ㅡ 그럼요.

안에 무얼 넣습니까?

ㅡ 정월이면 만두를 집집마다 다 해요.

속, 만두 속을 어떤 것을 넣습니까?

ㅡ 그, 집에 따라서 뭐 주로 김치가 많이 들어가는 것이고. 김치 들어가고 고기 들어가고 뭐.

꿩은 안 쓰는군요?

ㅡ 꿩이요? 그런 것은 없어요.

저 북쪽에서는 만두할 때 꼭 꿩고기를 넣거든요. '영동할미'라는 말 들어보셨습니까?

ᅳ 모르는데요.

한:시근뇨? 한식.

ᅳ 한씩? 머 저:기 보메 지내능거? 지:사 지내능거요? 그게 싱모길 직쩌네 지내지요? 청명이리라구 그래가꾸.

그렁거는?

ᅳ 사네 가서 그 산소에다 지내던데요?

황토뿌리기는? 그런 풍스비 이슴니까?

ᅳ 엄는데요.

바람모리라덩가 바늘꿰기 이렁거는 드러보신저기 이슴니까?

ᅳ 머 다름지래다 바늘 뀌능거요?

으, 그거슨 운동회 때.

ᅳ 운동훼 때 해던데요. 그저네 바늘 이르케 끼구 뛰:능거. 지그믄 아내는데 그저네 그거 해써요.

약빱, 약빱 해보셔슴니까?

ᅳ 핼:쭐 아라요.

자료가 어떠코 어떤시그로 하는지요?

ᅳ 찹쌀로다 하능건데. 전 찹쌀하고 그 약씨게 넌는. 그저네는 그 야기이써요, 까:망거. 그 약씨게 넌는 색깔나능건데 옌나레는 그걸 너어서 마이 핸는데 이즈메는 그걸 안 너어요. 약씨글 너무 꺼:머케 안 해거드뇨. 지그믄 기냥 흑썰탕, 흑썰탕이로다 색까를 내구. 거기에 머 간:장두 드러가구. 드러가능게 만치요. 자:뚜 드러가고 주로 또 챙기르미 드러가야 되구. 저:기 인제 흑썰탕이로다 버무려요, 단마시 나도록. 그러니깐 저 가모스로매게 찌믄 좀 약:깐 이르 찌넌 색까른 아니구. 지그므 그 색깔로다 해:머거요. 옌:나레는 약씨게 넌는 야글 사다 너언는데 지그믄 안 너어요.

그 저, 밤:, 대:추 가틍거는 드러가나요?

ᅳ 그러지요. 당여니 드러가지요. 바:미 마이 드러가야 조아요. 또 잔:뚜

ㅡ 모르는데요.

한식은요? 한식.

ㅡ 한식? 뭐 저기 봄에 지내는 것? 제사 지내는 것요? 그게 식목일 직전에 지내지요? 청명일이라고 그래가지고.

그런 것은?

ㅡ 산에 가서 그 산소에다 지내던데요?

황토뿌리기는? 그런 풍습이 있습니까?

ㅡ 없는데요.

바람몰이라든가 바늘꿰기 이런 것은 들어보신 적이 있습니까?

ㅡ 뭐 달음질하다가 바늘 꿰는 것요?

으, 그것은 운동회 때.

ㅡ 운동회 때 하던데요. 그전에 바늘 이렇게 꿰고 뛰는 것. 지금은 하지 않는데 그전에 그것 했어요.

약밥, 약밥 해보셨습니까?

ㅡ 할 줄 알아요.

자료가 어떻고 어떤 식으로 하는지요?

ㅡ 찹쌀로 하는 건데. 전 찹쌀하고 그 약식에 넣는. 그전에는 그 약이 있어요, 까만것. 그 약식에 넣는 색깔이 나는 것인데 옛날에는 그걸 넣어서 많이 했는데 이즘에는 그걸 안 넣어요. 약식을 너무 꺼멓게 하지 않거든요. 지금은 그냥 흑설탕, 흑설탕으로다 색깔을 내고. 거기에 뭐 간장도 들어가고. 들어가는 것이 많지요. 잣도 들어가고 주로 또 참기름이 들어가야 되고. 저기 인제 흑설탕으로다 버무려요, 단맛이 나도록. 그러니까 저 가무스름하게 찌면 좀 약간 이렇게 진한 색깔은 아니고. 지금은 그 색깔로다 해먹어요. 옛날에는 약식에 넣는 약을 사다 넣었는데 지금은 안 넣어요.

그 저, 밤, 대추 같은 것은 들어가나요?

ㅡ 그렇지요. 당연히 들어가지요. 밤이 많이 들어가야 좋아요. 또 잣도

드러가고 깨:소금두 드러가고.

그 바블 어떠케 하느냐가 상당히 중요하게꾼뇨?

ㄱ 아 그, 싸를:: 푹, 싸를 푹 당궈따가. 머 지끔드른 암녁쏘테다 기냥 바파는시기로 핸대는데. 저두 그 바파는시기로 행걸 머거 보기는 딸 칭구가 해:서 나 주라구 보낸:따구 가저와서 머거반는데. 암녁쏘테다 기냥 바파드시 그걸 한대요, 지끔드른 절믄 사람드리. 그래믄 그 옌:날 풍스비로 핸약씩 그 마시 안 나요.

역시 그 시간하구.

ㄱ 예, 그러치요. 시가니 마이 걸리능거거등요, 그게. 그러니까 술빱, 바블 쩌서 바바를 이켜가꼬 그거를 저: 양녀믈 그걸 다:: 너쿠 인저 호나블 해:서 인저 이러키 해:서 시루에다 또 찌거등요.

먼저 바블 한번 이키고.

ㄱ 이킹거를 시루에다 찡거를 쏘다가꼬 저, 그 재료를 다:: 너쿠 버무려요. 버무려가꼬 도로 인저 또 그 시루에다가 그걸 또 다머요. 다머서 한:창 기믈 올려야 그게 좀 이러키 차저저요. 그러믄 그거 인저 그 바바리머, 쩌:서 행거라 금:방 퉤능거 가튼데 그게 아니에요. 한:참 쩌:야. 그걸뚜 해:가꾸서는 저 이런 저:기에다가 판파::난데다 이르케 해:서 눌:러가꾸서는 이르케 눌:려가꾸 이르케 쓰러서, 쓰러서 마이 먹찌요. 그저:네는 기냥 이르케 떠서 머긍거, 옌나레는 떠:서 이르케 머거써요. 옌나레는 저어레서는[8] 떠:서 이르케, 이르케. 무슨 잔치 때두 가믄 이르케 떠:서 이르케 농:거 가튼데 지그믄 그거를 이르케 재:서 이르케 쓸:지요.

떡까치 퉤나요?

ㄱ 에, 에, 그러케 해서 쓸:지요.

화전노리 가틍게 이슴니까? 사월, 사뭐레 주로 그, 부인드리.

ㄱ 여긴 업:써요, 그렁거.

풀각시노리라능거 드러보셔슴니까? 답청, 풀발끼 그렁거는 업꼬요? 그다아

들어가고 깨소금도 들어가고.

그 밥을 어떻게 하느냐가 상당히 중요하겠군요?

ㅡ 아 그, 쌀을 푹, 쌀을 푹 담갔다가. 뭐 지금들은 압력솥에다 그냥 밥하는 식으로 한다는데. 저도 그 밥하는 식으로 한 것을 먹어보기는 딸 친구가 해서 나 주라고 보냈다고 가져와서 먹어보았는데. 압력솥에다 그냥 밥하듯이 그걸 한다고 그래요, 지금들은 젊은 사람들이. 그러면 그 옛날 풍습으로 한 약식 그 맛이 안 나요.

역시 그 시간하고.

ㅡ 예, 그렇지요 시간이 많이 걸리는 것이거든요, 그게. 그러니까 술밥, 밥을 쪄서 밥알을 익혀가지고 그것을 저 양념을 그걸 다 넣고 인제 혼합을 해서 인제 이렇게 해서 시루에다 또 찌거든요.

먼저 밥을 한 번 익히고.

ㅡ 익힌 것을 시루에다 찐 것을 쏟아가지고 저, 그 재료를 다 넣고 버무려요. 버무려가지고 도로 인제 또 그 시루에다가 그걸 또 담아요. 담아서 한참 김을 올려야 그게 좀 이렇게 차져요. 그러면 그거 인제 그 밥알이 뭐, 쪄서 한 것이라 금방 되는 것 같은데 그게 아니에요. 한참 쪄야. 그것도 해가지고서는 저 이런 저기에다가 판판한 데다 이렇게 해서 눌러가지고 이렇게 눌러서 이렇게 썰어서, 썰어서 많이 먹지요. 그전에는 그냥 이렇게 떠서 먹은 것, 옛날에는 떠서 이렇게 먹었어요. 옛날에는 겨울에는 떠서 이렇게, 이렇게. 무슨 잔치 때도 가면 이렇게 떠서 이렇게 놓은 것 같은데 지금은 그것을 이렇게 재어서 이렇게 썰지요.

떡처럼 되나요?

ㅡ 예, 예, 그렇게 해서 썰지요.

화전놀이 같은 것이 있습니까? 삼월, 삼월에 주로 그, 부인들이.

ㅡ 여긴 없어요, 그런 것.

풀각시놀이라는 것 들어보셨습니까? 답청, 풀밟기 그런 것은 없고요? 그다음메 사월 초파일.

ㅡ 사:월 초파일라른 뭐, 저:레들 가구.

요 근처에는 그, 저리 이슴니까?

ㅡ 이써요. 저 하수초등학꾜 마즌편 고기에 이써요, 고 너무에. (절이) 커요.

그럼 초파일라른 가보셔슴니까? 저레.

ㅡ 저는 교회다니니까 아, 갈리리 업:찌요. 다니는 사람들 열씨미 가지요.

모래찜질 이 말, 얘:기 드러보셔슴니까?

ㅡ 해보지는 아넌는데.

여기서 바다까지 그러케 멀지는 안치요? 좀 먼세밈니까?

ㅡ 에.

오월 다노, 다노에 뭐 하능게 이슴니까?

ㅡ 옌:나레는 그저:네 어른들 보므 머 다논날 머리두 강:꼬. 뭐 저:기 그 약쑥, 쑥글 그때 벼:야 그게 효꽈가 읻따구, 융모초, 약쑥 그렁거 다논날 비:구들[9] 그랜는데. 지그믄 머 별로 그렁거 하능거. 게 그 다논날 머리를 그걸루 가무며는[10] 머리가 반드르르 해다는데. 옌:나레 어려서 그 다논날 머리 감는 푸리 이써써요.

창포.

ㅡ 예, 푸리 반드르::래구[11] 새:파랑게가 융:끼가 익꾸 그런 푸를 길러써요. 다논날 그거를 살머서 무레다 머리 감능거라 그래구 어:른들 감능걸 보구. 여기 와선 그렁거 보지 모택꾸.

유두, 유월 유두, 음녁 보름 유둔나리라능거 드러보셔슴니까?

ㅡ 드낀 드런는데, 머 뭔: 나린지는 몰르구 그냥.

따로 뭐 하능거는 업꼬요?

ㅡ 업:써요.

치뤌 칠서근뇨?

에 사월 초파일.

ㅡ 사월 초파일날은 뭐, 절에들 가고.

요 근처에는 그, 절이 있습니까?

ㅡ 있어요. 저 화수초등학교 맞은편 고기에 있어요, 그 너머에. (절이) 커요.

그럼 초파일날은 가보셨습니까? 절에.

ㅡ 저는 교회 다니니까 아, 갈 일이 없지요. 다니는 사람들은 열심히 가지요.

모래찜질 이 말, 얘기 들어보셨습니까?

ㅡ 해보지는 않았는데.

여기서 바다까지 그렇게 멀지는 않지요? 좀 먼 셈입니까?

ㅡ 예.

오월 단오, 단오에 뭐 하는 것이 있습니까?

ㅡ 옛날에는 그전에 어른들 보면 뭐 단옷날 머리도 감고. 뭐 저기 그 약쑥, 쑥을 그때 베어야 그게 효과가 있다고, 익모초, 약쑥 그런 것은 단옷날 베고들 그랬는데. 지금은 뭐 별로 그런 것 하는 것. 그것이 그 단옷날 머리를 그것으로 감으면 머리가 반드르르 하다는데. 옛날에 어려서 그 단옷날 머리 감는 풀이 있었어요.

창포.

ㅡ 예, 풀이 반드르르하고 새파란 것이 윤기가 있고 그런 풀을 길렀어요. 단옷날 그것을 삶아서 물에다 머리 감는 것이라고 그러고 어른들 감는 걸 보고. 여기 와서는 그런 것을 보지 못했고.

유두, 유월 유두, 음력 보름 유둣날이라는 것 들어보셨습니까?

ㅡ 듣기는 들었는데, 뭐 무슨 날인지는 모르고 그냥.

따로 무엇 하는 것은 없고요?

ㅡ 없어요.

칠월 칠석은요?

⁻ 옌나레는 저, 미를 시머짜나요? 그러니까 그 밀 인저 이르케 빠:며는 걱까루[12] 속:까루가 이써요. 걱까루는 뻘:경 기가 나고 아주:: 속:까루는 깨끄태요. 그거를 이르케들 두얻따가 치뤌 칠썽나:리며는 그, 그거를 밀느리, 밀누리미라구 그러덩가? 아무걷뚜 안 너쿠, 안 너쿠 그 밀:까루를 얄:께 이르케 부처가꾸서는 뭐 혼자 멍능게 아니고 이우제[13] 집뚜 이러키 그 므. 그거를 부치며는 이게 똥:구라니까 이르케 반 저버가꾸 또 요러케 저버요. 그러케 해:서 이르케 다머서 며쪼기구 다머서 이우세 서루 노:나 먹꾸 그렁거 그저네는 그게 참 마:나써요. 근데 이즈메는 업:찌만.

그럼 노나 머글 정도면 마시 좀 나능검니까?

⁻ 쫄긷쫄기타지요, 그 밀까루니까. 지금 이, 산 밀까루가 아니구 그거는 집쩍[14] 해:서 인제. 그게 그러니깐 조:상핸테 그때 그거를 먼저 조상핸테 두 논능거 가태요, 그거를 부처서.

추수감사.

⁻ 에, 에, 그시기루다, 여르메는.

치뤌 칠써게 대한 이야기는 아심니까?

⁻ 저:기 서루 이르케 만난대능거요? 겨누 징녀요? 마이 드럳찌요.

그 옌나레 드른 이야기로는 어떠슴니까? 내용이.

⁻ 서루 떠러저서 그때만 돼믄 까:치가 서로 다리를 놔:줘서.

어떠케 해:서 서로 떠러전는지 그렁거 얘:기가 이섣찌 앙켇슴니까?

⁻ 서로 아마 사랑해다가 들켜:가꾸 그 떠러지게 행거 가튼데. 모탤 사여닌데 해니까 이르케.

남자 여자가 어떤 신부늬 사라민데 어떠케 해가지고 떠러전는지, 머 이런 얘:기드른 업석꼬요?

⁻ 건 잘: 몰르겐는데요. 잘 몰르구 그냥 겨누 징녀가 머 사랑을 핸는데 인제 그 모태게 해느냐구 인제 하나씩 갈러 놔:가꾸 서루 기냥 애타게 이르케 해는데 그날 하루만 만나게 해기루 해서 까:치가 다리를 놔:서 겨누

ㅡ 옛날에는 저, 밀을 심었잖아요? 그러니까 그 밀 인제 이렇게 빻으면 겉가루와 속가루가 있어요. 겉가루는 뻘건 기가 나고 아주 속가루는 깨끗해요. 그것을 이렇게들 두었다가 칠월 칠석날이면 그, 그것을 밀느리, 밀누림이라고 그러던가? 아무것도 안 넣고, 안 넣고 그 밀가루를 얇게 이렇게 부쳐서는 뭐 혼자 먹는 것이 아니고 이웃집도 이렇게 그 뭐. 그것을 부치면 이게 똥그라니까 이렇게 반 접어가지고 또 요렇게 접어요. 그렇게 해서 이렇게 담아서 몇 쪽이고 담아서 이웃에 서로 나누어 먹고 그런 것이 그전에는 그게 참 많았어요. 그런데 이즘에는 없지만.

그럼 나누어 먹을 정도면 맛이 좀 나는 겁니까?

ㅡ 쫄깃쫄깃하지요, 그 밀가루니까. 지금 이, 산 밀가루가 아니고 그것은 직접 해서 인제. 그게 그러니까 조상에게 그때 그것을 먼저 조상한테도 놓는 것 같아요, 그것을 부쳐서.

추수감사.

ㅡ 예, 예, 그 식으로다, 여름에는.

칠월 칠석에 대한 이야기는 아십니까?

ㅡ 저기 서로 이렇게 만난다는 것요? 견우 직녀요? 많이 들었지요.

그 옛날에 들은 이야기로는 어떻습니까? 내용이.

ㅡ 서로 떨어져서 그때만 되면 까치가 서로 다리를 놓아주어서.

어떻게 해서 서로 떨어졌는지 그런 것 얘기가 있었지 않겠습니까?

ㅡ 서로 아마 사랑하다가 들켜서 그 떨어지게 한 것 같은데. 못할 사연인데 하니까 이렇게.

남자 여자가 어떤 신분의 사람인데 어떻게 해가지고 떨어졌는지, 뭐 이런 얘기들은 없었고요?

ㅡ 그것은 잘 모르겠는데요. 잘 모르고 그냥 견우 직녀가 뭐 사랑을 했는데 인제 그 못하게 하느라고 인제 하나씩 갈라 놓아가지고 서로 그냥 애타게 이렇게 하는데 그날 하루만 만나게 하기로 해서 까치가 다리를

징녀가 만나는 치뤌 칠썽날 만난다구 그래요. 그래는데 까:치가 또 고때 대면 이 대가리에 터리 업써요, 진짜루.

진짜로?

ᅳ 에, 에, 그래서 인제 그 결국 발:꼬[15] 각끼 때무네 빠젇따. 에, 에, 그런, 그러키 드러써요.

추서게는 어떤 저, 노리가 이선는지요?

ᅳ 지그믄 머 추서기래도 무슨 노리 가틍거 하능거. 근데 옌:나레는 그머, 두레라구[16] 그래지요? 꽹과리 치고 북 치고 그래능거, 그렁걷뚜 놀:구 해써요. 그렁걷뚜 달빠메 놀:구 핸:는데 이즈메는 머 그렁거가 하나두 업써요.

옌:날 애기지요.

ᅳ 옌:나레 노라써요, 그 두레. 동네마당 그냥 꽹, 또 노:는 소리가 들리고. 근데 지금두 여기 호:공니 가튼데는 그걸 잘 노라요. 어떤 때 여기서도 드르믄 그 노:는 소리가 들려요. 우리 동네두 이썬는데 우리 동네는 다 파해다시피 해구 업써요.

그 절믄 사라미나 애:드리 노는 노리 가틍거는 따로 업서습니까?

ᅳ 우리들 자랄 때는 머 그냥 머 달빠미니까 머 진짜 머 노:능게 마:너짜나요, 옌:나레는. 그러키 노라찌만 지그믄 노능게.

그때 노랃떤 그걸 생각해:서 말씀해주시지요. 그래야만 아, 지그믄 업찌마는 그래도 옌나레는 이렁거시 이섣따, 이게 뒈지 앙켔습니까?

ᅳ 그니까 그 당시에는 그 강:강수월렌가 그렁거뚜 핸, 예, 뺑: 도라가면서 해능거 그렁걷뚜 해구, 머 달구경한다고 또 다란테다 소:원 빈다고 하고. 하여튼가네 뭐 배까테서 그냥 달빠메 그냥 저:기 해구 노라써요, 놀기는. 그거 머 한:참들 이르케 좀 커:쓸 때는 뭐, 진짜 옌:나레두 조와하는 사라미 이쓰면 그냥 참 조:은 나리지요, 그런 나리. 그런시기루 머. 그리구 참 그 저네는, 그 옌:나레는 그걸 마이 해써요. 파뤌 추서게 극 까틍거를 해써요.

놓아서 견우 직녀가 만나는 칠월 칠석날 만난다구 그래요. 그러는데 까치가 또 고때가 되면 이 대가리에 털이 없어요, 진짜로.

진짜로?

ˉ 예, 예, 그래서 인제 그 결국 (견우와 직녀가 까치 머리를) 밟고 갔기 때문에 (머리털이) 빠졌다. 예, 예, 그런, 그렇게 들었어요.

추석에는 어떤 저, 놀이가 있었는지요?

ˉ 지금은 뭐 추석이라도 무슨 놀이 같은 것을 하는 것. 그런데 옛날에는 그 뭐, 두레라고 그러지요? 꽹과리 치고 북 치고 그러는 것, 그런 것도 놀고 했어요. 그런 것도 달밤에 놀고 했는데 이즘에는 뭐 그런 것이 하나도 없어요.

옛날 얘기지요.

ˉ 옛날에 놀았어요, 그 두레. 동네마다 그냥 꽹, 또 노는 소리가 들리고. 그런데 지금도 여기 호곡리 같은 데는 그걸 잘 놀아요. 어떤 때 여기서도 들으면 그 노는 소리가 들려요. 우리 동네도 있었는데 우리 동네는 다 파하다시피 하고 없어요.

그 젊은 사람이나 애들이 노는 놀이 같은 것은 따로 없었습니까?

ˉ 우리들 자랄 때는 뭐 그냥 뭐 달밤이니까 뭐 진짜 뭐 노는 것이 많았잖아요, 옛날에는. 그렇게 놀았지만 지금은 노는 것이.

그때 놀았던 그것을 생각해서 말씀해주시지요. 그래야만 '아, 지금은 없지마는 그래도 옛날에는 이런 것이 있었다.'는 이게 되지 않겠습니까?

ˉ 그러니까 그 당시에는 그 강강술래인가 그런 것도 했, 예, 빵 돌아가면서 하는 것 그런 것도 하고, 뭐 달구경한다고 또 달한테다 소원 빈다고 하고. 하여튼간에 뭐 바깥에서 그냥 달밤에 그냥 저기 하고 놀았어요, 놀기는. 그거 뭐 한참들 이렇게 좀 컸을 때는 뭐, 진짜 옛날에도 좋아하는 사람이 있으면 그냥 참 좋은 날이지요, 그런 날이. 그런 식으로 뭐. 그리고 참 그전에는, 그 옛날에는 그것을 많이 했어요. 팔월 추석에 극 같은 것을 했어요.

동네에서?

- 동네서요. 인제 기 인제 영:그기지요. 그 무:대 이러키 인제 뭐 하나 허수루매게 이르케 꾸며 노쿠서는 그 인저 밤:마다 그거를 연스패가꼬 그 영:극 까틍걸 마이 해써요, 옌:나레는.

그건 주동자도 이서야 뒈고.

- 그러묘. 가리키는, 가리키는 사람두 읻찌요. 가리키고 인저 해구. 그저네는 뭐 무슨 저기가 업쓰니까 이르케 인저, 지금 생각해니까 그 면:사뽀라 그럴까 게 인제 핼래므는 그 하얀 치마를 (이마를 가리키면서) 여기다 이르케 저 해가꾸 이러키 훌딱 넹겨 가꾸서는 하구 인제, 영:그글 마이 해써요.

아, 그랟서요?

- 예, 그러믄 머 노래해는. 제몽마다 달러서 노래해능걷뚜 읻꾸, 영:극카능거뚜 읻꾸. 참 그렁게 마너써요.

그중에서 저, 그쪼그로 나가서 이르믈 노핀 사람 이슴니까?

- 그런 사라믄 업:써요.

쭉 오래되면 저거도 그, 그런 사람드리 나올뻡또 한데.

- 그러치요. 지끔 그 저:기 해능게 그거하구 비슷.

탈렌트나 머 이런.

- 탈렌트보다 그 실째 저:기 무슨 저:기 가튼데서 해능거. 서울 저:기 가튼데.

영극?

- 예, 그렁거나 비스타지요 머. 이건 크지는 안치만 그런시기루 인저 머, 머, 심수내 그거.

이수일과 심수네

- 그렁거 주로 마이 해써요. 그렁거 하구 머, 심청이야 그렁거 머 하구 머.

해보신저근 이슴니까?

- 해써요. 그 해써요.

주연해슴니까?

동네에서?

ㅡ 동네에서요. 인제 그게 인제 연극이지요. 그 무대 이렇게 인제 뭐 하나 허술하게 이렇게 꾸며 놓고서는 그 인제 밤마다 그것을 연습해가지고 그 연극 같은 것을 많이 했어요, 옛날에는.

그건 주동자도 있어야 되고.

ㅡ 그럼요. 가르치는, 가르치는 사람도 있지요. 가르치고 인제 하고. 그전에는 뭐 무슨 저기가 없으니까 이렇게 인제, 지금 생각하니까 그 면사포라 그럴까 그게 인제 하려면 그 하얀 치마를 (이마를 가리키면서) 여기다 이렇게 저 해가지고 이렇게 홀떡 넘겨서 하고 인제, 연극을 많이 했어요.

아, 그랬어요?

ㅡ 예, 그러면 뭐 노래하는. 제목마다 달라서 노래하는 것도 있고 연극하는 것도 있고. 참 그런 것이 많았어요.

그 중에서 저, 그쪽으로 나가서 이름을 높인 사람 있습니까?

ㅡ 그런 사람은 없어요.

쭉 오래 되면 적어도 그, 그런 사람들이 나올 법도 한데.

ㅡ 그렇지요. 지금 그 저기 하는 것이 그것과 비슷.

탤런트나 뭐 이런.

ㅡ 탤런트보다 그 실제 저기 무슨 저기 같은 데서 하는 것. 서울 저기 같은 데.

연극?

ㅡ 예, 그런 것이나 비슷하지요 뭐. 이건 크지는 않지만 그런 식으로 인제 뭐, 뭐, 심순애 그것.

이수일과 심순애.

ㅡ 그런 것 주로 많이 했어요. 그런 것을 하고 뭐, 심청이야 그런 것 뭐 하고 뭐.

해보신 적은 있습니까?

ㅡ 했어요. 그것 했어요.

주연했습니까?

ᅳ 주여닌지 뭔:지 모르는데 그거 해가꾸서는 혼난적, 혼난게. 그거를 핸는데 이제, 깅까 여기서 조완 가기만 하까? 그런데 사:는 사람두 와요, 보러. 우리두 가구, 우리두 가구 거기서두 오구 하는데. 그때 진짜 지끔 제가 애기행거 모냥 이르케 면사뽀를 핼려면 하얀 인조치마 가틍거를 해가꾸 이르케 넹겨 가꾸서는 그런시기로 해가꾸 이르케 치마저고리 익꾸 뭐 이르케 해는 시기로 해는데. 아, 그냥 그거 해구 난는데 타동네 남자드리, 남자가 그냥 따라 다녀가꾸. [큰 웃음] 그거 아:주 얼:마나 고:뇨글 치런는지.

깅까 그게 인저 남포뿌리지요. 그때는 정:기뿌리 아니고 남포뿔 마이 켜:노쿠 그래쓰니까 고상해 보이구 좀 그래쓰꺼 아니에요? 또 뭐 발러쓰니까. 그래니깐 그래가꾸 그때 머 철두 모를 땐데두. 한 열때:쌀 좀 너먼는데 그냥. 인제 동:네 오빠드리 또 이짜나요. 그래는데 그 애드리, 그 새끼드리 오빠 아들더러 소개시켜 달라구 쪼:차다니구 그래서 곤뇨글 치러써요, 함번. 그거때무네. 그래구 뭐 어:디 구경을 가며는 구경 가서 상 탈 걷뚜 상을 모 타요. 그저네는 영:와라구 해며는 이르케 대:벼늘 핸짜나요, 마:를.

변사?

ᅳ 에, 에, 그 활똥사진만 나오고. 그러는데 그렁걸 조:와핸끼 때무네. 해며는 인제 이러키 뭐 무대가 어디 이씀니까? 기냥 이러::키 기냥 포장치구 이러키 뭐 하능건데. 참 가며는 저::, 나중에 끈나며는 뭐 저:기 그때는 인제 양은그르시지요. 그렁거 상이로두[17] 주구 이러키 핸:는데. 구경은 가긴 가는데. 참 여기서 조왕가기 거리지요. 가:요, 가기는.

그걸 간는데 끈나기 저네 저, 겡까 그게 진짜 지금 생가캐며는 끈나기 저네 나와서 뛰능거에요. 동:네 동:산 인는데까진 뗘:와야 안시믈 해능거에요. 남자드리 옌:나레두 참 지:꾸저써요, 지끔만치. 지끔만 그렁게 아니라 옌:나레두 남자드리 참 지:꾸저서 끈나기 저네 인자 기냥 수:미 터게

– 주연인지 뭔지 모르는데 그것 해서는 혼난 적, 혼난 것이. 그것을 했는데 이제, 그러니까 여기서 조안 가기만 할까? 그런 데 사는 사람도 와요, 보러. 우리도 가고, 우리도 가고 거기서도 오고 그러는데. 그때 진짜 지금 제가 얘기한 것 모양 이렇게 면사포를 하려면 하얀 인조치마 같은 것을 해가지고 이렇게 넘겨 가지고서는 그런 식으로 해가지고 이렇게 치마저고리 입고 뭐 이렇게 하는 식으로 하는데. 아, 그냥 그거 하고 났는데 타동네 남자들이, 남자가 그냥 따라 다녀가지고. [큰웃음] 그거 아주 얼마나 곤욕을 치렀는지.

그러니까 그게 인제 남폿불이지요. 그때는 전깃불이 아니고 남폿불 많이 켜놓고 그랬으니까 고상해 보이고 좀 그랬을 것 아니에요? 또 무엇을 발랐으니까. 그러니까 그래가지고 그때 뭐 철도 모를 때인데도. 한 열댓 살 좀 넘었는데 그냥. 인제 동네 오빠들이 또 있잖아요. 그러는데 그 애들이, 그 새끼들이 오빠 아들더러 소개시켜 달라고 쫓아다니고 그래서 곤욕을 치렀어요, 한 번. 그것 때문에. 그러고 뭐 어디 구경을 가면 구경 가서 상 탈 것도 상을 못 타요. 그전에는 영화라고 하면 이렇게 대변을 했잖아요, 말을.

변사?

– 예, 예, 그 활동사진만 나오고. 그러는데 그런 것을 좋아했기 때문에. 하면 인제 이렇게 뭐 무대가 어디 있습니까? 그냥 이렇게 그냥 포장치고 이렇게 뭐 하는 것인데. 참 가면 저, 나중에 끝나면 뭐 저기 그때는 인제 양은그릇이지요. 그런 것 상으로도 주고 이렇게 했는데. 구경은 가기는 가는데. 참 여기서 조안 가기 거리지요. 가요, 가기는.

그것을 갔는데 끝나기 전에 저, 그러니까 그게 진짜 지금 생각하면 끝나기 전에 나와서 뛰는 거예요. 동네 동산 있는 데까지는 뛰어와야 안심을 해는 거예요. 남자들이 옛날에도 참 짓궂었어요, 지금만큼. 지금만 그런 것이 아니라 옛날에도 남자들이 참 짓궂어서 끝나기 전에 인제 그냥 다케 빨리 나와야. 예, 그 인저 부짜필깨배[18] 수:미 터게 닫또록. 그런데 가두 인저 다니는 여자, 그땐 처녀두 마:너꾸 칭구드리 마:느니까 이러키 몰켜다니면서 인저 그런시기로다. 그게 또 재미두 익꾸. 그먼 인자 이러키 등 너머는 지비구 그래믄 인자 거기 와선 안시믈 하구 거기서 그냥 제 벌렁벌렁 두루누워서 그냥 그걸 다 그냥 헐떠거리능걸 다 소화시키구 여기 지비루 오능거에요.

참 이러키 옌:나레는 수채라구 그랟찌오, 수수깡 울타리니까. 요 수채, 개:가 드나들구 해는 수채. 참 그런데로두 기여 드러와보구. 혼:나니깐 그래써요. 왜 이러키 재미가 읻떤지 그렁게.

요즘 가탠스며는 탤렌트가 될수도 이서께슴니다.

ㅡ 아이, 그땐 누구나 다 조:와하구 그래써요.

영:그근 여러번 해보셔슴니까?

ㅡ 세:번 해봔나 봐요.

무슨 여카를?

ㅡ 겡깐: 머 이러키 인제 안 조:은 여칼두 핵꼬. 이러키 머 나쁜 여카른 아니구, 이러키 머 빽:끼는 여콸, 인저 슬픈 여칼 그런 여칼.

그거 재미읻찌요? 실쩨로 구경하능거보다도 직쩝 하능거시.

ㅡ 으, 연:스패느냐구 바믈 새다시피 해구. 그냥 그거 연:습하느냐구.

그래서 그거 한번 저, 빠저들며는 버서나기 어렵따자나요. 그래서 배우드리 게:속 그냥, 돔버리는 안 돼도.

ㅡ 근데 이런데서 뭐 그렁건 업찌오. 그거는 인제 접:쪼게서[19] 핸떵거지, 여기서는 아니구. 그리구 으으, 옌:나레는 저:기 이러키 논 가틍거 맬: 때 두레를 가꾸다녀. 동:네가 이써써요. 두레. 이러키 뭐 긷때, 긷때 익꾸 그 맨 긷때 우에는 그 꽁:, 꽁: 긴 가태요, 그 뒤에 강:거. 그거 가틍거 이러키 빼:치구, 이러키 저기 헝거비루[20] 뒝거, 이러키 뭐:라구 씅거 그거 들구, 그 놈 매:며는 우리 동네두 그때 인제 그 근:방에서 두레를

숨이 턱에 닿게 빨리 나와야. 예, 그 인제 붙잡힐까봐 숨이 턱에 닿도록. 그런데 가도 인제 다니는 여자, 그때는 처녀도 많았고 친구들이 많으니까 이렇게 몰려다니면서 인제 그런 식으로다. 그게 또 재미도 있고. 그러면 인제 이렇게 등 너머는 집이고 그러면 인제 거기 와서는 안심을 하고 거기서 그냥 죄 벌렁벌렁 드러누워서 그냥 그걸 다 그냥 헐떡거리는 걸 다 소화시키고 여기 집으로 오는 거예요.

참 이렇게 옛날에는 수채라고 그랬지요, 수수깡 울타리니까. 요 수채, 개가 드나들고 하는 수채. 참 그런 데로도 기어 들어와보고. 혼나니까 그랬어요. 왜 이렇게 재미가 있던지 그런 게.

요즘 같았으면 탤런트가 될 수도 있었겠습니다.

ㅡ 아이, 그땐 누구나 다 좋아하고 그랬어요.

연극은 여러 번 해보셨습니까?

ㅡ 세 번 해보았나 봐요.

무슨 역할을?

ㅡ 그러니까 뭐 이렇게 인제 안 좋은 역할도 했고. 이렇게 뭐 나쁜 역할은 아니고, 이렇게 뭐 빼앗기는 역할, 인제 슬픈 역할 그런 역할.

그것 재미있지요? 실제로 구경하는 것보다도 직접 하는 것이.

ㅡ 으, 연습하느라고 밤을 새다시피 하고. 그냥 그거 연습하느라고.

그래서 그거 한번 저, 빠져들면 벗어나기 어렵다잖아요. 그래서 배우들이 계속 그냥, 돈벌이는 안 되어도.

ㅡ 그런데 이런 데서 뭐 그런 것은 없지요. 그거는 인제 저쪽(친정 곳)에서 했던 것이지, 여기서는 아니고. 그리고 으으, 옛날에는 저기 이렇게 논 같은 것을 맬 때 두레(=농악대)를 가지고 다녀. 동네가 있었어요. 두레. 이렇게 뭐 깃대, 깃대가 있고 그 맨 깃대 위에는 그 꿩, 꿩의 깃 같아요, 그 뒤에 긴 것. 그것 같은 것 이렇게 뻗치고, 이렇게 저기 헝겊으로 된 것, 이렇게 뭐라고 쓴 것 그것을 들고, 그 논을 매면 우리 동네도 그때 인제 그 근방에서

놀러 와써써요.

그랜는데 그게 참 인:상깁떠라구요. 이르케 기냥 저:녀글 먹꼬 그 두레 노능거 한바탕 놀:며, 놀:구 드러가요, 노네두. 그래는데 저녁 먹꾸 마금해는데 그저네는 이러키 인자 솜떵어리 가틍거루 이러키 덩어리를 해가꾸 저:기, 서규를 무처서 거기다 부를 부처요. 그니까 크지요. 그러케 해노쿠선 그 두레를 놀:구 그 머 상:모 돌리고 그냥 그래는데 참 재미써요, 그렁게.

동지 되며는 또 그 중요항게 뭐:가 됩니까? 동지, 동지.

ㄱ 팓쭉 쓰자나요. 뭐 애:동지에는 뭐 안 쓴다구 그래덩가? 노:동지에만 쓴다 그래덩가?

팓쭉:: 아네 인는 똥그랑걸 뭐라 그래요?

ㄱ 그거를 샐새미라[21] 그래요.

예?

ㄱ 샐새미라 그래요. 샐새미라 그러더라구요.

무슨 뜨신지는 아시는지요?

ㄱ 그거 샐새미래능게 무슨 아:를 저:기해능거 가태요. 이러키 인저 알가튼 종뉴루다가 마:를 해능거 가태요. 그 똥,

알가치.

ㄱ 예, 요러케 똥:구라케 해:서, 요러케 요러케 해:서 (손바닥을 비비면서) 똥:구라케 해:서 넌:는 그걸 샐:새미라 그러더라구요.

그 이르케 팓쭉 끄려가지고 집 주위를 도라다니면서 뿌리기도 핸는데.

ㄱ 전 그거 몹 빠써요. 예, 몹 빠써요. 그게 동지때 저레서 아주 그거를 왕강해게 지키던데요?

저레서요?

ㄱ 예, 아주 동지때는 저레서 그냥 그 팓쭈글 꼭 쓰고. 그, 나는 저:를 안 다니니까 모르는데 인제 여기 절 다니는 사람 망:커등요. 그거를 또 가꾸 와서, 어:더가꾸 와서 또 줘:요. 머그라구 주더라구요. 근데 우리네는 팓쭈

두레를 놀러 왔었어요.

그랬는데 그것이 참 인상이 깊더라고요. 이렇게 그냥 저녁을 먹고 그 두레 노는 것 한바탕 놀며, 놀고 들어가요, 논에도. 그러는데 저녁 먹고 막음하는 데 그전에는 이렇게 인제 솜덩어리 같은 것으로 이렇게 덩어리를 해가지고 저기, 석유를 묻혀서 거기다 불을 붙여요. 그러니까 크지요. 그렇게 해놓고 그 두레를 놀고 그 뭐 상모 돌리고 그냥 그러는데 참 재미있어요, 그런 것이.

동지 되면 또 그 중요한 것이 뭐가 됩니까? 동지, 동지.

ㅡ 팥죽 쑤잖아요. 뭐 오동지에는 뭐 (팥죽을) 안 쑨다고 그러던가? 늦동지에만 쑨다고 그러던가?

팥죽 안에 있는 똥그란 것을 뭐라 그래요?

ㅡ 그거를 '샐새미'라 그래요.

예?

ㅡ '샐새미'라 그래요. '샐새미'라 그러더라고요.

무슨 뜻인지는 아시는지요?

ㅡ 그거 '샐새미'라는 것이 무슨 알을 저기하는(=말하는, 가리키는) 것 같아요. 이렇게 인제 알 같은 종류로 말을 하는 것 같아요. 그 똥,

알같이.

ㅡ 예, 요렇게 똥그랗게 해서, 요렇게 요렇게 해서 (손바닥을 비비면서) 똥그랗게 해서 넣는 그것을 '샐새미'라 그러더라고요.

그 이렇게 팥죽 끓여서 집 주위를 돌아다니면서 뿌리기도 했는데.

ㅡ 저는 그거 못 봤어요. 예, 못 봤어요. 그게 동지 때 절에서 아주 그것을 완강하게 지키던데요?

절에서요?

ㅡ 예, 아주 동지 때는 절에서 그냥 그 팥죽을 꼭 쑤고. 그, 나는 절을 안 다니니까 모르는데 인제 여기 절 다니는 사람 많거든요. 그것(=팥죽)을 또 가지고 와서, 얻어가지고 와서 또 줘요. 먹으라고 주더라고요. 그런데 우리네는 팥죽을 안 쑤었어요, 집에서. 별로 안 쑤어요. 그런데 뭐 여기

글 안 써써요, 지베서. 별루 안 써요. 근데 머 여기 송씨 조상이 그나리 지사래나봐요,[22] 옌:날 조상이. 그래서 팔쭈글 안 쓴다구 하능거 갇떤데요?

그 요쪽 문중하고 관계가 되능군뇨.

ㅡ 예. 저:레 다니는 사람드리 그거 가따가 줘서. 자기들 먹꾸 챙겨가꼬 와서 주더라구요. 게서 마니 머거보긴 해써요. 조와하진 아나요, 전. 그런 주글 조와하지 아나요. 근데 가따 주니까 좀 머거보고 그래써요.

송 씨 조상이 그날이 제사라나 봐요, 옛날 조상이. 그래서 팥죽을 안 쑨다구 하는 것 같던데요?

(동지에 팥죽을 쑤지 않는 것이) 그 요쪽 문중하고 관계가 되는군요.

‾ 예. 절에 다니는 사람들이 그것 가져다가 줘서. 자기들 먹고 챙겨가지고 와서 주더라고요. 그래서 많이 먹어보기는 했어요. 좋아하지는 않아요, 전. 그런 죽을 좋아하지 않아요. 그런데 가져다 주니까 좀 먹어보고 그랬어요.

■ 주석

1) '구태'는 명사 '굿'과 어미 '-어'와 통합하는 동사 '하-'(爲)의 어간 '해-'와 어미 '-어'가 통합한 것이다. 즉 '굿 해-어'가 '구태'로 되는 과정은 다음과 같다. 먼저 '굿'의 'ㅅ'가 어말에서 평파열음소화하여 'ㄷ'가 되고 다음으로 'ㄷ'와 'ㅎ'가 축약하여 'ㅌ'로 된다. 끝으로 어미의 '어'가 어간말 모음소 'ㅐ'에 완전순행동화하여 'ㅐ'로 된다.
2) '모냥'의 표준어형은 '모양'이고 '모양'의 고형은 '모얗'이다. '모양'은 '집'(家)과 '욯'(上)이 합성어 '집욯'에서 어간말의 'ㅎ'가 'ㅇ'으로 변해 '지붕'이 된 것과 동일하게 전 시기의 어형인 '모얗'에서 어간말의 'ㅎ'가 'ㅇ'으로 변해서 형성된 것이다. '모양'은 단일 형태소이므로 음절 사이에 'ㄴ'가 삽입될 수 없다. 그런데도 '모양'이 '모냥'으로 된 것을 합리적으로 설명할 방법은 없다. 그러나 '모냥'은 경기, 황해, 전남, 경남, 제주 등에 분포되어 있다.
3) '움무리'는 명사 '움물'과 어미 '-이'로 분석된다. '움물'의 표준어형은 '우물'이고 '우물'의 고형은 명사 '움ㅎ'(窖)과 '울'(籬)의 합성어인 '움훌'이다. 이 단어 속의 'ㅎ'는, '웅굴'에서 보듯이, 'ㄱ'로 변하기도 하였지만, 일반적으로는 유성음소 사이에서 탈락했다. 그 결과 '움울'이 되고 이 '움울'은, '결혼〉결온〉결론'(結婚)이나 '남향〉남양〉남먕(南向)(이상 경주지역어의 경우)에서 보듯이, '움물'로 변하거나 앞 음절의 종성이 다음 음절의 초성이 되어 '우물'로 변하였다.
4) '우애는'은 어간 '우애-'와 어미 '-는'으로 분석된다. 어간 '우애-'의 표준어형은 '위하-'이다. 그런데 제보자가 동사 '하-'에 대하여, 자음소로 시작하는 어미 앞에서도 '해-'를 사용하는 것이 일반적임을 고려하면, '우애-'는 '우해-'에서 'ㅎ'가 유성음소 사이에서 탈락한 것으로 보아야 한다. 그러면 어간의 첫음절 '우'는 '위'에서 'ㅣ'가 탈락한 것으로 보아야 한다. 이 사실은 '우'가 이중모음소 '위(wi)'에서 변한 것이 아니라 이중모음소 '위(uj)'에서 변한 것임을 말해준다.
5) '복쪼래'는 명사 '복'(福)과 '조래'(笊)의 합성어이다. '조래'에 대한 표준어형은 '조리'이며 '조리'의 고형은 '죠리'이다. '죠리'는 둘째 음절 이하에서 'ㆍ'가

'ㅡ'로 변하고 'ㅈ'가 경구개음소로 변하면서 '조릐'로 되고 다시 이중모음소 '의'가 '이'로 되면서 '조리'가 되었다. 그러나 '조래'는 둘째 음절 이하에서 'ㆍ'가 'ㅏ'로 변하고 이중모음소 '애(aj)'가 단모음소 '애(ɛ)'로 변하여 형성된 것이다. 이러한 예로서 표준어 명사 '잔치'(宴)에 대한 '잔채'가 있다. 이 단어의 고형은 '잔치'이다.

6) '버리'는 '보리'의 'ㅗ'가 양순음소 아래서 비원순모음소화하여 'ㅓ'로 변함으로써 형성된 것이다. 이러한 예로는 고어 '보션'(襪)이 '버선'으로, '봇나모'(樺木)가 '벚나무'로 변한 것이 있다.

7) '접쪽'에 대한 표준어형은 '저쪽'이다. '저쪽'에서 '저'의 고형은 '뎌'이다. '뎌'는 'ㄷ'가 구개음소화하여 '져'로 되고 전설고모음성을 가진 'ㅈ' 뒤에서 전설고모음성을 가진 'ㅕ'의 'j'가 탈락함으로서 '저'로 되었다. '쪽'은 방향을 나타내는 명사이지만 그것의 고형이 어떤 것인지는 알 수 없다. 그러나 '저'가 '접'으로 되어 있는 사실에서 그것의 고형은 'ᄧᅩᆨ'이었을 것을 알 수 있다. 합용병서 'ㅶ'는 어두 자음소군으로 앞의 'ㅂ'는 독립된 음소로 실현되었기 때문이다. 명사 '니'(稻)와 어두 자음소군 'ㅄ'을 가진 'ᄡᆞᆯ'(米)의 합성어 '니ᄡᆞᆯ'이 '입쌀'로 된 것도 그러한 예가 된다.

8) '저어레'는 명사 '저얼'과 어미 '-에'로 분석된다. '저얼'의 표준어형은 '겨울'이다. '겨울'의 고형은 '겨슬'이다. '겨슬'은 유성음소 사이에서 'ㅿ'가 탈락하여 '겨을'이 된다. '저얼'은 '겨을'의 'ㄱ'가 구개음소화하여 '져을'이 되고 전설고모음성을 가진 'ㅈ' 뒤에서 동일한 전설고모음성을 가진 'ㅕ'의 'j'가 탈락하여 '저을'이 되고 다시 둘째 음절의 'ㅡ'가 앞 음절의 'ㅓ'에 완전순행동화하여 '저얼'로 된 것이다. 이 지역어에는 'ㄱ' 구개음소화가 규칙적으로 일어나지 않았다는 점에서 '저얼'은 제보자의 개인방언이거나 이 지역어에 차용된 것으로 보아야 한다.

9) '비:구들'은 어간 '비:-'와 어미 '-구' 그리고 복수표시의 어미 '-들'로 분석된다. '비:-'와 '-구'의 표준어형은 각각 '베-'와 '-고'이다. 이들 어간과 어미가 중세국어에도 동일하므로, '비:-'와 '-구'는 각각 'ㅔ〉ㅣ'와 비어두에서의 'ㅗ〉ㅜ'의 변화를 겪고 형성된 것이다.

10) '가무며는'은 어간 '감-'(洗)과 어미 '-우며는'으로 분석된다. 여기서 어미 '-우며는'은 '-으며는'에서 어미초의 '으'가 '우'로 교체된 것이다. 이것은 이 어미가 어간 '많-'(多), '찾-'(探), '먹-'(食), '놓-'(放) 등과 통합하여 각각 '마느며는', '차즈며는', '머그며는', '노으며는'으로 실현되는 사실에서 확인된다. 어미 '-으

며는'이 실현되는 예들의 어간말 자음소가 모두 [-양순음소]이고 어미 '-우며는'이 실현되는 예의 어간말 자음소가 [+양순음소]이므로, 어미초의 '으'가 '우'로 교체된 것은 어간말의 양순음소에 의한 '으'의 양순모음소화 결과이다.

11) '반드르::래구'는 어간 '반드르래-'와 어미 '-구'로 분석된다. 어간 '반드르래-'는 부사 '반드르르'에 접미사 '하-'가 통합하여 파생된 상태동사 '반드르르하-'에서 재구조화한 것이다. 이러한 재구조화는 네 번째 음절말의 '으'탈락과 유성음소 사이에서 'ㅎ'탈락 그리고 '하-〉해-'로의 유추에 의한 것이다.

12) '걱까루'는 명사 '겉'(表)과 '가루'(粉)의 합성어 '겉가루'가 평파열음소화(ㅌ → ㄷ)와 경음소화(ㄱ → ㄲ) 그리고 연구개음소화(ㄷ → ㄱ)라는 자음소동화를 거친 것이다.

13) '이우제'는 명사 '이웆'(隣)과 어미 '-에'로 분석된다. '이웆'의 표준어형은 '이웃'이며 '이웃'의 중세국어형은 '이웆'이다. 그러므로 분석된 '이웆'은 중세국어형을 그대로 계승하는 것이다. 제보자는 '이웃'이라는 어형을 사용하기도 한다.

참고로, 표준어 명사 '이웃'에 대한 경북의 동해안지역어형으로 '이붓'이 있다. 이 어형과 중세국어형을 비교하면 이 단어들로 분화되기 이전의 어형은 '*이뵻'이었을 것으로 추정된다.

14) '집쩍'의 표준어형은 '직접'(음성형은 '직쩝'임)이다. 두 어형을 대조하면 '집쩍'은 '직쩝'에서 음절말음소 'ㄱ'와 'ㅂ'가 도치된 것이다. '집쩍'이 화자의 개인방언인지 이 지역어인지는 확인할 필요가 있다.

15) '발:꼬'의 목적어가 없다. '결국'과 '발:꼬' 사이에 '견우와 직녀가 까치 머리를'이라는 목적어가 생략된 것이다.

16) 여기서 '두레'는 '농악'을 뜻한다.

17) '상이루두'는 명사 '상'(賞)과 어미 '-이루'와 '-두'로 분석된다. 이들 어미의 표준어형은 각각 '-으로'와 '-도'이다. 이들 어미의 중세국어형은 각각 '-ᄋᆞ, 으로'와 '-도'이고 근데국어형은 각각 '-으로'와 '-도'이다. 그러므로 '-이루'는 전시기의 어형에서 'ㅡ〉ㅣ'와 'ㅗ〉ㅜ'의 변화를 거치고 '-두'는 'ㅗ〉ㅜ'의 변화를 거친 것이다.

18) '부짜필깨배'는 어간 '부짜피(표기:붙잡히-)'와 어미 '-을깨배'로 분석된다. '-을깨배'의 표준어형은 '-을까보아'이다. 두 어미를 대조하면, 제보자의 어형에서 '깨'는 '까'에서 모음소 'ㅏ'가 전설모음소 'ㅐ'로 되고 '배'는 '보아〉봐'를 거쳐서 형성된 '바'의 모음소 'ㅏ'가 전설모음소 'ㅐ'로 된 것이다. 소위 움라우트

와 관계없이 서남방언과 중부방언에는 후설모음소가 전설모음소로 된 단어가 많다. '빨갛-'(赤), '종일'(終日) 등이 '빨갛-', '죙일'로 된 것들이 그러한 예이다.

19) '접쪽'은 '친정 곳'을 가리킨다. '접쪽'의 표준어형은 '저쪽'이다. '저'가 '접'으로 된 것은 '쪽'의 'ㅉ'가 전 시기에 자음소군 'ㅲ'이었기 때문이다.

20) '헝거비루'는 명사 '헝겁'과 어미 '-이루'로 분석된다. '헝겁'의 표준어형은 '헝겊'이다. 대부분의 방언어형이나 지역어형이 '헝겊'이라는 점에서 '헝겁'의 어간말 'ㅂ'는 'ㅍ'가 평음소화한 것이다. 이런 예로서 '부엌'에 대한 '부억'을 들 수 있다.

21) '샐샘'의 표준어형은 '새알심'이며 줄여서 '샐심'이라고도 한다. '샐샘'은 '샐심'의 잘못인 것으로 보인다.

22) '지사'의 표준어형은 '제사'(祭祀)이다. 그러므로 '지사'의 첫음절 모음소 'ㅣ'는 'ㅔ'에서 변한 것이다.

질병

질병 가틍거, 옌나레는 모메 나능걷뜨리니 머리에 나능걷뜨리니 얼구레 나능거 마낟찌 안슴니까?

ㅡ 호녁?[1)]

홍역또 익꼬.

ㅡ 마:마두 익꼬. 그 호녀기, 호녀 끄테 마마하던데요. 저 그거 확씰해게 봗:써요.

상태가 어떠텅가요?

ㅡ 고모 아드린데, 애기쩌게 이러키 인제 호녀글 한다고 하면 그게 뭐 사흘 이쓰므 빨딱 나왇따가 또 드러가자나요, 호녀기. 근데 드러간 상태연는데 또 빨강거에요. (목 부분을 가리키면서) 이런데까지 다:: 빨건빨건 다:: 빨강거에요. 그러니깐 쑤군쑤군 해시더라고요. 그래더니 그게 마:마래요. 그 마:마라구 그러더라구요. 게 인저 그때는 그게 마:마가 뭔:지 몰란는데 그게 이러키 벌:가케 돼요. 그 뽈록뽈록 나왇떵게 이러키 물찝처럼 멀:가케 되며는 그게 메뻔 또 그래더라구요.

그리구 음무게다[2)] 항상 상에다가 무를 노코 비러요. 빌:더라구요, 그 엄마가. 애기 엄마가 비러요. 저기, 비:는데 인제 이러키 그게 멀:가케 곰:능거 모냥 멀:가케 됃따가 그게 이르케 까모스롬:해며느 그게 인제 딱찌 질라구 까:마케 돼능거에요. 그러믄 까:마케 될라 그럴째두 떠글 하고. 떠글 한 서너축 해능거 가태요. 그거에 대해서 떠글 해능거에요. 인제 떠글 해다 노코 빌:더라고요, 요마::난 시루에다. 그래는데 인제 답따파조,

질병 같은 것, 옛날에는 몸에 나는 것들이니 머리에 나는 것들이니 얼굴에 나는 것 많았지 않습니까?

ㅡ 홍역?

홍역도 있고.

ㅡ 마마도 있고. 그 홍역이, 홍역 끝에 마마하던데요. 저 그거 확실하게 보았어요.

상태가 어떻던가요?

ㅡ 고모 아들인데, 아기 적에 이렇게 인제 홍역을 한다고 하면 그게 뭐 사흘 있으면 빨딱 나왔다가 또 들어가잖아요, 홍역이. 그런데 들어간 상태였는데 또 빨간 거예요. (목 부분을 가리키면서) 이런 데까지 다 빨긋빨긋 다 빨간 거예요. 그러니까 수군수군 하시더라고요. 그러더니 그게 마마래요. 그 마마라고 그러더라고요. 그래서 인제 그때는 그게 마마가 뭔지 몰랐는데 그게 이렇게 벌겋게 돼요. 그 뾜록뾜록 나왔던 것이 이렇게 물집처럼 멀겋게 되면 그게 몇 번 또 그러더라고요.

그리고 윗목에다가 항상 상에다가 물을 놓고 빌어요. 빌더라고요, 그 엄마가. 아기 엄마가 빌어요. 저기, 비는데 인제 이렇게 그게 멀겋게 곪는 것 모양 멀겋게 되었다가 그게 이렇게 까무스름하면 그게 인제 딱지가 지려고 까맣게 되는 거예요. 그러면 까맣게 되려고 그럴 때에도 떡을 하고. 떡을 한 서너 축 하는 것 같아요. 그것에 대해서 떡을 하는 거예요. 인제 떡을 해다가 놓고 빌더라고요, 요만한 시루에다. 그런데 인제 답답하지요,

배까틀 몯:나가니까. 그, 마:마해는 사람 든는데는 무슨 마를 모태요. 고모가 이르케 인저 우롸통이 터지고 이제 답따파니까 막:: 이르케 인제 이렁걸 갇따 탕탕 치구 인제 이러키 핼쑤가 이짜나요, 이제 성:지리 나므. 그래믄 그걸 뜨더요. 예, 이걸 뜨더요. 이걸 뜯떠라구요. 그러므 또 비러요. 그::냥 그 상에다 대구 비러요. 그러므 또 수구러지더라고요.

그래서 그게, 이게 인제 뜨등거 마:마짜구기 시매게 돼요. 에, 그게 고이 기냥 가마::니 이러키 해므는 덜: 나는데. 겡:까 무슨 쪼꼼 이러키 안존: 소리나 해고 뭐 해며는 이러키 뜩, 확 피가 나도록 막 뜨더요. 그러므 또 막:: 빌더라구요. 그게 꽤 오래 가능거 가태요. 한달 넝께 알릉거 갇떤데요.

그러니까 얼구리 그러케.

ㅡ 곰:보가 돼요. 에, 곰:보가 돼더라구요. 몸보다도 얼구리 곰보가 되더라구요. 그래서 곰:보가 돼써요.

머리 가튼데 그,

ㅡ 부시러묘?

부시럼도 익꼬 또 기게충잉가 그렁게 읻쪼?

ㅡ 옌:나렌 그게 심해써요.

그럴 때는 그걸 치료하는 방버비 민가네서 하는 방버비 이서슬텐데.

ㅡ 인:주를 마이 발르능거 갇떤데요?

인주를료?

ㅡ 그 빨:간 인주, 그 도:장 찡능거. 그거를 발를 때 이게 이러키 퍼저쓰면 가:뿌터 발르더라구요. 가:세부터 발러 드러가더라구요.

효꽈가 인능가요? 읻떵가요?

ㅡ 그거는 잘 모르겐는데. 옌:나레는 뭐 몸: 머거서 그런지 어째서 그런지 이 얼구레두 버지미 마이 피구 그래써요, 옌:나레는. 이 버지미 이러키 허:여면서 똥:그라케 돼면서 이러키 딱찌처럼. 그러며는 꺼:믈, 꺼미로 이르케

바깥을 못 나가니까. 그, 마마하는 사람 듣는 데는 무슨 말을 못해요. 고모가 이렇게 인제 울화통이 터지고 이제 답답하니까 막 이렇게 인제 이런 것을 갖다 탕탕 치고 인제 이렇게 할 수가 있잖아요, 이제 성질이 나면. 그러면 그걸(=종기를) 뜯어요. 예, 이걸 뜯어요. 이걸 뜯더라고요. 그러면 또 빌어요. 그냥 그 상에다 대고 빌어요. 그러면 또 수그러지더라고요.

그래서 그게, 이게 인제 뜯은 것 마마자국이 심하게 돼요. 예, 그게 고이 그냥 가만히 이렇게 하면 덜 나는데. 그러니까 무슨 조금 이렇게 안 좋은 소리나 하고 뭐 하면 이렇게 뜯, 확 피가 나도록 막 뜯어요. 그러면 또 막 빌더라고요. 그게 꽤 오래 가는 것 같아요. 한 달 넘겨 앓는 것 같던데요.

그러니까 얼굴이 그렇게.

ㅡ 곰보가 돼요. 예, 곰보가 되더라고요. 몸보다도 얼굴이 곰보가 되더라고요. 그래서 곰보가 됐어요.

머리 같은 데 그,

ㅡ 부스럼이요?

부스럼도 있고 또 기계충인가 그런 게 있지요?

ㅡ 옛날에는 그게 심했어요.

그럴 때는 그걸 치료하는 방법이 민간에서 하는 방법이 있었을 텐데.

ㅡ 인주를 많이 바르는 것 같던데요?

인주를요?

ㅡ 그 빨간 인주, 그 도장 찍는 것. 그것을 바를 때 이게 이렇게 퍼졌으면 가에서부터 바르더라고요. 가에서부터 발라 들어가더라고요.

효과가 있는가요? 있던가요?

ㅡ 그것은 잘 모르겠는데. 옛날에는 뭐 못 먹어서 그런지 어째서 그런지 이 얼굴에도 버짐이 많이 피고 그랬어요, 옛날에는. 이 버짐이 이렇게 허여면서 똥그랗게 되면서 이렇게 딱지처럼. 그러면 껌을, 껌으로 이렇게

해서 이러키 이러키두 핵꾸. 그런 기어기 나요. 옌:나레는 그렁게 좀 마:너써요? 그게 망:코. 또 하루거리라능거를 마이 아라써요. 추워서 떠:능거. 그러며는 뭐 멍:서게다 이르케 그 하루거리 떠러지라구 뭐 둘둘 말구 그리 소를 너머가게두 해구 뭐 그러능건뚜 마이 봔:는데요.

증상은 어떤지요?

ㅡ 한추글[3] 해요.

한추글 한다고요?

ㅡ 이르케 막 떨:구 알른다구요. 근데 고리 빼개지능거 가태요. 저두 그걸 아:러봐써요. 하루는 말짱핸데 하루 또 그래구, 하루 말짱해구 하루 또 그래구 그래요. 근데 목: 견디게써요, 진짜. 그게 축:꾸 고리 빼게지능거 가치 아푸고. 기냥 추워서.

부스러미 나면 어떠케 치료해씀니까?

ㅡ 그거를, 도꼬머리때라고 이써요. 도꼬마리때 그게 나무, 이, 푸리거등요. 그 도꼬마리때래능게 열매가 이르케 가시가 이러키 요러케 똥고:라케 되는데 그게 다 가시에요, 그 열매가. 그고 입:쌔는 넙쩍넙쩍캐요. 그거를 살머서 그 무레들 마이 시끼고 그레던대요. 그러믄 난:다구.[4] 근데 그 도꼬마리때가 도캐다고 그래더라구요.

몬 멍능거지요?

ㅡ 멍능거 아냐. 근데 장년엥가 언젱가 이 위찌베가 그 도꼬마리때를 시머떵거, 시머떵거 가튼데. 그 또 나:는데가 이써요. 그게 그저네는 마:난는데 요즈멘 참 보기가 쪼끔 힘든데. 저::기 저, 장안면쪼그로 가니까 그때 그 도꾸머리때가 만터라, 마:너가꾸선 그때 비우, 그걸 뭐 한다구 비우더라구요. 그래서 장년엥가 언제 심언는지 그게 좀 이써써요. 근데 올핸 안 시멀떠라구.

기게총은 아심니까? 기게총.

ㅡ 기게총이래능게 머리에 허:야케 이르케 이:러나능거 아니에요? 이르케. 에, 봉거 가태요.

해서 이렇게 이렇게도 했고. 그런 기억이 나요. 옛날에는 그런 것이 좀 많았어요? 그게 많고. 또 하루거리라는 것을 많이 앓았어요. 추워서 떠는 것. 그러면 뭐 멍석에다 이렇게 그 하루거리 떨어지라고 뭐 둘둘 말고 그리 소를 넘어가게도 하고 뭐 그러는 것도 많이 보았는데요.

증상은 어떤지요?

– 한축(寒縮)을 해요.

한축을 한다고요?

– 이렇게 막 떨고 앓는다고요. 그런데 골이 빠개지는 것 같아요. 저도 그것을 앓아봤어요. 하루는 말짱한데 하루 또 그러고, 하루 말짱하고 하루 또 그러고 그래요. 그런데 못 견디겠어요, 진짜. 그게 춥고 골이 빠개지는 것같이 아프고. 그냥 추워서.

부스럼이 나면 어떻게 치료했습니까?

– 그것을, 도꼬마리라고 있어요. 도꼬마리, 그게 나무, 이, 풀이거든요. 그 도꼬마리라는 것이 열매가 이렇게 가시가 이렇게 요렇게 똥그랗게 되는데 그게 다 가시예요. 그 열매가. 그리고 잎사귀는 넙적넙적해요. 그것을 삶아서 그 물에들 많이 씻기고 그러던데요. 그러면 낫는다고. 그런데 그 도꼬마리가 독하다고 그러더라고요.

못 먹는 것이지요?

– 먹는 것이 아냐. 그런데 작년엔가 언젠가 이 윗집이 그 도꼬마리를 심었던 것, 심었던 것 같은데. 그 또 (도꼬마리가) 나는 데가 있어요. 그게 그전에는 많았는데 요즘에는 참 보기가 조금 힘든데. 저기 저, 장안면 쪽으로 가니까 그때 그 도꼬마리가 많더라, 많아서 그때 베, 그걸 뭐 한다고 베더라고요. 그래서 작년엔가 언제 심었는지 그게 좀 있었어요. 그런데 올해는 안 심었더라고.

기계총은 아십니까? 기계총.

– 기계총이라는 게 머리에 허옇게 이렇게 일어나는 것 아니에요? 이렇게. 예, 본 것 같아요.

그쪼근 뭐 어떤 방버브로 치료하는지 알고 게시는지요?

¯ 뭐 보믄 꺼:멍거 가틍걷뚜 발릉거 각꾸 그런, 그러턴데요. 거기에두 그, 인주를 발릉거 가태요. 그 뻴:강거.

인주에 무슨 효능이?

¯ 퍼:지질 안는대나봐요. 그래니까 여기에 이스면 이러:케. 에, 번저 나가는 쪽부터 발러 드러가더라구요.

대개 이제 피부병이고. 눈뻥도?

¯ 옌:나레 시:매쪼.

예저네 보며는 송눈써비 난데, 그쪼게 노:라케 이제 그 고로미 드러가지고 위에 나기도 하고 미테 나기도 하고 이렇게 이선는데 그거슬?

¯ 다락찌요?[5]

다락찌, 예, 예. 위에 나능거 아래 나능거 이르미 따로 이슴니까?

¯ 아뇨, 그냥 다락끼라고 해는데.

다락?

¯ 다락끼. 다락끼라고 해는데 그게 어, 멷:다락끼가[6] 익꼬 기냥 다락끼가 인는데, 기양 나능거는 좀 쪼:꼬마케 나능거고 멷:다락끼래능거는 그게 나며는 엄::청 아파요. 이, 여기에 난, 나쓰면 이, 여기까지 멍가치 퍼:러케 멍등거 가태요.

아아.

¯ 그게, 제:가 다락끼를 엄::청 아라써요, 그제. 힘:만 드르믄 다락끼가 나써요. 여기 인제 생활해는 동안에, 그저네 모내고 그래고 그렁거 할 때 다락끼가 그러케 나더라구요.

몸 쏘게 인는 여:리 이제 바끄로 터져나오는 바.

¯ 그 무어, 다락끼가 위:도 나고 아래도 나고. 그게 요기에 가서 나서 곰짜나요. 그러면 참 이게 누, 쏘치는걷뚜 각꼬. 그랜는데 신기행게 뭐:냐하믄, 기양 나구, 나면 또 나요, 그게 연시에. 그래서 뭐 비링걸 먹찌 마러라. 다락끼 나:쓸 때는 조굼마당 난다구 그러는데, 제가 그거를 고처,

그쪽은 뭐 어떤 방법으로 치료하는지 알고 계시는지요?

ㅡ 뭐 보면 꺼먼 것 같은 것도 바른 것 같고 그렇, 그렇던데요. 거기에도 그, 인주를 바른 것 같아요. 그 빨건 것.

인주에 무슨 효능이?

ㅡ 퍼지지를 않는다나 봐요. 그러니까 여기에 있으면 이렇게. 예, 번져나가는 쪽부터 발라 들어가더라고요.

대개 이제 피부병이고. 눈병도?

ㅡ 옛날에 심했지요.

예전에 보면 속눈썹이 난 데, 그쪽에 노랗게 이제 그 고름이 들어서 위에 나기도 하고 밑에 나기도 하고 이런 것이 있었는데 그것을?

ㅡ 다래끼요?

다래끼, 예, 예. 위에 나는 것과 아래에 나는 것이 이름이 따로 있습니까?

ㅡ 아뇨, 그냥 다래끼라고 하는데.

다래?

ㅡ 다래끼. 다래끼라고 하는데 그게 어, 몀다래끼가 있고 그냥 다래끼가 있는데, 그냥 나는 것은 좀 조그맣게 나는 것이고 몀다래끼라는 것은 그게 나면 엄청 아파요. 이, 여기에 난, 났으면 이, 여기까지 멍같이 퍼렇게 멍든 것 같아요.

아아.

ㅡ 그게, 제가 다래끼를 엄청 앓았어요, 그제. 힘만 들면 다래끼가 났어요. 여기 인제 생활하는 동안에, 그전에 모내고 그러고 그런 것 할 때 다래끼가 그렇게 나더라고요.

몸 속에 있는 열이 이제 밖으로 터져나오는 바.

ㅡ 그 뭐, 다래끼가 위에도 나고 아래에도 나고. 그게 요기에 가서 나서 곪잖아요. 그러면 참 이게 누, 솟치는 것도 같고. 그런데 신기한 것이 뭐냐 하면, 그냥 나고, 나면 또 나요, 그게 연속으로. 그래서 뭐 비린 것을 먹지 마라. 다래끼 났을 때는 조금마다 난다고 그러는데, 제가 그것을 고쳐,

그때 고처서 그런지 뭐 저:기해서 그런지 그때부터 안 나기 시:작행건데. 그저:네 목싸니미 기션는데 인제 모를 내고 그래니까 허리가 너무 아푸고 그래니까 뭐 침 그렁걸 잘 로:신다구. 저 교회는 안 다년는데, 가서 마지라구 그래서 함 간 역싸가 인는데. 저 다락끼두 나, 그냥 히미 드니까. 모내능게 너무 힘드니까 그냥 여기는 며거리가[7] 또 이르케 서구 그냥 여기는 다락끼가 나구 그냥. 날:꺼는 다 나더라구요, 그냥 아주. 그래서 간떠니 목싸니미 뭐 다락끼를 고처준다 그러시더라구. 게더니 요 송:꾸라게, 요 에끼송꾸라기에요, 요기 어디에 치믈. 나는 얼구레 논능건줄 아란는데 요기 어따가 치믈 로터라구요.

목싸니미 직쩜뇨?

ㅡ 예, 그랜는데 그, 그때부터 안 나요. 근데 요기 어따 농거는 잘 기으기 안 나요. 이르케 두, 두루누라 그래서 나는 얼:구레 논는줄 알고 두루눠썬는데, 인제 그 허리 아푸니까 허리에 노타, 노타보니까 이걸 신경을 안 쓰고 봐서 어디에 농:건 모루는데. 이 송꾸라기, 에끼송꾸라게다 노킨 농: 건데 어느 서네에다 농:건 모르게써요. 그다음부터 안 나써요. 엄::청 그거이 나써써요. 그랜는데 그게 얼:마나 진짜 불편하구 성가시구 아푸고 그래요? 심해믄 그냥 여기에 멍든거모냥 시::퍼래요.

여기는 노픈 사니나 기픈 골: 가틍거시 업스니까 약초를 캔다거나 그런 경우는 잘 업껜네요?

ㅡ 예, 업써요.

그, 두드리기는 여르메 저 더울, 더울 때 땀 마니 날 때 자주 나는 겡우가 이씀니까?

ㅡ 두드러기는 음식 잘몬 머거쓸 때. 제가 경험행건데 모내, 모를 랠 때요, 모를 랠 땐데 저녁 때여써요. 저녁겯뚜리. 점심 먹꾸 고 다으메 멍:능거. 근데 바블 해완는데 제가 좀 입, 그니까 입뽀다 모미 더 밍가매요. 이저:기, 상항거 그렁걸 머그믄 모메서 먼저 아라요. 그랜는데 게:를 조려

그때 고쳐서 그런지 뭐 저기해서 그런지 그때부터 안 나기 시작한 것인데. 그전에 목사님이 계셨는데 인제 모를 내고 그러니까 허리가 너무 아프고 그러니까 뭐 침 그런 것을 잘 놓으신다고. 저는 교회는 안 다녔는데, 가서 (침을) 맞으라고 그래서 한번 간 역사가 있는데. 저 다래끼도 나, 그냥 힘이 드니까. 모내는 것이 너무 힘드니까 그냥 여기는 며거리가 또 이렇게 서구 그냥 여기는 다래끼가 나고 그냥. 날 것은 다 나더라고요, 그냥 아주. 그래서 갔더니 목사님이 뭐 다래끼를 고쳐준다고 그러시더라고. 그러더니 요 손가락에, 요 새끼손가락이에요, 요기 어디에 침을. 나는 얼굴에 놓는 것인 줄 알았는데 요기 어디다가 침을 놓더라고요.

목사님이 직접이요?

ㅡ 예, 그랬는데 그, 그때부터 안 나요. 그런데 요기 어디다가 놓은 것은 잘 기억이 안 나요. 이렇게 드, 드러누워라 그래서 나는 얼굴에 놓는 줄 알고 드러누웠었는데, 인제 그 허리 아프니까 허리에 놓다, 놓다가보니까 이걸 신경을 안 쓰고 봐서 어디에 놓은 것은 모르는데. 이 손가락에, 새끼손가락에다 놓기는 놓은 것인데 어느 선에다 놓은 것은 모르겠어요. 그다음부터 안 났어요. 엄청 그것이 났었어요. 그런데 그게 얼마나 진짜 불편하고 성가시고 아프고 그래요? 심하면 그냥 여기에 멍든 것같이 시퍼래요.

여기는 높은 산이나 깊은 골 같은 것이 없으니까 약초를 캔다거나 그런 경우는 잘 없겠네요?

ㅡ 예, 없어요.

그, 두드러기는 여름에 저 더울, 더울 때 땀이 많이 날 때 자주 나는 경우가 있습니까?

ㅡ 두드러기는 음식 잘못 먹었을 때. 제가 경험한 것인데 모내, 모를 낼 때요, 모를 낼 땐데 저녁 때였어요. 저녁곁두리. 점심 먹고 고 다음에 먹는 것. 그런데 밥을 해왔는데 제가 좀 입, 그러니까 입보다 몸이 더 민감해요. 이 저기, 상한 것 그런 걸 먹으면 몸에서 먼저 알아요. 그랬는데

왇떠라구요. 게서 게:딱지, 그니까 딱개미 요 반쪽짜리 그건 딱 카나를 이르케 지버서 고거를 이르케 우벼 머거써요.

먹짜마자 그냥 굼실굼실해기 시:자글 해서 바블 먹따 말구 와쓰니까뇨, 어째뜬. 굼심굼실하는데, 난 그런 꼬른 또. 흐. 아, 이런데가 이러키, 아니 이망큼씩 캐요. 요런데가 톡톡톡 달리능거모냥 요런데가 기냥 이망큼씩 캐게 그냥 더덕더덕 부터요, 그냥 이런데가 막. 사리 올러옹건지 찡건지 그냥 이르케 이망큼씩 해게 그냥 더덕더덕 부트면서 그냥 뭐 어터기 핼수가 업떠라구요 그냥.

그래서 그냥 그패게 그냥 그때 마침 트러기 이써서 그 트러글 타구 병워늘 가써요. 겡까 그게(=게) 쪼:꼼 이상이 인는, 상핸거조, 약깐. 예, (맛이) 강거를 머긍거야. 그래서 그다음부터는 식쭝독, 쪼::끔 이상핸 음시기 드러가며는 식쭝도기 엄::청 걸려써요, 제가. 그냥 이 식쭝도근 저, 이 목빼터 이르케 두두두두 뺄가지면서 이런데 이르케. 그게 엄::청 걸려썬는데. 그게 심해써써요. 맘:대로 음시글 몸: 먹꼬. 그래서 생선 가틍건 또 사른[8] 생서니나 먹꼬 주긍건 먹찌를 모태써요. 그 당시에는 인제 심:행거조. 그래서 참 병:원두 마이 다녇꾸. 뭐 미나리 직쩌서 그 무를 머그며는[9] 해:도기 된다 그래서 그 미나리 즙뚜 마이 해: 머거 보고 그래써.

지금도 식쭝독 그렁거 끼는 이써두 그때버더는[10] 안 심해요. 그때는 하이틍 거:비 나서 먹찌 모탤 쩡도로 자꾸 식쭝도게 걸려쓰니까. 그게 맨:: 처으메 식쭝독 걸리기는, 그 게:보다도. 잔치를 보로 간는데, 구리요, 굴회:를 뢌떠라구요. 그래서 그 굴회:를 멕깨 머거써요. 멕깨를 먹꾸. 서울서 핸:는데, 뭐 그, 고모네서 가서, 고모가 서울 사:니까. 거:서 이르케 한자믈 자구 난는데 자구 나니깐[11] 뭐, 이 온:모미 다 땀띠 낭거처럼 다:: 이르케 이러나. 그게 뭐 소:그로 드러가면 중는다 그러데요, 그 저:기가. 뭐 그래가꾸 병:워네를 다니구 그랜 후:부터 그 식쭝도기 인저 꺼뜨캐믄 걸리기 시자글 핸:는데. 뭐 사약 가틍거를 마이, 그래도 조태능거는 마이

게를 졸여 왔더라고요. 그래서 게딱지, 그러니까 딱지 요 반쪽짜리 그것 딱 하나를 이렇게 집어서 고것을 이렇게 우벼 먹었어요.

먹자마자 그냥 굼실굼실하기 시작을 해서 밥을 먹다가 말고 왔으니까요, 어쨌든. 굼심굼실 하는데, 나는 그런 꼴은 또. 흐. 아, 이런 데가 이렇게, 아니 이만큼씩 해요. 요런 데가 톡톡톡 달리는 것 모양 요런 데가 그냥 이만큼씩 하게 그냥 더덕더덕 붙어요, 그냥 이런 데가 막. 살이 올라온 것인지 찐 것인지 그냥 이렇게 이만큼씩 하게 그냥 더덕더덕 붙으면서 그냥 뭐 어떻게 할 수가 없더라고요 그냥.

그래서 그냥 급하게 그냥 그때 마침 트럭이 있어서 그 트럭을 타고 병원을 갔어요. 그러니까 그게(=게) 조금 이상이 있는, 상한 것이지요, 약간. 예, (맛이) 간 것을 먹은 것이야. 그래서 그다음부터는 식중독, 조금 이상한 음식이 들어가면 식중독이 엄청나게 걸렸어요, 제가. 그냥 이 식중독은 저, 이 목부터 이렇게 두두두두 뻘게지면서 이런 데가 이렇게. 그게 엄청 걸렸었는데. 그게 심했었어요. 마음대로 음식을 못 먹고. 그래서 생선 같은 것도 산 생선이나 먹고 죽은 것은 먹지를 못했어요. 그 당시에는 인제 심한 것이지요. 그래서 참 병원도 많이 다녔고. 뭐 미나리 짓찧어서 그 물을 먹으면 해독이 된다고 그래서 그 미나리 즙도 많이 해먹어 보고 그랬어.

지금도 식중독 그런 것이 끼는 있어도 그때보다는 안 심해요. 그때는 하여튼 겁이 나서 먹지 못할 정도로 자꾸 식중독에 걸렸으니까. 그게 맨 처음에 식중독 걸리기는, 그 게보다도. 잔치를 보러 갔는데, 굴이요, 굴회를 놓았더라고요. 그래서 그 굴회를 몇 개 먹었어요. 몇 개를 먹고. 서울서 했는데, 뭐 그, 고모네에서 (고모네에) 가서, 고모가 서울 사니까. 거기서 이렇게 한잠을 자고 났는데 자고 나니까 뭐, 이 온몸이 다 땀띠가 난 것처럼 다 이렇게 일어나. 그게 뭐 속으로 들어가면 죽는다고 그러데요, 그 저기가. 뭐 그래서 병원에를 다니고 그런 후부터 그 식중독이 인제 걸핏하면 걸리기 시작을 했는데. 뭐 사약(私藥) 같은 것을 많이, 그래도 좋다는 것은 많이 그렁걸 자꾸, 병:원보다두, 살머먹꾸 그러케 해구 그래서 그런지 지금두 뭐 심:해지는 앙코 그냥 그때보더른 안 시매고. 깅:까 또 조:시믈 하조.

그리 해야 되조.

ㄱ 에, 쫌: 이상 읻, 이쓸꺼 가틍거는 아예 먹찔 앙코 그래써요.

땀띠는 증상이 어떠코 그 치료방버븐 어떤지요?

ㄱ 저는 뭐 땀띠 심해게 나진 아나썬는데 그저네 아줌마들 땀띠낭걸 보며는 그게 빨:가케 소짜나요. 그게 엄:청 가렵때요. 가려운데 그게 영그러요. 또 영그르믄 그, 으냥 뽈록뽈록 그게 다:: 고루미[12] 드러요. 쬐:끄망[13]게. 그믄 요로:케 글그므는 아즈즉 아즈즉 그게 터지지요. 이르케 글그며는, 이르케 기양 저 덩어리가 그양 엉기는걸 글거 달라 그래서 글그므는. 그게 저 그 아즈즉 아즈즉 터지는 그 소리에 그거를 글거주길 조아해써요, 이르케. 그럼 그게 다 터저요, 이르케. 아자작 아자작 소리가 나요. 그러믄 그 또 오:슬 이브면 깔끄러웅거 가트데요. 그 땀띠가 나면 그 땀띠두 되:게 가력:꾸 따걱:꾸. 해뻐테 나가믄 따겁때요 또 그게 해뻐테 나가면 땀띠두 마이 낟쪼, 옌나레는.

그러씀니다. 요즘 뭐 이거 선풍기도 익꼬 하니까.

ㄱ 에, 에. 땀띠 마이 나써요, 옌나레는.

여르메 생기능거는 땀, 땀띠가 주가 데겐쪼? 땀띠.

ㄱ 그러초. 옌마:난 사라믄 다 나구 그래쓰니까.

그런 것을 자꾸, 병원보다도, 삶아먹고 그렇게 하고 그래서 그런지 지금도 뭐 심하지는 않고 그냥 그때보담은 안 심하고. 그러니까 또 조심을 하지요.

그리 해야 되지요.

ㅡ 예, 조금 이상이 있, 있을 것 같은 것은 아예 먹지를 않고 그랬어요.

땀띠는 증상이 어떻고 그 치료방법은 어떤지요?

ㅡ 저는 뭐 땀띠가 심하게 나지는 않았었는데 그전에 아줌마들이 땀띠가 난 것을 보면 그게 빨갛게 솟잖아요. 그게 엄청 가렵대요. 가려운데 그게 여물어요. 또 여물면 그, 그냥 뾜록뾜록 그게 다 고름이 들어요. 조그마한 것이. 그러면 요렇게 긁으면 아지직 아지직 그게 터지지요. 이렇게 긁으면, 이렇게 그냥 저 덩어리가 그냥 엉기는 것을 긁어 달라 그래서 긁으면. 그게 저 그 아지직 아지직 터지는 그 소리에 그것을 긁어주길 좋아했어요, 이렇게. 그러면 그것이 다 터져요, 이렇게. 아지작 아지작 소리가 나요. 그러면 그 또 옷을 입으면 깔끄러운 것 같대요. 그 땀띠가 나면 그 땀띠도 되게 가렵고 따갑고. 햇볕에 나가면 따갑대요. 또 그게 햇볕에 나가면 땀띠도 많이 났지요, 옛날에는.

그렇습니다. 요즘 뭐 이거 선풍기도 있고 하니까.

ㅡ 예, 예. 땀띠 많이 났어요, 옛날에는.

여름에 생기는 것은 땀, 땀띠가 주가 되겠지요? 땀띠.

ㅡ 그렇지요. 웬만한 사람은 다 나고 그랬으니까.

■ 주석

1) '호녁'의 표준어형은 '홍역'이다. 형태소 내부에서 앞 음절이 'ㅇ'으로 끝나고 다음 음절이 활음소나 모음소로 시작하는 경우에 'ㅇ'이 탈락하는 경우가 많다. '평양'을 '페야'이나 '피야'으로, '강원도'를 '가언도'나 '가안도'라고 하는 것이 그러한 예이다. 그런데 '홍역'을 '호역'이라고 하지 않는 것을 보면, '호녁'은 '호역'과 '홍녁'의 혼성(blending)으로 추정된다.
2) '음무게다'는 명사 '음묵'과 어미 '-에다'로 분석된다. '음묵'의 표준어형은 '윗목'[윈목]이다. 그러나 '음묵'은 '웃목'[운목]에서 'ㅅ'가 평파열음소화하여 'ㄷ'로 되고 다시 'ㄷ'가 다음 음절의 'ㅁ' 앞에서 비(鼻)음소화하여 'ㄴ'가 되고 다시 'ㄴ'가 다음 음절의 'ㅁ' 앞에서 양순음소화(동화)하여 '움목'으로 되고 비어두 위치에서 'ㅗ'가 'ㅜ'로 변하여 '움묵'이 되고 다시 양순음소 앞에서 첫음절의 'ㅜ'가 비원순모음소화하여 '음묵'이 된 것이다.
3) '한축'(寒縮)은 '추워서 기운을 내지 못하고 움츠림'을 뜻한다.
4) '난:다구'는 어간 '나:-'(癒)와 어미 '-은다'와 인용어미 '-구'로 분석된다. '나:-'와 '-구'의 표준어형은 각각 '낫-'과 '-고'이다. 분석된 어간 '나:-'의 형태소는 '낳:-'이다.

   동작동사 어간과 통합하는 '해라체' 서술종결어미는 '-는다'이다. 그런데 '난:다'는 동사 어간 '낳:-'과 통합하는 어미가 '-은다'이다. 이것은 학교문법의 규칙에 맞지 않다. 그러나 자연어에서 '문법'은 방언이나 지역어에 따라 다를 수 있다. 대체로 서해안 지역에서는 동작동사 어간과 통합하는 어미가 '-은다'인 지역어가 상당수 있는 것으로 보인다.
5) 경기지역어에서는 표준어 명사 '다래끼'에 대하여 '다락찌'와 '다락끼'와 '다랙키'가 사용된다. 〈화성〉을 포함하여 인접한 〈용인〉과 〈평택〉에서는 '다락끼'가, 〈시흥〉에서는 '다락찌'가 사용된다(정문연 1995: 102). 제보자는 출생지와 가까운 〈시흥〉지역어의 영향도 받은 것으로 보인다.
6) 그냥 '다락끼'는 크기가 '작다'고 하는 것으로 보아 '멈:다락끼'의 '멈:'은 '크다'를 의미하는 것으로 보이는데 확실하지는 않다.
7) '머거리'의 표준어형은 '멍울'이다. 이것은 '림프선이나 몸 안의 조직에 병적으로 생기는 둥글둥글한 덩이'이다. 동남방언에서는 '몽오리'라고도 한다. 이 명사는 동사 '서다'와 호응한다. 예. 망울이 선다.
8) '사른'은 동사어간 '살-'과 어미 '-은'으로 분석된다. 학교문법으로는 동사의

어간말 'ㄹ' 뒤에서 어미초의 'ㅇ'는 탈락하는데, 이 예에서는 그렇지 않다. 이처럼 어간말의 'ㄹ' 뒤에서 어미초의 'ㅇ'가 다수의 중부방언의 하위방언에서는 탈락하지 않는다.

9) '머그며는'은 동사 어간 '먹-'과 어미 '-으며는'으로 분석된다. 어미 '-으며는' 어미 '-으면'에 어미 '-은'이 통합하여 형성된 것으로 보인다. 이 어형에 대한 표준어형은 '-으면'이다.

10) 제보자는 어미 '-보다'를 많이 사용하고 있지만, 여기서 보듯이 '-버더'도 사용한다. '그때버더는'은 명사 '그때'와 어미 '-버더'와 '-는'으로 분석된다. 어미 '-버더'의 표준어형은 '-보다'이다. 어미의 첫째 음절 '버'는 '보'에서 비원순모음소화한 것이고 둘째 음절의 '더'는 '다'의 모음소 'ㅏ'가 'ㅓ'로 된 것인데 , '-보더'도 사용되고 있으므로, 앞 음절의 모음소 'ㅓ'에 동화된 것인지 다른 요인에 의한 것인지 분명하게 말할 수 없다.

어미 '-버더'가 겪은 비원순모음소화 예는 조금 앞에 나온 '목뻐터'에서도 발견된다. 어미 '-뻐터'의 'ㅃ'는 앞 음절말의 평파열음소 뒤에서 'ㅂ'가 경음소화한 것이므로 그것의 형태소는 '-버터'이다. 이 어미의 '버'는 '보'의 'ㅗ'가 양순음소 뒤에서 비원순모음소화한 것이다.

11) '나니깐'은 동사어간 '나-'와 어미 '-니깐'으로 분석된다. 어미 '-니깐'은 자음소로 끝나는 어간과 통합할 때에 '-으니깐'으로 실현된다. 그러므로 '-으니깐'이 형태소가 된다. 제보자는 '-으니까'도 사용하지만 전체적으로 보면 '-으니깐'을 더 많이 사용한다.

이 어미의 표준어형은 '-으니까'이지만, 경기지역어형은 '-으니깐'이다. 동남방언에서 이 어미가 '-응깨나'나 '-으이{끄, 까}네' 등으로 사용되고 있는 것을 고려하면, 경기지역어에서 사용되는 어미말의 'ㄴ'는 역사적으로 삽입된 것이 아니라 한 음절의 모음소가 탈락된 결과 앞 음절의 종성으로 된 것으로 보아야 한다.

12) '고루미'는 명사 '고룸'(膿)과 어미 '-이'로 분석된다. '고룸'의 표준어형은 '고름'이고 '고름'의 고형은 '고롬'이다. 그러니까 '고룸'은 고형을 계승하는 것인데, 비어두 위치에서 'ㅗ>ㅜ'의 변화를 겪은 것이다.

13) '쬐끄망'은 상태동사 어간 '쬐:끄마-'와 어미 '-ㅇ'으로 분석된다. 그러나 실제 어간은 '쬐끄맣-'이고 어미는 '-은'이다. '쬐끄맣-'의 표준어형은 '조그맣-'이다. 두 어형을 대조하면, '쬐끄맣-'은 '조그맣-'에서 경음소화와 첫음절 모음소 'ㅗ'가 'ㅚ'로 되는 변화를 거친 것임을 알 수 있다.

제 2 부

제보자의 생애

1. 결혼 전
2. 결혼 이후 환갑까지
3. 환갑 이후

결혼 전

아주머니 출생지는 어딥니까?

ㅡ 에, 팔탄면 노하리 동마을.

아, 동말.

ㅡ 거기서 태어나써요.

여기서는 한 삼십니 정도 이삼십니 된다고 그래씀니까?

ㅡ 에. 바:란, 거기서는 바:란장 봐요.

바란쪼그로.

ㅡ 장을 바:란장을 본다고요. 그 팔탄면, 그 노하리에서는 바:란장을 본다고요.

가까운 친척드른 그쪼게 지금도 더러 이슴미까?

ㅡ 지금 별로 업써요, 좌 서울로 뜨고. 제 동생도 서울로, 서울서 익꼬. 근데 이제 박씨 지반네능 거기에 이르케 좀 모여 살조. 여기 송씨네 모냥. 다 뭐, 저 뭐, 오빠뻘 되고 뭐 아저씨뻘 되고 조카뻘 되고 그런 사람. 이제 먼추그로능 거기서 살조. 근데 가까운 지바는 별로 업써도. 가까운 지바는 지끔 저, 갱:깐 당숭모지 내가, 오:춘 당수긴가? 사춘 오빠에 아드리 살:고 자근엄마가 사라요, 자근지베. 그니깐, 그러고 육춘 동생이 하나 거기서 저기 목짱 하나? 건: 서울서 살다가 거기 와서 목짱을 해, 목짱을 해요.

목짱은 우유 생산?

ㅡ 그러초. 소 메기능거. 근데 요런데 인제 우유쏘를 마이 메기자나요.

아주머니 출생지는 어디입니까?

ㅡ 에, 팔탄면 노하리 동마을.

아, 동말.

ㅡ 거기서 태어났어요.

여기서는 한 삼십 리 정도 이삼십 리 된다고 그랬습니까?

ㅡ 예. 발안, 거기서는 발안 장 봐요.

발안 쪽으로.

ㅡ 장을 발안 장을 본다고요. 그 팔탄면, 그 노하리에서는 발안 장을 본다고요.

가까운 친척들은 그쪽에 지금도 더러 있습니까?

ㅡ 지금 별로 없어요, 죄 서울로 뜨고. 제 동생도 서울로, 서울서 있고. 그런데 이제 박 씨 집안은 거기에 이렇게 좀 모여 살지요. 여기 송 씨네 모양. 다 뭐, 저 뭐, 오빠뻘 되고 뭐 아저씨뻘 되고 조카뻘 되고 그런 사람. 이제 먼 축으로는 거기서 살지요. 그런데 가까운 집안은 별로 없어도. 가까운 집안은 지금 저, 그러니까 당숙모지 내가, 오촌 당숙인가? 사촌 오빠의 아들이 살고 작은엄마가 살아요, 작은집에. 그러니까, 그리고 육촌 동생이 하나 거기서 저기 목장 하나? 거기는 서울서 살다가 거기 와서 목장을 해, 목장을 해요.

목장은 우유 생산?

ㅡ 그렇지요. 소 먹이는 것. 그런데 요런 데 인제 우유소를 많이 먹이잖아요.

그 소 젇 짜능거 마이 보지요, 장사 다니고 그러먼. 우유(소) 메기는 목짱드리 마:느니까 그렁거 마이 보조. 이베서두 별로 안 조치만 우유를 안 조아해요, 제가. 왜냐믄 머그믄 또 배두 아푸지만 먹꼬 시푼 맘:도 업써요.

그걷, 우유 짜능거 보고?

ㅡ 그 과정도 보고 다 아:니까. 아:는데 또 받찌도 아너요, 이 소게서. 우유를 머그믄 배가 아퍼요. 그래서 몸 머거요. 우유두 그러쿠 두유두 그러쿠.

두유는 콩인데.

ㅡ 그거뚜 그래요. 함번 저:, 인제 우유 배:달 해:거등요, 여기도. 그래 우유를 머그먼 뼈가 튼트내지고 조:태는. 뭐 그래서 머글. 근데 그걸 도:저이 머글쑤가 업써요, 배가 아푸니까.

아, 그래요?

ㅡ 개:서 인제 두유 그게 인제 조:타 그래서 그거를 좀 먹, 머거봐:써요, 두유를. 그랜는데 인제 두유 머거서 배가 아풍건지는 몰릉거조. 근데 배가 그러케 살살 아푸더라구요. 그래 그날 그때두 인제 그 두유를 머:건는데, 이거는 인제 완저니 창자가 꼬이능거 가태요. 하이틍가네, 여기서 뭐 조 주방에서 머건는데 그거를, 일어날쑤가 엄씨 이게 꼬이능거 모냥 퍽 해가꾸 엉:금엉:금 기냥 이르케 어푸려서 그냥 그 화장시레를 가쓰니까뇨. 그래가꾸서 간떠니 장:넘이라구. 장:녀미 돼:써요. 장:녀미라 그러더라고, 바:란 병:워늘 가니까. 그래가꾸 그 저, 한달간 치료를 다년나? 장:녀미라 그래가꾸. 뭐 게서 두유두 암 머거요. 배가, 배가 아퍼서 두유두 암 머거요. 기니깐 조:태능걸 몸: 머거요. 이 소:기 안 조아가꼬. 개:두 소기 옌날보더는 마이 조아징거에요.

겨론해서 오신 뒤로는 그쪽 그 친정꼬슨 거의 목 깓슴니까?

ㅡ 그저:네는 가끔 저 가썬는데 남편 죽꾸 무슨 행사때나 각꼬. 또 내가 그게 원 내 부모가 읻따면. 그러타고 뭐 애뜨탠 이렁걷또 업쓰니까 별로 발거래가 해지질, 가지질 안터라구요.

그 소 젖 짜는 것 많이 보지요, 장사 다니고 그러면. 우유(소) 먹이는 목장들이 많으니까 그런 것 많이 보지요. 입에서도 별로 안 좋지만 우유를 안 좋아해요, 제가. 왜냐하면 먹으면 또 배도 아프지만 먹고 싶은 마음도 없어요.

그것, 우유 짜는 것 보고?

ㅡ 그 과정도 보고 다 아니까. 아는데 또 받지도 않아요, 이 속에서. 우유를 먹으면 배가 아파요. 그래서 못 먹어요. 우유도 그렇고 두유도 그렇고.

두유는 콩인데.

ㅡ 그것도 그래요. 한 번 저, 인제 우유 배달하거든요, 여기도. 그래 우유를 먹으면 뼈가 튼튼해지고 좋다는. 뭐 그래서 먹을. 그런데 그것을 도저히 먹을 수가 없어요, 배가 아프니까.

아, 그래요?

ㅡ 그래서 인제 두유 그게 인제 좋다고 그래서 그것을 좀 먹, 먹어봤어요, 두유를. 그랬는데 인제 두유 먹어서 배가 아픈 것인지는 모른 것이지요. 그런데 배가 그렇게 살살 아프더라고요. 그래 그날 그때도 인제 그 두유를 먹었는데, 이것은 인제 완전히 창자가 꼬이는 것 같아요. 하여튼간에, 여기서 뭐 조 주방에서 먹었는데 그것을, 일어날 수가 없이 이게 꼬이는 것 모양 퍽 해서 엉금엉금 그냥 이렇게 엎드려서 그냥 그 화장실에를 갔으니까요. 그래서 (병원으로) 갔더니 장염이라고. 장염이 되었어요. 장염이라 그러더라고, 발안 병원을 가니까. 그래서 그 저, 한 달간 치료를 다녔나? 장염이라 그래서. 뭐 그래서 두유도 안 먹어요. 배가, 배가 아파서 두유도 안 먹어요. 그러니까 좋다는 것을 못 먹어요. 이 속이 안 좋아서. 그래도 속이 옛날보다는 많이 좋아진 것이에요.

결혼해서 오신 뒤로는 그쪽 그 친정 곳은 거의 못 갔습니까?

ㅡ 그전에는 가끔 저 갔었는데 남편 죽고 무슨 행사 때나 갔고. 또 내가 그게 원 내 부모가 있다면. 그렇다고 뭐 애틋한 이런 것도 없으니까 별로 발거래(=발걸음)가 해지지를, 가지지를 않더라고요.

조은 추어기 인능걷또 아니고.

ㄱ 근데 이해가 앙 가능거는 제가 아::, 어려서는 우리가 고생을 하니까 엄마를 원:망을 마이 해써요. 원:망을 해고 그랜는데. 제 동생은 보고 시퍼하더라구요, 엄마를. 근데 저는 아니여써요. 그러니까 여자가 도캥가봐요. 그랜는데 제 동생 그 합썽 조:수로 다닐때 차:저가썯때요. 차저간는데 차:저갇따 온 후로는 찯찌를 아나요. 어머이 얘:기를 안 해요. 기냥 "너, 엄마한테 갇따왇냐?" 내가 그걸 무르면, "기냥 생가캐능거로 끈내라." 그러더라구요. 생가캐능거로 끈내라고. 근데 또 반:대로 저 상황이 상황이다보니까, 제가 혼자 되고 겨로늘 해고 보니까 엄마를 쪼:끔 이해를 해걷떠라구요. 절:믄 청추네 스물다서세 혼자 됀는데 가능게 당연하지. 그런 생가글 해가꾸서는 인제 이해가 가더라구요. 뭐 제:가 인제 딱 혼자 돼고 보니까 더 이해가 가더라구요. 나는 어쩔쑤 업씨 사러야 돼지만 가서 지금 그래두 남편하구 잘 사니까 강게 다행이다 시퍼서.

겡깐 가선 저 엄마를 만나서 시::컨 하소여니래두 해보고 우러도 보고 그래구 시퍼서 그양 참:: 만나고 시퍼서 애:거를 해써요, 제가. 그래니까 그때가 한 사시비:년마닌가? 일곱싸레 두구 간는데 내가 사:시비 너:머서 엄마를 만날라고 해썩, 사:시비 몯 뙈:서, 몯 뙈:서 만날라고 해썬네요. 겡까 삼십 멘년마네 삼십이:녀닌지 그러킹:가 봐요. 그래서 이:종오빠를 통해가꼬선, 참 나는 그 엄마 만날 욕씨메 그::냥 며칠씩 그냥 밥또 몬 먹꾸 그 뭐:라 그럴까 그냥 그 이 마으미 저:기해서 간는데, 이:종오빠네서 만나기루 해서 간는데 아 놔써요. 아 놘는데, 이:종오빠가 데리고, 가서 오:도바이를 타구 가서 데리구 온다 그러더라구요. 근데 이 마으믈 진정을 모터걷떠라구요, 울렁쯩이 나서. 완는데 참:: 매정해요. 어떠키 저러케 도캘까 그런 느끼믈 줄 쩡도로. 딱:: 드러오는데 아피 하나두 암 보이더라구요, 저는. 너무 질려가꼬. 이르케 저기 두로는데 이르케.

누가요?

좋은 추억이 있는 것도 아니고.

‾ 그런데 이해가 안 가는 것은 제가 아, 어려서는 우리가 고생을 하니까 엄마를 원망을 많이 했어요. 원망을 하고 그랬는데. 제 동생은 보고 싶어 하더라고요, 엄마를. 그런데 저는 아니었어요. 그러니까 여자가 독한가 봐요. 그랬는데 제 동생 그 합성 조수로 다닐 때 찾아갔었대요. 찾아갔는데 찾아갔다가 온 후로는 찾지를 않아요. 어머니 얘기를 안 해요. 그냥 "너, 엄마한테 갔다 왔냐?" 내가 그걸 물으면, "그냥 생각하는 것으로 끝내라." 그러더라고요. 생각하는 것으로 끝내라고. 그런데 또 반대로 저 상황이 상황이다 보니까, 제가 혼자 되고 결혼을 하고 보니까 엄마를 조금 이해를 하겠더라고요. 젊은 청춘에 스물다섯에 혼자 되었는데 가는 것(재혼하는 것)이 당연하지. 그런 생각을 해서는 인제 이해가 가더라고요. 뭐 제가 인제 딱 혼자 되고 보니까 더 이해가 가더라고요. 나는 어쩔 수 없이 살아야 되지만 가서(=재혼해서) 지금 그래도 남편하고 잘 사니까 간 게 다행이다 싶어서.

그러니까 가서 저 엄마를 만나서 실컷 하소연이라도 해보고 울어도 보고 그러고 싶어서 그냥 참 만나고 싶어서 애걸을 했어요, 제가. 그러니까 그때가 한 사십이 년만인가? 일곱 살에 두고 갔는데 내가 사십이 넘어서 엄마를 만나려고 했었, 사십이 못 되어서, 못 되어서 만나려고 했었네요. 그러니까 삼십 몇 년 만에. 삼십이 년인지 그런가 봐요. 그래서 이종오빠를 통해서, 참 나는 그 엄마 만날 욕심에 그냥 며칠씩 그냥 밥도 못 먹고 그 뭐라 그럴까 그냥 그 이 마음이 저기해서 갔는데, 이종오빠네서 만나기로 해서 갔는데 안 왔어요. 안 왔는데, 이종오빠가 데리고, 가서 오토바이를 타고 가서 데리고 온다고 그러더라고요. 그런데 이 마음을 진정을 못하겠더라고요, 울렁증이 나서. (엄마가) 왔는데 참 매정해요. 어떻게 저렇게 독할까 그런 느낌을 줄 정도로. 딱 들어오는데 앞이 하나도 안 보이더라고요, 저는. 너무 질려서. 이렇게 저기 들어오는데 이렇게.

누가요?

– 제:가요. 쓰러질꺼 가태요. 인저 기냥 이르케 드론다고 하는데 인저 긴장두 핵꼬. 뭐:라고 할까? 그, 그래는데 따악 그 저 인저 마당에 드로면서. 그저네 이게 터 읻짜나요? 인저 마루니까. 그 마:리 중요해요. 거기서 드로면서 뭐 "남펴네, 자시게, 뭐 아무 저:기 업씨 사:는 나를 누가 보재느냐?"고.[1] 그런 마를 하더라고요. 거기서 그러케 드로며 그 마를 해요. "아무 걱쩡업씨 사:는 나를 누가 보재느냐?"고 그러케 마:를 해요.

그 마:를 든는 숭가네 충겨글 바등거에요, 제가. 쥐구멍이래두 이쓰믄 드러가고 시픈 심정. 왜 저런 사라믈 내가 보구시퍼 해쓸까? 와서 이르케 드롸서, 미안하다든지 니가 내 따리냐 이르케 커때든지, 이르케 해쓰면 저는 그냥 폭파를 행거에요, 그 자리에서. 제가 눔무리 마나요. 근데 드로면서 그 마를 하는데 정이 딱 떠러지능거에요. 아, 저런 사라믈 내가 왜 보구 시퍼서 그러케 애:를 태원나? 이르케 인저 올라완는데 우리 동상에[2] 대카구 두리 가꺼등요. 겡까 어떻게 따린지 어떻게 저긴지 모르능거조, 두리 서쓰니까. 겡깐 저 이:종 올케두 이게 두군돼구 인제 저기하니깐, 세상에 소니래두 만저보라고. 세상에 이게 얼마마니냐 그래구 내 소늘 가따 이르케 줘워 주니까 소늘 빼:요. 소늘 빼:더라구요.

그래는데 걍 나는 인제 이래저래 인제 폭파리 돼능거조, 인제. 이게 미치능거 가틍거에요, 이 마으미. 그::냥 눔무리 그냥 펑펑펑펑 쏘다지구 만나러 온걷뚜 후홰두 돼고. 진짜 그냥 그 소늘 이르케 해줄 때, 니가 내 따리냐구. 얼마나, 그 자시기 또 혼자 됃:때는데 이 마으미 어떠케써요? 근데 그렁걷또 업씨 그냥 빠빠시 서서 소늘 싹 빼가구 이러는데. 내가 뭐 그 당시 만나며느 뭐 그 여자더러 내가 뭐 도:늘 달랠걷또 아니고. 그러차나요? 거기 으:택댈걷또 아니자나요? 그런데 그러케 매:정해더라고요. 겡까 '엄마' 쏘리가 안 나오지요. 게믄서 한다는 소리가, "나를 왜 찬느냐? 너이는 하느레서 떠러젿따고 생각카고 사러라. 차찌 마러라." 그런, 그러케 마:를 해요.

– 제가요. 쓰러질 것 같아요. 인제 그냥 이렇게 들어온다고 하는데 인제 긴장도 하였고. 뭐라고 할까? 그, 그러는데 딱 그 저 인제 마당에 들어오면서. 그전에 이게 터 있잖아요? 인제 마루니까. 그 말이 중요해요. 거기서 들어오면서 뭐 "남편에, 자식에, 뭐 아무 저기 없이 사는 나를 누가 보자느냐?"고. 그런 말을 하더라고요. 거기서 그렇게 들어오며 그 말을 해요. "아무 걱정없이 사는 나를 누가 보자느냐?"고 그렇게 말을 해요.

그 말을 듣는 순간에 충격을 받은 거예요, 제가. 쥐구멍이라도 있으면 들어가고 싶은 심정. 왜 저런 사람을 내가 보고 싶어 했을까? 와서 이렇게 들어와서, 미안하다든지 "네가 내 딸이냐? 이렇게 컸구나?"라든지, 이렇게 했으면 저는 그냥 폭발을 한 거예요, 그 자리에서. 제가 눈물이 많아요. 그런데 들어오면서 그 말을 하는데 정이 딱 떨어지는 거예요. 아, 저런 사람을 내가 왜 보고 싶어서 그렇게 애를 태웠나? 이렇게 인제 올라왔는데 우리 동생의 댁과 둘이 갔거든요. 그러니까 어떤 게 딸인지 어떤 게 저긴지(=며느리인지) 모르는 거지요, 둘이 섰으니까. 그러니까 저 이종 올케도 이게(=가슴이) 두근대고 인제 저기하니까, 세상에 손이라도 만져보라고. 세상에 이게 얼마만이냐 그러고 내 손을 가져다가 이렇게 쥐어주니까 손을 빼어요. 손을 빼더라고요.

그러는데 그냥 나는 인제 이래저래 인제 폭발이 되는 거지요, 인제. 이게 미치는 것 같은 거예요, 이 마음이. 그냥 눈물이 그냥 펑펑펑펑 쏟아지고 만나러 온 것도 후회도 되고. 진짜 그냥 그 손을 이렇게 해줄 때, "네가 내 딸이냐?"고. 얼마나, 그 자식이 또 혼자되었다는데 이 마음이 어떻겠어요? 그런데 그런 것도 없이 그냥 빳빳이 서서 손을 싹 빼어가고 이러는데. 내가 뭐 그 당시 만나면 뭐 그 여자더러 내가 뭐 돈을 달라고 할 것도 아니고. 그렇잖아요? 거기 의탁할 것도 아니잖아요? 그런데 그렇게 매정하더라고요. 그러니까 '엄마' 소리가 안 나오지요. 그러면서 한다는 소리가, "나를 왜 찾느냐? 너희는 하늘에서 떨어졌다고 생각하고 살아라. (나를) 찾지 마라." 그런, 그렇게 말을 해요.

그래서 세상에 나는 그냥 치마가 다 전:또록 인저 쏘다지능거에요. 그래서, 그러냐고 다행이라고 제가 그래써요, 그 자리에서. "참:: 지끔 보니까 다행이라고 내가 생각캐능게 하나 읻따." "뭐? 다행이 뭐냐?" "내가 당시늘 달멀떠라면 내가 자시글 지금 데리구 살:질 안는다. 다행이두 내가 아버지를 달머서 자시글 데리구 사나부다."고 내가 그래써요. 그래 그 마리 나오더라고요. 내가 당시늘 달멀떠라면 (격앙된 어조로) 모 쌀조. 그 달멀떠라면. 버써 소:기 드러다뵈능거 아니야? 조븐 소:기 드러다뵈:는. "다행이두 나는 아버지를 달머서 내가 자시글 데리구 사나보다."구 그랟떠니, "뭐:니 뭐:니 해도 남편백께 업쓰니까 너도 가라." 그래요. 근데 그 마를 해고 시퍼도 나는 모태요, 내가 그 경우라면. 당시니 나를 두구 각끼때메, 나는 그 말 모탤꺼 가태요. 근데 뭐:니 뭐:니 해두 실랑백께 업때요. 다 버리구 가래요. 그래면서 그때 삼십 쫌 넝께 서른아호베 간나? 어짼는지. 그래니깐 그래두 저 생가게 시고레서 살면서 남펴니 죽꾸 그래쓰니깐 아주 엉망진창이로 생가글 핻떵가봐요. 헌데 어떠케 자시글 그러케 생각캐요? "그래두 생각뽀다는 괜찬타, (무성음으로) 생각뽀다는." (정상음으로) 어떠케 자시캔테 그러케 마:를 해요? 그러면서 "너 글씨는 볼쭈 아니?" 기가 매켜가꼬. 남:두 그러케 모탤꺼에요, 남:두. 그래서 그다음부터는 보고 시푼 생가기 하나두 업써요. 보고 시푼 생가기 업써저써요.

업써전는데 교회를 다니다보니까 또 그러기는. 그런 상황이로다가 자시글 두고 온 사라미 주거써요. 그 사라미 주거써요. 그래서 거기 인저 화:장터까지 내가 가게 돼:써요. 그래는데 그 사:남매를 두구 갇때요. 그 여자두 사:남매를 두구 간는데. (이때 약을 가지러 간 조사보조원이 들어왔다.) 왜 이르케 오:래 걸려써요?

차 타구 차 세워 노코 오는데 (보건소가) 반대쪼게 이써가지고.

- 아, 감사합니다. 그래가꾸서는 사:남매를 두구 완는데 거기 역씨 자식드리 그 엄마를 보러 완는데 그런시기로 쪼찬때요. 근데 그 자손드리 출세

그래서 세상에 나는 그냥 치마가 다 젖도록 인제 (눈물이) 쏟아지는 거예요. 그래서, 그러냐고 다행이라고 제가 그랬어요, 그 자리에서. "참 지금 보니까 다행이라고 내가 생각하는 게 하나 있다." "뭐? 다행이 뭐냐?" "내가 당신을 닮았더라면 내가 자식을 지금 데리고 살지를 않는다. 다행히도 내가 아버지를 닮아서 자식을 데리고 사나보다."고 내가 그랬어요. 그래 그 말이 나오더라고요. 내가 당신을 닮았더라면 (격앙된 어조로) 못 살지요. 그 닮았더라면. 벌써 속이 들여다뵈는 것 아니야? 좁은 속이 들여다뵈는. "다행히도 나는 아버지를 닮아서 내가 자식을 데리고 사나 보다."고 그랬더니, "뭐니 뭐니 해도 남편밖에 없으니까 너도 가라." 그래요. 그런데 그 말을 하고 싶어도 나는 못해요, 내가 그 경우라면. 당신이 나를 두고 갔기 때문에, 나는 그 말 못할 것 같아요. 그런데 뭐니 뭐니 해도 신랑밖에 없대요. 다 버리고 가래요. 그러면서 그때 삼십 좀 넘게 서른아홉에 갔나? 어쨌는지. 그러니까 그래도 저 생각에 시골에서 살면서 남편이 죽고 그랬으니까 아주 엉망진창으로 생각을 했던가 봐요. 그런데 어떻게 자식을 그렇게 생각해요? "그래도 생각보다는 괜찮다, (무성음으로) 생각보다는." (정상 음으로) 어떻게 자식한테 그렇게 말을 해요? 그러면서 "너 글씨는 볼 줄 아니?" 기가 막혀가지고. 남도 그렇게 못할 거예요, 남도. 그래서 그다음부터는 보고 싶은 생각이 하나도 없어요. 보고 싶은 생각이 없어졌어요.

없어졌는데 교회를 다니다보니까 또 그러기는. 그런 상황으로다가 자식을 두고 온 사람이 죽었어요. 그 사람이 죽었어요. 그래서 거기 인제 화장터까지 내가 가게 되었어요. 그러는데 그 사남매를 두고 갔대요. 그 여자도 사남매를 두고 갔는데. (이때 약을 가지러 간 조사보조원이 들어왔다.) 왜 이렇게 오래 걸렸어요?

차 타고 차 세워 놓고 오는데 (보건소가) 반대쪽에 있어서.

ㅡ 아, 감사합니다. 그래서는 사남매를 두고 왔는데 거기 역시 자식들이 그 엄마를 보러 왔는데 그런 식으로 쫓았대요. 그런데 그 자손들이 출세

를 해써요. 그 큰아드리 으냉장이에요. 겡까 그 당시에 그 사:거리서부터. 그 초상이 난는데 자가용이 그 정도로 마:는 지븐, 지끄믄 머 차가 마:느니까 만:치만 그 무려베는 업:짜나요. 암::만 부:자로 사라도 자가용이 사:십때가 넝겨. 으냉장이니까 그 저:기 조문개기 이르케 마이 오구 그래서 참 저:기 핸따구 해는데. 그냥 초상나서 그 인제 화:장터를 가는데 따른 모 돠써요. 따른 미국 산:대요. 그래는데 아들 형제가 그냥 콩 가튼 눈무리 쏘다지믄서 그냥 애걸복꺼를 해며 우:는데 그게 꽁 나하구 너:무나 가터가꾸 (격앙된 어조로) 똑가치 우러써요, 제가. 그냥 너무 (가슴을 가리키면서) 여기가 콱콱 매켜가꾸, (정상음으로) 그 서:르미.

그래서 아 그날 쩌녀게는 저. 저는 이르케 뒤:를 잘 도라다 봐요. 후회두 핵:꾸 이르케 도라다. 그날 쩌녀기루 나두 '아니지. 나두 괘니 이르케 해구 막쌍 주근 뒤에 후회를 해지 말고 또 다시 함번 만나봐야건따.' 그 생가기 퍼뜩 들더라고요. 그래서 또 저:놔를 해써요, 이:종오빠한테. 저:놔를 해가꼬 거기 저:놔버노 좀 가르켜 달라고 그래가꼬 핸떠니 받떠라고요, 저:놔를. 저:놔반는데 역시나라[3)] 시기루 대뜸 너 누구냐고 그러더라구요. 나 조아매 놔두구 간 따리라고 그랜떠니. 맨 처메는 애:드리 바다요. 물론 할머닐꺼 아니에요? 그래서 할머니 바꿔 달라, 그래 읻따 그래서 바꿔 달라니까 받떠라고요. 대뜸 한대는 소리가 "너 아까 저:놔 바둥게 누군질 아니? 우리 손녀따리다." 아, 그 손녀딸 누가 몰:라요? 손녀따린줄 아:니까 할머니 바꿔 달랭거지. 이래면서 우자두 아니고 이거는 그런시그로 또 바다요, 저놔를. 게서 뭐, 여우 꼬레가 머, 머, 삼녀늘 무덛따 꺼내두 여우 꼬리는 힝 꼬리는 꼬리래더니 그시기구나. 똑까꾸나. 뱅날 뒫:따 봐두 그시기니까 정이 엄능거 아니에요? 그믄 내가 두구간 따리라구 하며는, "그래, 뭐 어터기 지내냐?" 이런시기로 서로 대화가 돼능건데. 이거는 뭐 자기 집 뭐 이 무슨 저:기 해는시기로다 그러케 해더라고요. "아라따."고 기양 그래구 끄너버려써요. (울먹거리면서) 그러케 끄너버려써요.

를 했어요. 그 큰아들이 은행장이에요. 그러니까 그 당시에 그 사거리서부터. 그 초상이 났는데 자가용이 그 정도로 많은 집은, 지금은 뭐 차가 많으니까 많지만 그 무렵에는 없잖아요. 아무리 부자로 살아도 자가용이 사십 대가 넘겨. 은행장이니까 그 저기 조문객이 이렇게 많이 오고 그래서 참 저기 했다고 하는데. 그냥 초상이 나서 그 인제 화장터를 가는데 딸은 못 왔어요. 딸은 미국 산대요. 그런데 아들 형제가 그냥 콩 같은 눈물이 쏟아지면서 그냥 애걸복걸을 하며 우는데 그게 꼭 나하고(나의 경우와) 너무나 같아가지고 (격앙된 어조로) 똑같이 울었어요, 제가. 그냥 너무 (가슴을 가리키면서) 여기가 콱콱 막혀서, (정상음으로) 그 설움이.

그래서 아 그날 저녁에는 저. 저는 이렇게 뒤를 잘 돌아다 봐요. 후회도 하였고 이렇게 돌아다. 그날 저녁으로 나도 '아니지. 나도 괜히 이렇게 하고 막상 (어머니가) 죽은 뒤에 후회를 하지 말고 또 다시 한 번 만나봐야겠다.' 그 생각이 퍼뜩 들더라고요. 그래서 또 전화를 했어요, 이종오빠에게. 전화를 해서 거기 전화번호 좀 가르쳐 달라고. 그래서 (전화를) 했더니 받더라고요, 전화를. 전화를 받는데 역시나 식으로 대뜸 너 누구냐고 그러더라고요. 나는 조암에 놓아두고 간 딸이라고 그랬더니. 맨 처음에는 애들이 받아요. 물론 할머니일 것 아니에요? 그래서 할머니 바꿔 달라, 그래 있다고 그래서 바꿔 달라고 하니까 받더라고요. 대뜸 한다는 소리가 "너 아까 전화 받은 게 누군지를 아니? 우리 손녀딸이다." 아, 그 손녀딸인 줄 누가 몰라요? 손녀딸인 줄 아니까 할머니 바꿔 달라고 한 것이지. 이러면서 우자(바보)도 아니고 이거는 그런 식으로 또 받아요, 전화를. 그래서 뭐, 여우 꼬리가 뭐, 뭐, 삼년을 묻었다가 꺼내어도 여우 꼬리는 흰 꼬리는 꼬리라더니 그 식이구나. 똑같구나. 백날 두었다가 보아도 그 식이니까 정이 없는 것 아니에요? 그러면 내가 두고 간 딸이라고 하며는, "그래, 뭐 어떻게 지내냐?" 이런 식으로 서로 대화가 되는 것인데. 이거는 뭐 자기 집 뭐 이 무슨 저기(자랑) 하는 식으로다 그렇게 하더라고요. "알았다."고 그냥 그러고 끊어버렸어요. (울먹거리면서) 그렇게 끊어버렸어요.

지금 그냥 사라 이쓸꺼에요. 주그며는 우리 이:종오빠가 아르켜줄텐데 죽찌아능거 가태요, 내가 볼 때. 그랜는데 이:종오빠 인제 황:가비 도라와써요. 그러니깐 저 그, 형에 아드리니까 (생모가) 오지요. 그래는데 그래서 이제 거기를 이:종오빠가 꼭 와라 꼭 와라 인제 그래서 가써요. 간는데 (어머니가) 그 가서 아들 형제를 나써요. 딸도 업써요. 아들 형제를 난:는데, "뭐니:가 온다 그래니깐 그 아드리 머 좀 읻따가 가따." 그래더라고요. 제가 좀 늑께 가꺼등요. 그래는데 간는데 진짜 읻떠라고요, 엄마래는 사라미. 인는데 정이 하나두, 정이 하나두 업써요. 너무나 매:정해게 핵끼때무네.

크넘마가 거기 게:셔써요. 친정 조카니까 저 크넘마하고 이르케 대화를 하고 그래니까 자꾸 여페 와서 이르케 앙:꾸 그러더라구요. 그땐 제가 뿌리처써요. 제가 이르케 뿌리치고. 제가 인제 지베 온다구 그러니깐 크넘마가, 크넘마두 인제 여기로 우리 지브로 오신다고 그러더라고요. 어쨌뜬 옌:나레 뭐 잘핸뜬 몯핸뜬 그래두 정은 읻짜나요, 크넘마하구. 그래서 우리 지브로 와서 주무시라 핸는데 눈치가 오구 시퍼하는 눈치더라구요. 그냥 박저리 제가 그냥 저:길 해써요.

그래는데 이제 또 와서도 제가 또, '이래믄 안 돼지.' 이런 생가기 드러서. 어머이라는 사람 그러치만. 배다른 동생이자나요, 거기 인저 형제 읻때능거는. 지금 남하고두 치내서 사:는 세상이니까. 또 궁금하더라고요. 대화래두 해볼쑤 인능거구. 그래서 제가 저:놔를 해써요. 핸떠니 그 아드리 받떠라구요. 그래서 이래저래서 두구간 따리다. 따린데 뭐 지끔 세상에 남하고도 친해:서 사:는 세상이니까 어쨌뜬 가튼 배 쏘게서 나오고 해쓰니까 우리가 모:르구 중능거보다 나이두 머글망큼 먹꾸 그래쓰니까 한번쯤 만나봐쓰믄 조켇따 그래써요, 제가. 그믄 나이 머근 사라미 그거 판단 모탐니까? 그래는데 "생가캐보지요." 그래등가 뭐:라고 그러더라고요. 게서 바:란서 만나기가 적땅해거등요. 여기서 가능 거리나 남양서 바:란 오능 거리나. 그래서 바:란 쩡도에서 만나씀 조켇따 그랟떠니, "생각캐보지요."

지금 그냥 살아있을 거예요. 죽으면 우리 이종오빠가 알려줄 텐데 죽지 않은 것 같아요, 내가 볼 때. 그랬는데 이종오빠 인제 환갑이 돌아왔어요. 그러니까 저 그, 형의 아들이니까 (생모가) 오지요. 그런데 그래서 이제 거기를 이종오빠가 꼭 와라 꼭 와라 인제 그래서 갔어요. 갔는데 (어머니가) 그 가서(=재가해서) 아들 형제를 낳았어요. 딸도 없어요. 아들 형제를 낳았는데, "뭐 네가 온다고 그러니까 그 아들이 뭐 좀 있다가 갔다."고 그러더라고요. 제가 좀 늦게 갔거든요. 그런데 갔는데 진짜 있더라고요, 엄마라는 사람이. 있는데 정이 하나도, 정이 하나도 없어요. 너무나 매정하게 했기 때문에.

큰엄마가 거기 계셨어요. 친정 조카니까 저 큰엄마와 이렇게 대화를 하고 그러니까 자꾸 옆에 와서 이렇게 앉고 그러더라고요. 그때는 제가 뿌리쳤어요. 제가 이렇게 뿌리치고. 제가 인제 집에 온다고 그러니까 큰엄마가, 큰엄마도 인제 여기로 우리 집으로 오신다고 그러더라고요. 어쨌든 옛날에 뭐 잘했든 못했든 그래도 정은 있잖아요, 큰엄마와. 그래서 우리 집으로 와서 주무시라고 했는데 눈치가 오고 싶어 하는 눈치더라고요. 그냥 박절하게 제가 그냥 저기(=외면)를 했어요.

그런데 이제 또 와서도 제가 또, '이러면 안 되지.' 이런 생각이 들어서. 어머니라는 사람은 그렇지만. 배다른 동생이잖아요, 거기 인제 형제 있다는 것은. 지금 남하고도 친하게 사는 세상이니까. 또 궁금하더라고요. 대화라도 해볼 수 있는 것이고. 그래서 제가 전화를 했어요. 했더니 그 아들이 받더라고요. 그래서 이러저러해서 두고 간 딸이다. 딸인데 뭐 지금 세상에 남하고도 친하게 사는 세상이니까 어쨌든지 같은 배 속에서 나오고 했으니까 우리가 모르고 죽는 것보다 나이도 먹을 만큼 먹고 그랬으니까 한 번쯤 만나보았으면 좋겠다고 그랬어요, 제가. 그러면 나이 먹은 사람이 그것 판단 못합니까? 그런데 "생각해보지요." 그러던가 뭐라고 그러더라고요. 그래서 발안서 만나기가 적당하거든요. 여기서 가는 거리나 남양서 발안으로 오는 거리나. 그래서 발안 정도에서 만났으면 좋겠다고 그랬더니, "생각해보지요."

그래더니 기냥 꽁꽁 무소시기고 아무 소시기 업쓰니 그 어머이 그 아드리에요. 그 어머이 그 아들.

게서 겐는데 이:종오빠를, 이 게이트보를 치니까 이종오빠도 치더라구요, 그래서 만나요. “야, 니가 저:놔해썯때메?” “응, 핻찌. 아니, 함번 만나보자구 저:놔핻떠니 깡깜 무소시기데.” 이랟떠니, “그런 병:신 가튼 느미 어딘냐? 아니, 야, 너이 어무래는 사라멘테 그러키 저:놔완는데, 저:놔와따구 그래니까 너이 어머니래는 사라미, 여적찌 보지 앙쿠 사란는데 머러 보느냐구, 보지 말라고 해:서 암 본댄다.” “아니, 전멍는 애야?” 내가. “그 소게서 나온. 아주 똑깍꾸먼.” 내가 그래구 기냥, 기냥 고만뙝거에요.

아니, 지끔 보며는 그 숭두[4] 아니에요. 재혼해능거 숭두 아닌데. 저희 지베 누가 이써요? 저 혼자 익꾸, 인제 애:들 다 출가해구. 여기 와서 며칠 일따 갈쑤두 읻꾸. 겡깐 자기가 손해지 난 손해 아니야, 내가 볼 때. 자긴 딸두 업써요. 아드리 아무리 자랜다 그래두 모태는 딸만 모태요.

그렇습니다.

- 아직까지 사란나봐요.

팔순 너머꼑꾼뇨?

- 너멑쪼. 저를 여라호베 난:때는데.

구십 가까이 되네요.

그러더니 그냥 깜깜 무소식이고 아무 소식이 없으니 그 어머니에 그 아들이에요. 그 어머니 그 아들.

그래서 그랬는데 이종오빠를, 이 게이트볼을 치니까 이종오빠도 치더라고요, 그래서 만나요. "야, 네가 전화했었다며?" "응, 했지. 아니, 한 번 만나보자고 전화했더니 깜깜 무소식이데." 이랬더니, "그런 병신 같은 놈이 어디 있냐? 아니, 야, 너희 어머니라는 사람한테 그렇게 전화가 왔는데, 전화가 왔다고 그러니까 너희 어머니라는 사람이, 여태까지 보지 않고 살았는데 뭣하러 보느냐고, 보지 말라고 해서 안 본단다." "아니, 젖 먹는 애야?" 내가. "그 속에서 나온. 아주 똑같구만." 내가 그러고 그냥, 그냥 그만된 거예요.

아니, 지금 보면 그 흉도 아니에요. 재혼하는 것 흉도 아닌데. 저희 집에 누가 있어요? 저 혼자 있고, 인제 애들 다 출가하고. 여기 와서 며칠 있다가 갈 수도 있고. 그러니까 자기가 손해지 나는 손해 아니야, 내가 볼 때. 자기는 딸도 없어요. 아들이 아무리 잘한다고 그래도 못하는 딸만 못해요.

그렇습니다.

ㅡ 아직까지 살았나 봐요

팔순이 넘었겠군요?

ㅡ 넘었지요. 저를 열아홉에 낳았다는데.

구십 가까이 되네요.

■ 주석

1) '보재느냐'는 동사어간 '보-'와 어미 '-재느냐'로 분석된다. '-재느냐'는 '-자고 하느냐'에서 축약된 것이다. 그러한 축약을 공시적인 음운규칙이나 통사규칙으로 설명할 수 없기 때문에 어미 전체를 하나의 형태소로 인정해야 한다.
   '(대뜸) 한대는 (소리)'에서 '한대는'도 그러한 예가 된다. 그것은 동사어간 '하-'와 어미 '-ㄴ대는'로분석되는데, 어미 '-ㄴ대는'은 '-는대는'과 함께 복합형태소를 이룬다. 형태소로 표시하는 경우에 '-ㄴ대는'은 '-은대는'으로 나타내어야 한다. 이 어미는 '-은다고 하는'에서 축약된 것이다.
2) '동상'은 '동생'에서 둘째 음절 모음소 'ㅐ'가 'ㅏ'로 된 것이다. 'ㅐ'가 'ㅏ'로 된 것은 전 시기에 'ㅐ'가 현재와 같은 단(單)모음소가 아니라 이중모음소 'ㅐ(aj)'였음을 알려준다. 즉 'ㅏ'는 'ㅐ(aj)'에서 j가 탈락한 것이다.
3) '역시나라'는 부사 '역시'와 어미 '-나'와 '-라'로 분석된다. 어미 '-라'는 인용표시의 '-라고'에서 '고'가 탈락된 것이다. 그러니까 '역시나라'는 '"역시나"라고 하는'의 뜻을 나타낸다.
4) '숭두'는 명사 '숭'과 어미 '-두'로 분석된다. '숭'의 표준어형은 '흉'이다. 이 점에서 '숭'은 '흉'에서 'ㅎ' 구개음소화를 겪은 것임을 알 수 있다. 제보자의 말에서 '형제'나 '혀' 등은 'ㅎ' 구개음소화하지 않은 것으로 미루어, '숭'은 차용어일 가능성이 크다.

결혼 이후 환갑까지

시집살이

가장 역할

양수라 그러조?

- 예.

그럼 양수가 다 새:나와서 문제가 생깅겅가요?

- 그게 너머지면서. 아기가 뭐, 전쭈를 노치며는 그.

이 저,

- 예.

양분 주를

- 예.

물고 인는세미조?

- 예, 그걸 노천따구 그러더라구요. 노칭거라구. 지금 가틈 살련찌요.

그, 그러초. 지금 가트면 머.

- 아니, 그때두 그때두 병워네만 빨리 가쓰면.

어, 그러면 제일 큰따니미 두번째.

- 예.

그럼 애기 가지시고 게:속 논받 이를 하셔씀니까?

- 이를 해긴 핸는데, 그때는 그러케 심해긴 안 핸찌요.

두번째 가저쓸 때는 다른 문제가 업써씀니까?

- 에, 업써써요.

그러면 애 노코 난 뒤에 산후조리라는게 이찌 안슴니까?

'양수'라고 그러지요?

ㅡ 예.

그러면 양수가 다 새어나와서 문제가 생긴 것인가요?

ㅡ 그것이 넘어지면서. 아기가 뭐, 젖줄을 놓치면 그.

이 저,

ㅡ 예.

양분 줄을

ㅡ 예.

물고 있는 셈이지요?

ㅡ 예, 그것을 놓쳤다고 그러더라고요. 놓친 것이라고. 지금 가트면 살렸지요.

그, 그렇지요. 지금 같으면 뭐.

ㅡ 아니, 그때도 그때도 병원에만 빨리 갔으면.

어, 그러면 제일 큰따님이 두 번째.

ㅡ 예.

그럼 아기 가지시고 계속 논밭 일을 하셨습니까?

ㅡ 일을 하기는 했는데, 그때는 그렇게 심하게는 안 했지요.

두 번째 가졌을 때는 다른 문제가 없었습니까?

ㅡ 예, 없었어요.

그러면 애 낳고 난 뒤에 산후조리라는 것이 있지 않습니까?

ㅡ 에.

그거는 어떠케 함니까?

ㅡ 뭐, 애기 나쿠 산후조리 기냥 지베서.

예.

ㅡ 지베서 삼칠 똥안 뭐, 방문두 몬 녀러노케 허구, 바람 든다구. 그르키 핻찌요.

그러면 저, 구와는 누구, 시어머니가 하션나요?

ㅡ 에.

충부니 산후조리를 하셔씀니까? 보통은 또 시어머니 게시고 그러면 제대로 모타자나요?

ㅡ 산후조리는 충부니 해써요.

그때는 주로 미역꾹 드시고요?

ㅡ 에, 미역꾸긴데 그때는 좀 귀해써요.

예.

ㅡ 그러구 파뤌따레 저:기를 해가꾸. 기니깐 음녁이루다 팔월 열이튼나리억꺼드뇨..

예.

ㅡ 애기 난 날이. 그때 좀 싸리 귀해써요.

네.

ㅡ 그러니까 이제, 기냥 바블 그 저, 보리밥 마이 하는데다가

네.

ㅡ 싸를 쪼금 너어서 하며는 저::기 해께도 핸는지 몰라두. 그때는 뭐, 까:스렌지 그렁걷뚜 업꾸 그러니깐.

네.

ㅡ 기냥 이러키 보리밥 하는 소테다 요러키, 그 싸를 냄비에다 요로케 다머서.

- 예.

그것은 어떻게 합니까?

- 뭐, 아기 낳고 산후조리 그냥 집에서.

예.

- 집에서 삼칠 동안 머, 방문도 못 열어 놓게 하고, 바람 든다고. 그렇게 했지요.

그러면 저, 구완은 누구, 시어머니가 하셨나요?

- 예.

충분히 산후조리를 하셨습니까? 보통은 또 시어머니 계시고 그러면 제대로 못하잖아요?

- 산후조리는 충분히 했어요.

그때는 주로 미역국 드시고요?

- 예, 미역국인데 그때는 좀 귀했어요.

예.

- 그리고 팔월달에 저기를 해가지고. 그러니까 음력으로 팔월 열이튿날이었거든요.

예.

- 아기 낳은 날이. 그때 좀 쌀이 귀했어요.

네.

- 그러니까 이제, 그냥 밥을 그 저, 보리밥 많이 하는 데다가

네.

- 쌀을 조금 넣어서 하면 저기 했기도 했는지 몰라도. 그때는 뭐, 가스레인지 그런 것도 없고 그러니까.

예.

- 그냥 이렇게 보리밥 하는 솥에다가 요렇게, 그 쌀을 냄비에다 요렇게 담아서.

네.

ˉ 그리키 핸나봐요, 바블.

어.

ˉ 저, 푹, 처으메 인제 보리쌀 서끼구 그러믄 안 조으니까.

예.

ˉ 그리케 해싱거 가태요. 바블 이르케 인제 소테 불 때:서 해는 밥. 소테다가 그르세다 따로 그러케 쌀.

밥 찌드시.

ˉ 에, 그르케 인제 항거 가태요. 그러케 해:서 저:기해멘서. 그러니까 그 바비 쌀바븐 쌀바빈데.

꼬들꼬들하게.

ˉ 아니요, 그게 아니라. 인제 이르키 보리 냄새가 나더라구요.

아, 보리.

ˉ [웃음] 보리쌀 냄새가 나더라구요, 바비. 그 보리밥 쏘테다가 쩌서 그런지.

삼치른, 삼치른 어디 그냥. 삼치리라능게 이시비리리지요? 이시비릴 동안 산후조리, 그 충부니 다 조리를 하셔씁니까? 이시비릴 동아는.

ˉ 예, 해써요.

그 배길이나 돌잔치는 어떤시그로 하셔씁니까? 그냥 지나가씁니까?

ˉ 해써요, 배길. 우리 시부모가.

예.

ˉ 깅깐 오래간마네 인제 어리내가 생깅거 아네요?

어, 그러네요.

ˉ 깅까 어려워써두 참 우리 시꾸드리 애기드를 조아해요, 다. 그래서 내가 애기 나:키 저네두 엽찌 배:두 우리 지베 와서 마니 이리키. 우리 식꾸드리 그르케 애기를 조아 해써요. 나메 애기두. 그래가꾸 그때는 배길

네.

ㅡ 그렇게 했나봐요, 밥을.

어.

ㅡ 저, 푹, 처음에 인제 보리쌀 섞이고 그러면 안 좋으니까.

예.

ㅡ 그렇게 하신 것 같아요. 밥을 이렇게 인제 솥에 불 때어서 하는 밥. 솥에다가 그릇에다 따로 그렇게 쌀.

밥 찌듯이.

ㅡ 예, 그렇게 인제 한 것 같아요. 그렇게 해서 저기하면서. 그러니까 그 밥이 쌀밥은 쌀밥인데.

꼬들꼬들하게

ㅡ 아니요, 그것이 아니라. 인제 이렇게 보리 냄새가 나더라고요.

아, 보리.

ㅡ [웃음] 보리쌀 냄새가 나더라고요, 밥이. 그 보리밥 솥에다가 쪄서 그런지.

삼칠은, 삼칠은 어디 그냥. 삼칠이라는 것이 이십일 일이지요? 이십일 일 동안 산후조리, 그 충분히 다 조리를 하셨습니까? 이십일 일 동안은.

ㅡ 예, 했어요.

그 백일이나 돌잔치는 어떤 식으로 하셨습니까? 그냥 지나갔습니까?

ㅡ 했어요, 백일. 우리 시부모가.

예.

ㅡ 그러니까 오래간만에 인제 어린애가 생긴 것 아녜요?

어, 그러네요.

ㅡ 그러니까 어려웠어도 참 우리 식구들이 아기들을 좋아해요, 다. 그래서 내가 아기 낳기 전에도 옆집 애도 우리 집에 와서 많이 이렇게. 우리 식구들이 그렇게 아기를 좋아했어요. 남의 아기도. 그래가지고 그때는 백일

잔치라구 해지만 기냥 뭐, 떠카구 뭐, 미역꾹 끄리구 뭐, 그르케 해가꾸 선. 그때는 뭐, 방:송이 이써요, 저:놔가 이써요? 그니까 집찌비 다니면서 오라구. 그리케 해서 해며는 뭐, 그때 뭐 저, 명: 기르라구 실: 가저오는 사람두 익꾸. 기냥 그런시그루 해서 배기른 해줘써요.

저 뭐, 음시글 준비하고?

ᅳ 예.

어떤 음식뜨를 준비해씀니까?

ᅳ 그때요? 음, 송편하고 힌무리하구 저:기 인절미하구 다 해써요.

힌무리라능게 어떵거?

ᅳ 이리키 저:기, 백썰기라는.

아, 백썰기. 그 힌무리.

ᅳ 예, 그를 시고레서는 기냥 힌무리라구 그러조.

흰무리, 예.

ᅳ 그래가꾸 그 뭐 배길 때에는 마:는 사라미 머거야 조타구 해가꾸.

예.

ᅳ 저:기해써요.

손님을 치셔꾼뇨.

ᅳ 그게 인제 동네 싸람들.

도:른 어떠케 지내씀니까?

ᅳ 돌두 해줘써요. 해줜:는데 뭐 이르케 돌쌍을 봗:때거나 그렁거는 안 핵꾸 기냥. 다 해서 동네 싸람하구 머거써요. 예, 그때는 뭐 상 차리거나 그렁거는 아 나구.

예. 다 저, 따님드리 다 그 성가시지 앙코 잘 자라셛따던데 트키 기어게 남는 이리 이씀니까? 애:들 키우면서.

ᅳ 아, 애드리 학꾜에서 뭐 인제 뭐, 그:림이라등가 뭐 이렁거 다 해서, 해며는 상드를 대:체로 잘 타써요. 잘 탄는데 한번 좀 가슴, 내 가스믈

잔치라고 하지만 그냥 뭐, 떡하고 뭐, 미역국 끓이고 뭐, 그렇게 해가지고서는. 그때는 뭐, 방송이 있어요, 전화가 있어요? 그러니까 집집이 다니면서 오라고. 그렇게 해서 하면 뭐, 그때는 뭐 저, 명이 길라고 실 가져오는 사람도 있고. 그냥 그런 식으로 해서 백일은 해주었어요.

저 뭐, 음식을 준비하고?

¯ 예.

어떤 음식들을 준비했습니까?

¯ 그때요? 음, 송편하고 흰무리하고 저기 인절미하고 다 했어요.

흰무리라는 것이 어떤 것?

¯ 이렇게 저기, 백설기라는.

아, 백설기. 그 흰무리.

¯ 예, 그것을 시골에서는 그냥 흰무리라고 그러지요.

흰무리, 예.

¯ 그래서 그 뭐 백일 때에는 많은 사람이 먹어야 좋다고 해서.

예.

¯ 저기했어요.

손님을 치셨군요.

¯ 그것이 이제 동네 사람들.

돌은 어떻게 지냈습니까?

¯ 돌도 해주었어요. 해주었는데 뭐 이렇게 돌상을 놓았다거나 그런 것은 안 했고 그냥. 다 해서 동네 사람하고 먹었어요. 예, 그때는 뭐 상을 차리거나 그런 것은 안 하고.

예. 다 저, 따님들이 다 그 성가시지 않고 잘 자라셨다던데 특히 기억에 남는 일이 있습니까? 애들 키우면서.

¯ 아, 애들이 학교에서 뭐 인제 뭐, 그림이라든가 뭐 이런 것 다 해서, 하면 상들을 대체로 잘 탔어요. 잘 탔는데 한 번 좀 가슴, 내 가슴을

찔리, 기냥 아프도록 좀 느낑게 항가지 인는데. 두:째 따리, 그러니까 인제 그 저::기를 써써요, 학교에서 인제. 아이, 머라고 그럴까? 벼랑간 생가기 안 나네. 독서라 그랄까? 일기라구, 일기, 일기지요. 그거를 아마 썬나봐요. 그랜는데 그거로 최우수상을 타써요.

그런데 그 내용이, 내용에 제가 좀 마으미 좀 저::기를 해써요. 암마당에 함바기 이써, 함박꼬시[1) 이써써요. 함바꼰나무가 이써꺼드뇨. 그때는 양회를 내가 안 하구 흑바다기여꺼드뇨, 여기 암마당이. 그래서 가운데다가 꼬빠슬[2) 맨드러써써요. 거기 함박꼳 나무가 이썬는데 그게 인제 지그믄 배까테 접쪼게 가읻찌요. 근데 어떠기 그게 탐스럽께 이르케 펴저 이썬는데 꼬시 어뜨케 인제 한송오리가 펴써써요.

근데 우리는 뭐, 나는 이라구 머하느냐구 신경두 안 썬는데 걔:가 인저 그걸, 써내는데는 그걸 썯뜨라구요. 인지 우리 엄마가 혼자 사러서 그런지 우리 암마당에 인는 꼳뚜 외록께 인저 한송이만 폗:따구. 그거루 글직끼를 핻떠라구요. 글직끼를 해서 상을 탕거가, 그거를 씅거가 탇떠라구요. 그거를 보는 순가네 어떠케 마으미 아픈지. 애드리 예살리 보능게 업꾸나. 나이는 어린데두 그렁거까지 섬세해게. 그래서 마으미 그때 정말 너무 아퍽꾸.

한버는 또 저, 모를 낼래면 모짜리를 하자나요? 그거를 하는데 그저네는, 지그믄 그냥, 비니루를 씨구 해능게 아니라 기냥 무레다 해조. 노네다가 하는데 모짜리 할 때 추워요, 무척. 그래서 그거를 모짜리를 해서 모가 한뼘쩡두 자란는데 비가 너무 마니 와가꾸 그, 모짜리가 물 소게 가드러서써요. 그러면 그게 무레 오:래되며는 그게 기냥 여리기때무네 그게 그냥 물러버려요. 가서 뭐, 진짜 히믄 안 돼도 일하능게 참 힘드런쪼. 무를 바가지루 인저 퍼내능거 그걸 하구 완는데. 이제 괘:니 저, 트지비조. 내가 속상하구 인저 그러니까 기냥, 애:드를 막, 가꾸 야다늘 처써요, 괘:니. 깅:까 트지비지.

찔리, 그냥 아프도록 좀 느낀 것이 한 가지 있는데. 둘째 딸이, 그러니까 이제 그 저기를 썼어요, 학교에서 인제. 아이, 뭐라고 그럴까? 별안간 생각이 안 나네. 독서라 그럴까? 일기라고, 일기, 일기지요. 그것을 아마 썼나봐요. 그랬는데 그것으로 최우수상을 탔어요.

그런데 그 내용이, 내용에 제가 좀 마음이 좀 저기를 했어요. 앞마당에 함박이 있어, 함박꽃이 있었어요. 함박꽃나무가 있었거든요. 그때는 (마당에) 양회를 내가 안 하고 흙바닥이었거든요, 여기 앞마당이. 그래서 가운데에다가 꽃밭을 만들었었어요. 거기 함박꽃 나무가 있었는데 그것이 인제 지금은 바깥에 저쪽에 가있지요. 그런데 어떻게 그것이 탐스럽게 이렇게 퍼져 있었는데 꽃이 어떻게 인제 한 송이가 폈었어요.

그런데 우리는 뭐, 나는 일하고 무엇하느라고 신경도 안 썼는데 그 아이가 인제 그것을, 써내는 데에는 그것을 썼더라고요. 인제 우리 엄마가 혼자 살아서 그런지 우리 앞마당에 있는 꽃도 외롭게 인제 한 송이만 피었다고. 그것으로 글짓기를 했더라고요. 글짓기를 해서 상을 탄 것이, 그것을 쓴 것이 탔더라고요. 그것을 보는 순간에 어떻게 마음이 아픈지. 애들이 예사로 보는 것이 없구나. 나이는 어린데도 그런 것까지 섬세하게. 그래서 마음이 그때 정말 너무 아팠고.

한 번은 또 저, 모를 내려면 못자리를 하잖아요? 그것을 하는데 그 전에는, 지금은 그냥, 비닐을 써서 하는 것이 아니라 그냥 물에다가 하지요. 논에다가 하는데 못자리 할 때 추워요, 무척. 그래서 그것을 못자리를 해서 모가 한 뼘 정도 자랐는데 비가 너무 많이 와가지고 그, 못자리가 물 속에 가 들었었어요. 그러면 그게 물에 오래되면 그것이 그냥 여리기 때문에 그것이 그냥 물러버려요. 가서 뭐, 진짜 힘은 안 되어도 일하는 것이 참 힘들었지요. 물을 바가지로 인제 퍼내는 것 그것을 하고 왔는데. 이제 괜히 저, 트집이지요. 내가 속상하고 인제 그러니까 그냥, 애들을 막, 가지고 야단을 쳤어요, 괜히. 그러니까 트집이지.

그러케 해구 놘:는데 그날 바메 둘:째 따리 "엄마, 상타왇따." 그러믄서 표창짱을 가꾸 드러왇뜨라구요. 효:도상을 탇떠라구요. 그렁거를 타 왇는데 칭찬두 모태주구 그냥 야:단만 치구 그러니께 어떠케 마으미 아픈지. 그리키 마:늘, 마:니 아픈지. 이:라 마:나써써요, 애:들하구 살:다 보니까.

생화리 그러니까.

– 예, 생화리 힘들다 보니까 칭찬두 모태주구 기냥 그리키 그러구. 우리 큰따른 아홉쌀 때 바블 해써요. 바블 시킹게 아니라. 인저 시할머니두 게:션는데, 시할머니는 긍까 제가 마지망 난 딸, 망내딸 그거를 할머니가 봐주셛쪼. 그랜는데 시어머니허구 나는 이:를 해:야 먹꾸 사:니까. 이:리 여간 마:나요, 그때는 또? 지그믄 비니루래두 씨:구 그래니까 푸리 엄찌만 그저네는 뭐, 여:실 푸리, 매:구 도라서면 나자나요? 먹꾸 살기가 힘드니깐 진짜, 남펴니 주건는데두 사밀 지나서 그냥 바테 가 사라써요. 먹꾸 사라야 되니까. 이:를 갇따오면, 이:를 가며는 무늘 잠그구 가요. 그러면 그랜는데.

한버는 일:, 인저 저녁 되며는 그러니까. 이:를 가두 저녁때면 선생하수글 치럭꺼. 그래서 쪼:끔 남보다 일찍 보내달라 그랬어요. 일:(하러) 간 지베서 그니까 그걸 또 봐주더라구요. 그래서 왇는데. 무는 배까츠로[3] 쟁견는데.[4] 점심때 와서 소를 하나 메겨꺼드뇨. 암소 한 마리를 메견는데. 점시늘[5] 먹, 저, 일:터에서 점시늘 머거두 와서 소, 소주글 줘야되자나요? 그래서 와 보며는 소주글 누가 줘써요. 무는 잠근채루 인는데. 우리 큰따리 아홉싸린데, 그니까 이항녀닌데 학꾜가 좀 멀:자나요? 드로시다가 보셛쪼? 거기서 점신 시가네 뛰어와서 그, 무는 잠겨쓰니까 인저 울타리 너머루 너머서 드러와서 소주글 주구 가구 그:러케 해써요. 그르케 해가꾸는 아홉쌀 돼:서 어느날 이르케 이:를 갇따가 저녀글 해러 왇는데, 무는 쟁견는데[6] 열대로 쟁견는데 열:구 드러오니까 바블 해요.

망내딸 저, 크내가 근데 아홉싸린데 그래서. 이리케 내가 바블 해면 그렇게 하고 놓았는데 그날 밤에 둘째 딸이 "엄마, 상타왔다." 그러면서 표창장을 가지고 들어왔더라고요. 효도상을 탔더라고요. 그런 것을 타왔는데 칭찬도 못해주고 그냥 야단만 치고 그러니까 어떻게 마음이 아픈지. 그렇게 많을, 많이 아픈지. 일이 많았었어요, 애들하고 살다 보니까.

생활이 그러니까.

– 예, 생활이 힘들다 보니까 칭찬도 못해주고 그냥 그렇게 그러고. 우리 큰딸은 아홉 살 때 밥을 했어요. 밥을 시킨 것이 아니라. 인제 시할머니도 계셨는데, 시할머니는 그러니까 제가 마지막 낳은 딸, 막내딸 그것을 할머니가 보아주셨지요. 그랬는데 시어머니와 나는 일을 해야 먹고 사니까. 일이 여간 많아요, 그때는 또? 지금은 비닐이라도 씌우고 그러니까 풀이 없지만 그전에는 뭐, 연방 풀이, 매고 돌아서면 나잖아요? 먹고 살기가 힘드니까 진짜, 남편이 죽었는데도 삼 일 지나서 그냥 밭에 가서 살았어요. 먹고 살아야 되니까. 일을 갔다가 오면, 일을 가면 문을 잠그고 가요. 그러면 그랬는데.

한번은 일, 인제 저녁이 되면 그러니까. 일을 가도 저녁때면 선생 하숙을 치렀거든요. 그래서 조금 남보다 일찍 보내달라고 그랬어요. 일(하러) 간 집에서 그러니까 그것을 또 봐주더라고요. 그래서 왔는데. 문은 바깥으로 잠겼는데. 점심때 와서 소를 하나(한 마리) 먹였거든요. 암소 한 마리를 먹였는데. 점심을 먹, 저, 일터에서 점심을 먹어도 와서 쇠, 쇠죽을 줘야 되잖아요? 그래서 와 보면 쇠죽을 누가 주었어요. 문은 잠근 채로 있는데. 우리 큰딸이 아홉 살인데, 그러니까 이학년인데 학교가 좀 멀잖아요? 들어오시다가 보셨지요? 거기서 점심 시간에 뛰어와서 그, 문은 잠겼으니까 인제 울타리 너머로 넘어서 들어와서 쇠죽을 주고 가고 그렇게 했어요. 그렇게 해가지고는 아홉 살 되어서 어느 날 이렇게 일을 갔다가 저녁을 하러 왔는데, 문은 잠겼는데 열쇠로 잠갔는데 열고 들어오니까 밥을 해요.

막내딸 저, 큰애가 그런데 아홉 살인데 그래서. 이렇게 내가 밥을 하면

유:시미 그걸 디려다보드라구요. 그러고는 이건 어떠케 핸냐 어터케[7] 핸냐 묵꾸, 모:능거냐 모:능거냐 묵꾸 그러더라구요. 그러더니 바블 행거에요. 게서, 근데 곧잘 핸떠라구요, 바블. 그, 그후부터는 기냥 꺼떠터믄[8] 걔가 바블 해능거에요, 쪼그망게. 깅깐 나 혼자 히므로 사랃때능게 아니라 애드리 이르키 마:니 도와주구. 또 두:째는 일곱싸린데 두:째는 아주 청소를 마터노쿠 해구. 그냥 그런시그로 해서 사러써요.

어머니가 이를 해야 돼쓰니까 지드리 아마 뭘 조금 도와야.

ㅡ 예, 예. 그래서 참, 동네서두 애:드리 칭차늘 박꾸 말:썽이래능걸 안 펴써요. 그리구 또 혼저 살:다가 보니까 자존시미라구 할까 좀 그게 이써가꾸. 예, 아무리 먹구십꺼나 해두 뭐. 무슨 동네 일:드리 그저넨 마니 핸짜나요? 동네에서 잔치를 핸다등가 뭐:를 핸대등가 그러면 우리 애드리 쪼꾸만데두 외래 딴지배드른 그냥 음식, 이르케 잘 쪼처와서 뭐 하구 그러는데 절::때 그렁게 업써써요.

애:드리 그냥 똘똘 뭉처가꾸 그런 음씩, 엽찌베서 잔치를 해두 오지를 아나써요. 그리구 그냥 지베서 저::기를 해구. 저두 그게 오능거가 시럭꾸. 또 그러타구 애:드리 안 따라주믄 안 되는데 애:드리 원체 또 따라주구. 그니깐 그래서, 가::뜨기나 엄는데다가 애들까지 줄줄 따라 다니고 그러면 남들한테 미움도 박꾸 그럴텐데 그렁거에 절::때 애:드리 아주.

자근지비가 조 위에 사란는데 자그나버님 황:가블 해션는데 황:갑 나리연는데도. 저는 시아버지니까 거기 음:시글 해러 왇따갇따 해구 아침두 해러 가쓸꺼 아니에요? 근데 가서 아치믈 해구서는 저, 애:들 와서 바블 머그라구 오니까 큰따리 바블 싹 해서 애드를 쌍 매겯떠라구요. 그구 여기 신경 쓰지 말:래요. 우리 앙 갈테니까 싱경 쓰지 말:라구 그러구. 지베서 그러케 해:먹꾸 그런시그루 애:드리 그러더라구요.

애드리 그냥 다 어르니 돼꾼뇨.

ㅡ 예, 그 음:식 끄테를 절때. 그러구 와:서 머거두 된다구, 자근지비니까.

유심히 그것을 들여다보더라고요. 그러고는 이것은 어떻게 했느냐 어떻게 했느냐 묻고, 뭐하는 것이냐 뭐하는 것이냐 묻고 그러더라고요. 그러더니 밥을 한 것이에요. 그래서, 그런데 곧잘 했더라고요, 밥을. 그, 그후부터는 그냥 걸핏하면 그 애가 밥을 하는 거예요, 조그마한 것이. 그러니까 나 혼자 힘으로 살았다는 것이 아니라 애들이 이렇게 많이 도와주고. 또 둘째는 일곱 살인데 둘째는 아주 청소를 맡아놓고 하고. 그냥 그런 식으로 해서 살았어요.

어머니가 일을 해야 되었으니까 저희들이 아마 무엇을 조금 도와야.

ㅡ 예, 예. 그래서 참, 동네에서도 애들이 칭찬을 받고 말썽이라는 것을 안 피웠어요. 그리고 또 혼자 살다가 보니까 자존심이라고 할까 좀 그것이 있어가지고. 예, 아무리 먹고 싶거나 해도 뭐. 무슨 동네 일들이 그전에는 많이 했잖아요? 동네에서 잔치를 한다든가 뭐를 한다든가 그러면 우리 애들이 조그마한데도 오히려 다른 집 애들은 그냥 음식, 이렇게 잘 쫓아와서 뭐 하고 그러는데 (우리 애들은) 절대 그런 것이 없었어요.

애들이 그냥 똘똘 뭉쳐가지고 그런 음식, 옆집에서 잔치를 해도 오지를 않았어요. 그리고 그냥 집에서 저기를 하고. 저도 그것이 오는 것이 싫었고. 또 그렇다고 애들이 안 따라주면 안 되는데 애들이 원체 또 따라주고. 그러니까 그래서, 가뜩이나 (돈이) 없는 데다가 애들까지 줄줄 따라 다니고 그러면 남들한테 미움도 받고 그럴 텐데 그런 것에 절대 애들이 아주.

작은집이 저 위에 살았는데 작은아버님 환갑을 하셨는데 환갑 날이었는데도. 저는 시아버지니까 거기 음식을 하러 왔다갔다 하고 아침도 하러 갔을 것 아니에요? 그런데 가서 아침을 하고서는 저, 애들 와서 밥을 먹으라고 오니까 큰딸이 밥을 싹 해서 애들을 싹 먹였더라고요. 그리고 여기 신경 쓰지 말래요. 우리 안 갈 테니까 신경 쓰지 말라고 그러고. 집에서 그렇게 해먹고 그런 식으로 애들이 그러더라고요.

애들이 그냥 다 어른이 되었군요.

ㅡ 예, 그 음식 끝에를 절대. 그리고 와서 먹어도 된다고, 작은집이니까.

그랟떠니 실테요. 엄마, 우리 싱:경 쓰지 말라구. 우린, 내가 우리 지베서 애:들 해줄테니까 저::기 해구. 그런시그루 사러써요. 그니까 이날 입때[9] 까지 그런시그루 사러가꾸. 시집까서두 시부모들한테 제가 인저 길를 때 잘몬 길르면, 애비 업씨 자라서, 그 소리 드르까베 저두 애:드란테 좀 엄하게 해긴 핻찌만 제가 어마게 핸다구 뭐. 애:드리 안 따라주믄 모 타지요. 근데 애드리 원:체 그 저길 잘 따러 줘꾸. 참, 시부모한테두 "우리 메느리 가틍거 업따."구 칭찬 박꾸 사러요. 긍까 지끔 애들답찌 앙케 시부모한테두 잘하구 그케 잘해요. 깅까는 인저, 사두니조, 사둔 어른들 어떤때 만나면 어쩌믄 그러케 잘 길런느냐 소릴 드르니까 그게 조터라구요. 그래서 그거에서 좀 보라믈 느끼구. 또 애비 업씨 자라서 그러타구, 그 마른 한번두 드러본저기 업써요. 으른 애 아라보구, 어:려서부터 인사 잘하구 그래써요. 그래서 좀 지:가 소:글 좀 덜: 써건쪼. 애:드리 잘 따라 주니까.

그랬더니 싫대요. 엄마, 우리 신경 쓰지 말라고. 우리는, 내가 우리 집에서 애들 (밥을) 해줄 테니까 저기하고. 그런 식으로 살았어요. 그러니까 이날 이때까지 그런 식으로 살아가지고. 시집 가서도 시부모들한테 제가 인제 (애들을) 기를 때 잘못 기르면, 아비 없이 자라서, 그 소리 들을까봐 저도 애들한테 좀 엄하게 하기는 했지만 제가 엄하게 한다고 뭐. 애들이 안 따라주면 못 하지요. 그런데 애들이 원체 그 저기를 잘 따라 주었고. 참, 시부모한테도 "우리 며느리 같은 것 없다."고 칭찬 받고 살아요. 그러니까 지금 애들답지 않게 시부모한테도 잘하고 그렇게 잘해요. 그러니까 인제, 사돈이지요, 사돈 어른들 어떤 때 만나면 어쩌면 (딸을) 그렇게 잘 길렀느냐는 소리를 들으니까 그것이 좋더라고요. 그래서 그것에서 좀 보람을 느끼고. 또 아비 없이 자라서 그렇다고, 그 말은 한번도 들어본 적이 없어요. 어른 애 알아보고, 어려서부터 인사 잘하고 그랬어요. 그래서 좀 제가 속을 좀 덜 썩었지요. 애들이 잘 따라 주니까.

시집살이

시집사리라능게 이제 아무리 고부가네 사이가 조타구해도. 그런데 옌나른 지금하고는 또 달랃떵거 가튼데요.

ㅡ 예, 그래써요.

그래서 여러 가지 어려운 이:리 마나쓸텐데, 그 쫌 힘들고 또 잘 이처지지 아낟떤 그런 이리 이쓰면 해주시지요.

ㅡ 네, 지금까지두 그게 마으메 좀 그게, 우리가[10] 오래 사랃따면 그게 저::기가 아닌데. 좀 활딸해요. 그래가꾸서는 지금 뭐 여기 사:는 분드른 뭐 그렁거 나서서 해는 사람두 엄는데, 우리 이쓸 때는 우리가 이르케 기냥 서둘러가꾸 뭐 도봉사늘 간데등가 뭐 이르케 가능거 그렁거를 모지블자 래가꾸 가써요. 그랜는데 남펴니 그렁걸 해두 저는 몯 까써요. 우리 시어머니가 무슨 그런데 가능거는 당시니 도마터서 다 가시구 뭐 그래셔써요.

어티기[11] 보며는 제가, 우리 시어머니가 칠십네:세 도라가션는데, 혼자 사러두 시어머니를 이르키 뭐, 저기 시어머니와 말다투미 이쓸꺼 아니야? 한 지베서 이:겨 보지를 모태써요. 어떤 사람 가트면 이르케 남편두 엄는데 막 드러뎀비구 그걷뚜 핼텐데 저는 그걸 모 태서요. 기냥 시어머니가 원:체 무섭꾸 기냥 시어머니가 뭐 막 저::기 해니깐, 꽁 내가 잘모탠뜬 자랟뜬 기냥 잘모탠따구 마:를 비러야 돼꾸.

그래서 기냥 좀 그러는데. 남드리 다 그런데로 간는데, 저 우리가 그거를 해가꼬 가는데, 우리 시어머니가 당신 저 망내따라구 당신하구 우리

시집살이라는 것이 이제 아무리 고부간에 사이가 좋다고해도. 그런데 옛날은 지금하고는 또 달랐던 것 같은데요.

ㅡ 예, 그랬어요.

그래서 여러 가지 어려운 일이 많았을 텐데, 그 좀 힘들고 또 잘 잊혀지지 않았던 그런 일이 있으면 해주시지요.

ㅡ 예, 지금까지도 그것이 마음에 좀 그것이, 우리(=남편)가 오래 살았다면 그것이 저기가 아닌데. 좀 활달해요. 그래가지고서는 지금 뭐 여기 사는 분들은 뭐 그런 것 나서서 하는 사람도 없는데, 우리(=남편) 있을 때는 우리(=남편)가 이렇게 그냥 서둘러가지고 뭐 도봉산을 간다든가 뭐 이렇게 가는 것 그런 것을 모집을 잘 해가지고 갔어요. 그랬는데 남편이 그런 것을 해도 저는 못 갔어요. 우리 시어머니가 무슨 그런 데 가는 것은 당신이 도맡아서 다 가시고 뭐 그러셨어요.

어떻게 보면 제가, 우리 시어머니가 칠십넷에 돌아가셨는데, 혼자 살아도 시어머니를 이렇게 뭐, 저기 시어머니와 말다툼이 있을 것 아니야? 한 집에서 이겨 보지를 못했어요. 어떤 사람 같으면 이렇게 남편도 없는데 막 들이덤비고 그것도 할 텐데 저는 그것을 못 했어요. 그냥 시어머니가 원체 무섭고 그냥 시어머니가 뭐 막 저기 하니까, 꼭 내가 잘못했든 잘했든 그냥 잘못했다고 말을 빌어야 되었고.

그래서 그냥 좀 그러는데. 남들이 다 그런 데로 갔는데 저 우리(=남편)가 그것을 해가지고 가는데, 우리 시어머니가 당신 저 막내딸하고 당신하고 우리 큰딸, 그 쪼끄만쪼. 다서싸리나 머거쓸라나? 그런데 고로케 인저, 데리고 가써요, 그 구경을. 인저 나는 지베 익꼬 그랜는데. 그게 이르케 지금 생각카면 남펴니 그렁거를 해두 내가 몯 까구 그렁게 좀 가슴 아프더라구요.

네.

¯ 딴 집뜨른 나하구 가치 시집 온 사람들두 인저 다 가구 그랜는데, 우리는 추처믈 해서 그렁걸 핸 사라민데두 나는 몯 까써요. 그리구 또 동네서 또 인저, 우리가 죽꾸 나서 또 어디를 고수동굴?

예, 예.

¯ 고:수동구를 간다구 그러드라구요. 그니깐 사람드리 가자구, 경이 엄마 가자구 그래는데. 갈라구 해써써요, 가구시퍼서. 동네 싸람 다 가능거연는데. 시어머니가 기냥 저 몯 까게 해두 갈라구 마으믈 머건는데. 갈라구 마으믈 머건는데. 가치 가자구, 어머니랑 나랑 가치 가자구 핸는데두 우리 시어머니가 그게 시럳떤지. 기냥 내이른 갈텐데 오늘째. 저, 음씨글 해가꾸 가야되요. 가면 음시글 하는데, 그러시더라구요. "야, 난 앙 간다. 너나 혼자 가라."구. 뭐 동네 사라미 뭐 그냥 살:판 낭거마냥 그냥, 그냥, 다닌다구 한다구.[12] 그니깐 난 앙 간데요. 그게 "너, 가지 마러라." 그거조, 결로는. 그래서, 그러쿠나. "가세요. 나 앙 갈테니까 가세요." 하니까, 신:: 빠라미 나서 가시더라구요. 신::빠라미 나서 가시더라구요.

그래서 가치 다녀 보시질 모태꾼뇨?

¯ 예, 가치 몯 따녀써요. 가치 몯 따녀써요. 그게 좀 후회스럽떠라구요. 뭐, 마닐 사라따며는 지금 뭐, 가치 다니능걷뚜 망쿠해서 괜차는데. 고, 사는 동아네 왜 우리 어머니는 그러케 해쓸까? 그래쓰면 한번 그런데를 가서 그게 경허미 나머쓸텐데. 쫌 그렁게 아쉬웍꾸. 그저네는 시집싸리가 좀 무서웓찌요.

예.

¯ 뭐, 잠깐 드러누웓따가두 시어머니 소리만 배까테서 나면 기저를 해서

큰딸, 그 조그맣지요. 다섯 살이나 먹었으려나? 그런데 그렇게 인제, 데리고 갔어요, 그 구경을. 인제 나는 집에 있고 그랬는데. 그것이 이렇게 지금 생각하면 남편이 그런 것을 해도 내가 못 가고 그런 것이 좀 가슴 아프더라고요.

네.

ㅡ 다른 집들은 나하고 같이 시집 온 사람들도 인제 다 가고 그랬는데, 우리(=남편)는 추첨을 해서 그런 것을 한 사람인데도 나는 못 갔어요. 그리고 또 동네에서 또 인제, 우리(=남편)가 죽고 나서 또 어디를 고수동굴?

예, 예.

ㅡ 고수동굴을 간다고 그러더라고요. 그러니까 사람들이 가자고, 경이 엄마 가자고 그러는데. 가려고 했었어요, 가고 싶어서. 동네 사람 다 가는 거였는데. 시어머니가 그냥 저 못 가게 해도 가려고 마음을 먹었는데. 가려고 마음을 먹었는데. 같이 가자고, 어머니와 나와 같이 가자고 했는데도 우리 시어머니가 그것이 싫었던지. 그냥 내일은 갈 텐데 오늘에서야. 저, 음식을 해가지고 가야 돼요. 가면 음식을 하는데, 그러시더라고요. "야, 나는 안 간다. 너나 혼자 가라."고. 뭐 동네 사람이 뭐 그냥 살판 난 것처럼 그냥, 그냥, 다닌다고 한다고. 그러니까 난 안 간대요. 그것이 "너, 가지 말아라." 그것이지요, 결론은. 그래서, 그렇구나. "가세요. 나 안 갈 테니까 가세요." 하니까, 신바람이 나서 가시더라고요. 신바람이 나서 가시더라고요

그래서 같이 다녀 보시지를 못했군요?

ㅡ 예, 같이 못 다녔어요. 같이 못 다녀어요. 그것이 좀 후회스럽더라고요. 뭐, 만일 살았다면 지금 뭐, 같이 다니는 것도 많고해서 괜찮은데. 고, 사는 동안에 왜 우리 어머니는 그렇게 했을까? 그랬으면 한번 그런 데를 가서 그것이 경험이 남았을 텐데. 좀 그런 것이 아쉬웠고. 그전에는 시집살이가 좀 무서웠지요.

예.

ㅡ 뭐, 잠깐 드러누웠다가도 시어머니 소리만 바깥에서 나면 기절을 해서

이러나야 되구. 뭐라구 앙 그래두 그러케. 에, 그렁게 이써요. 근데 뭐 지그믄 뭐 어디 그래요?

지그믄 꺼꿀로 돼 읻짜나요?

¯ 하이. 그래서 인저 딸두 시부모하구 가치 사:니까 속 상할 때두 읻찌요. 게서 지베와선 인저, 엄마니깐 어쩌구 저쩌구 터:러 놔요. 그러며는, “하, 그래두 너 시어머니는 괜차는 시어머니니까 잘:해 디려라. 잘:해 디려라.” 그러는데. 참, 지끔 시어머니 모시구 사는 사람 드물조, 시부모 모시구. 게두 시어머니가 수를 조아하셔써요. 우리 시어머니가 수를 그러케 조아하셔써요. 그래서 그르키 제가 장 가튼델 가며는 그저네는 이르케 대:뺑 소주가 이써요. 그거를 꼭: 사다 디려써요. 그걸 사다 디리구. 감:하구 복숭아를 조아하세요. 그래서 그거가 보니 됃:떠라구요. 제가 부어게 이르케 찬짱, 맨드른 찬짱이 이썬는데. 도:니 아무리 쨰:두 시장에를 가며는 인저, 도:니 참, 어렵께 사러쓰니까 감: 가틍거 그렁거를 사와써요. 멷깨씩, 가므는 사와써요. 시어머니가 그렁거를 조아해시니까. 찬짱에다가 이르케 너:쿠. 소죽 쑤구 그러시니까 아침마다 하나씩 이르케 가따드리구 헨떠니, 그기 어뜨키 보니 됀:떵가 봐요, 애드란테.

예.

¯ 큰따리 그래드라구요. 엄마가, 그저네 보며는, 할머니허구 서루 조아하능건 아니어두 맨날 뭐 사다가 찬짱에 느어노쿠 할머니만 디리구 그래능게, 그게 내가 보니 된나 보다구. 나두 나가며는 기냥 빈소니루 드러올 수가 엄:떼요. 시, 시아버니 익꾸 시어머니 기:시니까. 그래서, “그래, 그렁거는 사다 디려야 된다.”구 그래썬는데. 참, 나이가 머그니까 나두 좀 이:상해지드라구요.

애:들 인저 교유기니까. 초등학꾜, 그땐 국민학꾜라 그러조. 초등학꾜 다니구 그럴 때 소풍 가구 인저 뭐 하자나요. 가자나요. 애:드를 시켜써요. 올:쩌게, 할머니가 담:배를 조아하구 수를 조아해써요. “내꺼는 아무

일어나야 되고. 뭐라고 안 그래도 그렇게. 예, 그런 것이 있어요. 그런데 뭐 지금은 뭐 어디 그래요?

지금은 거꾸로 되어 있잖아요?

ㅡ 하이. 그래서 인제 딸도 시부모하고 같이 사니까 속 상할 때도 있지요. 그래서 집에 와서는 인제, 엄마니까 어쩌구 저쩌구 털어 놓아요. 그러며는, "하, 그래도 너희 시어머니는 괜찮은 시어머니니까 잘해 드려라. 잘해 드려라." 그러는데. 참, 지금 시어머니 모시고 사는 사람 드물지요, 시부모 모시고. 그래도 시어머니가 술을 좋아하셨어요. 우리 시어머니가 술을 그렇게 좋아하셨어요. 그래서 그렇게 제가 장 같은 데를 가면 그전에는 이렇게 댓병 소주가 있어요. 그것을 꼭 사다가 드렸어요. 그것을 사다가 드리고. 감하고 복숭아를 좋아하세요. 그래서 그것이 본(=모범)이 되었더라고요. 제가 부엌에 이렇게 찬장, 만든 찬장이 있었는데. 돈이 아무리 쪼들려도 시장을 가면 인제, 돈이 참, 어렵게 살았으니까 감 같은 것 그런 것을 사왔어요. 몇 개씩, (시장에) 가면 사왔어요. 시어머니가 그런 것을 좋아하시니까. 찬장에다가 이렇게 넣고. 쇠죽(을) 쑤고 그러시니까 아침마다 하나씩 이렇게 갖다드리고 했더니, 그것이 어떻게 본이 되었던가 봐요, 애들한테.

예.

ㅡ 큰딸이 그러더라고요. 엄마가, 그전에 보면, 할머니하고 서로 좋아하는 것은 아니어도 매일 무엇을 사다가 찬장에 넣어 놓고 할머니만 드리고 그러는 것이, 그것이 내가 본이 되었나 보다고. 나도 나가면 그냥 빈손으로 들어올 수가 없대요. 시, 시아버지 있고 시어머니가 계시니까. 그래서, "그래, 그런 것은 사다 드려야 된다."고 그랬었는데. 참, 나이가 먹으니까 나도 좀 이상해지더라고요.

애들 인제 교육이니까. 초등학교, 그때는 국민학교라고 그러지요. 초등학교 다니고 그럴 때 소풍 가고 인제 뭐 하잖아요. (소풍을) 가잖아요. 애들에게 시켰어요. (소풍를 갔다가 돌아) 올 적에, 할머니가 담배를 좋아거뚜 안 사와두 돼. 나는 아무거뚜 안 사와두 되지만 술 아니면 담:배 가틍거, 사탕 가틍거를 할머니 사다 디려라. 꼭 사다 디려라." 그래써요. 그랜떠니 꼭 사 오더라구요, 인저, 할머니꺼를. 돈:두 마니 몬 쭈자너요? 지가 도:니 업쓰니깐 마니 몬 쭈는데두 꼭 사다 주드라고, 디리더라구요, 할머니를.

그랜는데 애:드리 커가꾸 취:지글 해서 인저, 나가서 살:자너요. 그게 보니 그게 기냥 뇌에 배켜가꾸 애드리. 이르케 인저, 나는 그때 한창 장사를 하구 인제, 농사 지:며 장사를 해꺼등요. 화장품 장사를 해써요. 맨 처으메는 선생들 인제 하수글 치루다가 그거 인저 끈나구 나서 화장. 뭐:를 해야 먹:꾸 사니깐 농살 지:면서 행거에요. 그랜는데 장사를 다니다 보니까, 아침 나지루 기냥 힘:들게 이:라구 인저 저녁때 나가능거에요. 이:를 나가며는 이제, 다니다 보니까 과일두 저 머그라구 주는데 익꾸. 이렁게 마니 생기더라구요. 그러면, 저는 사탕을 안 조아해요. 그렁거를 인저 주머니에 너:쿠 오며는, 애:드른 다: 나가구 인저 시어머니허구 이쓰니까 그게 시어머니 디리지 누구 디리거써요? 이:뻐 디리는건 아니지만. 시어머니가 사랑방에 쓰구 그러니깐 기냥 그거 이르키 다: 인제 터러노쿠 드루오는데, 우리 시어머니는 그게 앙 그러터라구요.

내가 나가라 나가라 해두 안 나가구 그래니깐 엄청 뵈기 시런뜬지 어짼뜬지, 애:드리 인저 이르케 다닐러 오면 저 고기랑 이르케 인저 뭐:를 사가꾸 오는데, 사탕 가틍거를 사가꾸 오며는 아예 사랑방에다가 디밀구 드러와요. 이르케 할머니한테 그냥 통째루 디밀구 아네는 고기 가틍거는 가꾸 드러오더라구요.

그래 이제 내가 나이를 머거서 그러는지 어째서 그러는지. 그러믄 우리 시어머니가 어떤 때는 주일마다, 애:드리 네:시니까 서로 왇따갇따 인저 망내는 학교를 다닌대지만, 세:시 왇따갇따 해다 보면 이르케 이르케 봉투루 싸여요, 사탕이. 그러며는 나는 안 줘요. 나는 하:나두 안 줘요.

하고 술을 좋아했어요. "내 것은 아무것도 안 사와도 돼. 나는 아무것도 안 사와도 되지만 술 아니면 담배 같은 것, 사탕 같은 것을 할머니(께) 사다가 드려라. 꼭 사다가 드려라." 그랬어요. 그랬더니 꼭 사 오더라고요, 인제, 할머니 것을. 돈도 많이 못 주잖아요? 제가 돈이 없으니까 많이 못 주는데도 꼭 사다가 주더라고, 드리더라고요, 할머니를.

그랬는데 애들이 커가지고 취직을 해서 인제, 나가서 살잖아요. 그것이 보니 그것이 그냥 뇌에 박혀가지고 애들이. 이렇게 인제, 나는 그때 한창 장사를 하고 인제, 농사 지으며 장사를 했거든요. 화장품 장사를 했어요. 맨 처음에는 선생들 인제 하숙을 치다가 그것 인제 끝나고 나서 화장. 무엇을 해야 먹고 사니까 농사를 지으면서 한 것이에요. 그랬는데 장사를 다니다가 보니까, 아침 낮으로 그냥 힘들게 일하고 인제 저녁때 나가는 거예요. 일을 나가면 이제, 다니다가 보니까 과일도 저 먹으라고 주는 데가 있고. 이런 것이 많이 생기더라고요. 그러면, 저는 사탕을 안 좋아해요. 그런 것을 인제 주머니에 넣고 오면, 애들은 다 나가고 인제 시어머니하고 있으니까 그것이 시어머니 드리지 누구 드리겠어요? 예뻐서 드리는 것은 아니지만. 시어머니가 사랑방을 쓰고 그러니까 그냥 그것 (잡수시라고) 이렇게 다 인제 털어놓고 들어오는데, 우리 시어머니는 그것이 안 그렇더라고요.

내가 나가라 나가라 해도 안 나가고 그러니까 아주 보기가 싫었든지 어쨌든지, 애들이 인제 이렇게 다니러 오면 저 고기랑 이렇게 인제 뭐를 사가지고 오는데, 사탕 같은 것을 사가지고 오면 아예 사랑방에다가 들이밀고 들어와요. 이렇게 할머니한테 그냥 통째로 들이밀고 안에는 고기 같은 것은 가지고 들어오더라고요.

그래 이제 내가 나이를 먹어서 그러는지 어째서 그러는지. 그러면 우리 시어머니가 어떤 때는 주일마다, 애들이 넷이니까 서로 왔다갔다 인제 막내는 학교를 다닌다고 하지만, 셋이 왔다갔다 하다가 보면 이렇게 이렇게 봉투로 쌓여요, 사탕이. 그러면 나는 안 줘요. 나는 하나도 안 줘요.

안 주고 그, 동네 인저 내 또래 저::기드리 오며는 준대요. 주면서 "나는 사탕을 무러야 자미 온다."구 그래시대요. 그래신데요. 그래는데 그게 섭:써파더라구. 나를 줘:두 나가 안 머거두 주며는 도루 노인네한테 갈: 껀데.

게서 한버는 나가따 드러오니까 망내따리 와써요. 학꾜 다닐 땐데 완는데 이르케 깡에 드른 사탕을 사왇떠라구요. 깡에 드른거를. 그랜는데 무조껀 엄마 머그라는 소리는 업꾸. 이거 엄마, 할머니 디리라구.

아이구, 그러케가 되는줄 알고.

ㅡ 에에, 엔:나레 뭐 어떤 할머니 얘:기두 드럳찌만 비스테더라구요. 이거 할머니 디리라구, 저는 가니까, 그래요. 그래서 그러구 가써요. 간는데 저녁때 됀는데 시어머니가 드러오션는데. 아, 바블 방에서 멍는데 조::기 인저 화장대 위에다가 그 깡통을 올려 놛:는데. 저, 사랑방에는 세:봉인능거를 아러요, 내가. 이르케 착착 세:봉이 인능거를. 여기는 하나두 엄:는데.

그래서 저, 내일 모래 신:방으로 올 나리여써요, 교외서. 아이, 저 사탕을 기냥 신방 오는 날 내까 기냥, 그 생가글 좀 해봐써요. 그랜는데 아, 그걷뚜 또 허락찔 안터라구요, 마으미. 그니깐 시어머니 주기두 실:쿠, 나 먹기두 실:쿠. 심:통이지, 한 마디루. 그니깐 바블 멍는데 기냥, 한 수깔 먹꾸 그 사탕이 처다뵈지구 또 바블 먹꾸 하는데. 그래서 시어머니를 안 디려써요. 안 디리구 인저 한 이:트린가 한 며칠 버:티다가 에, 기냥 냉장고에다 가따 너어버려써요 기냥, 깡통을. 그러구 신:방 오는데두 그걸 몯 내걷떠라구요. 내꺼가 아니니까 그게 좀 그러드라구. 그래서 신:방 오는데는 내가 또 가:게서 사다가 내써요.

그래가꾸 저::기, 망내따리 또 와써요. 둘:째딸하구 또 왇떠라구. 이르케 냉장고를 열더니먼, 아니 엄마 이거 할머니 디리랜떠니 왜 여기다가 기냥 나뒨느냐구 그러는데 어::떠케 그 마리 섭써팬지. 왜 내가 좀 두구 머그면 안 되느냐구, 내가 두구 머그면 안 되냐구 그랜떠니. 그때 대학꾜

안 주고 그, 동네 인제 내 또래 저기들이 오면 준다고 해요. 주면서 "나는 사탕을 물어야 잠이 온다."고 그러신다고 해요. 그러신다고 해요. 그러는데 그것이 섭섭하더라고. 나를 주어도 내가 안 먹어도 주면 도로 노인네한테 갈 것인데.

그래서 한번은 나갔다가 들어오니까 막내딸이 왔어요. 학교 다닐 때인데 왔는데 이렇게 깡통에 든 사탕을 사왔더라고요. 깡통에 든 것을. 그랬는데 무조건 엄마 먹으라는 소리는 없고. 이거 엄마, 할머니 드리라고.

아이구, 그렇게 해가지고 되는 줄 알고.

– 예, 옛날에 뭐 어떤 할머니 얘기도 들었지만 (그것이) 비슷하더라고요. 이것 할머니 드리라고, 저는 가니까, 그래요. 그래서 그러고 갔어요. 갔는데 저녁때가 되었는데 시어머니가 들어오셨는데. 아, 밥을 방에서 먹는데 저기 인제 화장대 위에다가 그 깡통을 올려 놓았는데. 저, 사랑방에는 (사탕이) 세 봉 있는 것을 알아요, 내가. 이렇게 착착 세 봉이 있는 것을. 여기는 하나도 없는데.

그래서 저, 내일 모래 심방을 올 날이었어요. 교회에서. 아이, 저 사탕을 그냥 심방 오는 날 낼까 그냥, 그 생각을 좀 해보았어요. 그랬는데 아, 그것도 또 허락하지를 않더라고요, 마음이. 그러니까 시어머니께 주기도 싫고, 나 먹기도 싫고. 심통이지, 한 마디로. 밥을 먹는데 그냥, 한 숟깔 먹고 그 사탕이 쳐다뵈이고 또 밥을 먹고 하는데. 그래서 시어머니를 안 드렸어요. 안 드리고 인제 한 이틀인가 한 며칠 버티다가 에, 그냥 냉장고에다가 넣어버렸어요 기냥, 깡통을. 그리고 심방 오는 데에도 그것을 못 내겠더라고요. 내것이 아니니까 그것이 좀 그러더라고요. 그래서. 심방 오는 데에는 내가 또 가게에서 사다가 내었어요.

그래가지고 저기, 막내딸이 또 왔어요. 둘째딸하고 또 왔더라고. 이렇게 냉장고를 열더니만, 아니 엄마 이것 할머니 드리라고 했더니 왜 여기다가 그냥 놓아 두었느냐고 그러는데 어떻게 그 말이 섭섭한지. 왜 내가 좀 두고 먹으면 안 되느냐고, 내가 두고 먹으면 안 되느냐고 그랬더니. 그때 대학교

다닐 때에요, 망내따리. 그래는데 내가 두구 머그면 안 되냐 그래니까. 멍능거를 발키므는 뭐, 사라미 추접스럽따 그러던가 머, 치뜨래, 치뜰마따 그러던가. 뭐라구 해더라구요. 뭐 왜 앙 그래더니 그래느냐구. 멍능거에 그러케 인제, 해느냐구 그래는데 그 마리 그러케 섭썹하드라구요. 그래는데 그날두 역씨 사가꾸 옹거는 또 노인네 인제 가따 중거조.

그래서 고기를 봉는데 부어게서 고기를 봉는데 그래드라구요. 그게 그냥, 여기서 (가슴을 가리키면서) 막 부글부글 해구 그냥 아주 기냥, 나두 모르게 그냥, 그러터라구요. 이상하게. 그래서 고기를 복꺼서 아치믈 인저 디려가구 바블 몬 먹껃뜨라구요. 그래가꾸 훌쩍 나가버려써요. 나가서 이르케 나가서 서서 저::기 먼 사늘 바라보니까 눈무리 그냥 팍:: 쏘다지드라구요. 뭐:라, 무슨 눈무린지두 모르게 쏘다지드라구. 그랜떠니 조::기 여페 인자 나하구 가튼 또래에 인저 동서가 그러드라구요. 자네, 왜 앙 그래더니 왜 그래느냐구. 그래서, "아이, 형님 나 늘건나봐. 나 앙 그랜는데, 나. 아니, 이만저만해서 애:드리 왇따해면 뭘: 사오는데, 아예 그냥 사랑방에다 디밀구 아넨 디려오지두 아너." 기냥, 옫 까틍건 잘 해오지요. 그러는데 인제 멍:능거를 그러능거지. 에, 그래는데, 아:니, 우리 노인네두 그러지. 그러며는 멷깨래두 "가따주니까 누가 사와쓰니 머거봐라." 이래믄 내가 덜: 섭써팬데. 일:쩔 그렁게 업:꾸 그러니까. 나는 그래두 장사 나간따가 뭐 언제. 푸녀믈 행거여. 나는 장사 나간따가 과이리구 뭐구 내가 누굴 가따 주느냐? 우리 시어머니 가따 디리는데 우리 어머니믄 인저 그런다 그랜떠니 그 동서가 그래더라구요. 그 애:드리 잘몯 생각캐능거라구. 지 엄마가 저드를 어떠케 길런는데 그러케 나오냐구. 그래서, 그래서, 그래가꾸여 그날 엄:청 우럳써요, 지가 진짜. 왜 우런는지 모르게 나두 기냥 서:럽꾸 그래서 우러써요.

그래고 오니까 망내따리 그러케 뵈기 시릉거에요. 그랜네 해서 그냥 어:떠케 뵈기 시런는지 몰라요. 그랜는데 도:늘 달라 그러더라구. 도:늘 다닐 때예요, 막내딸이. 그런데 내가 두고 먹으면 안 되느냐고 그러니까. 먹는 것을 밝히면 뭐 사람이 추접스럽다 그러던가 뭐 치뜰하, 치뜰맞다 그러던가. 뭐라고 하더라고요. 뭐 왜 안 그러더니 그러느냐고. 먹는 것에 그렇게 인제, 하느냐고 그러는데 그 말이 그렇게 섭섭하더라고요. 그러는데 그날도 역시 사가지고 온 것은 또 노인네 인제 갖다가 준 것이지요.

그래서 고기를 볶는데 부엌에서 고기를 볶는데 그러더라고요. 그것이 그냥, 여기서 (가슴을 가리키면서) 막 부글부글하고 그냥 아주 그냥, 나도 모르게 그냥, 그렇더라고요. 이상하게. 그래서 고기를 볶아서 아침을 인제 들여가고 밥을 못 먹겠더라고요. 그래가지고 훌쩍 나가버렸어요. 나가서 이렇게 나가서 서서 저기 먼 산을 바라보니까 눈물이 그냥 팍 쏟아지더라고요. 뭐라, 무슨 눈물인지도 모르게 쏟아지더라고. 그랬더니 저기 옆에 인제 나하고 같은 또래의 인제 동서가 그러더라고요. 자네, 왜 안 그러더니 왜 그러느냐고. 그래서, “아이, 형님 나 늙었나봐. 나 안 그랬는데, 나. 아니, 이만저만해서 애들이 왔다하면 뭘 사오는데, 아예 그냥 사랑방에다가 들이밀고 안에는 들여오지도 않아.” 그냥, 옷 같은 것은 잘 해오지요. 그런데 인제 먹는 것을 그러는 것이지. 예, 그러는데, 아니, 우리 노인네도 그러지. 그러면 몇 개라도 “(누가) 갖다주니까 누가 사왔으니 먹어봐라.” 이러면 내가 덜 섭섭한데. 일절 그런 것이 없고 그러니까. 나는 그래도 장사 나갔다가 뭐 언제. 푸념을 한 거예요. 나는 장사 나갔다가 과일이고 뭐고 내가 누구를 갖다 주느냐? 우리 시어머니 갖다 드리는데 우리 어머님은 인제 그런다고 그랬더니 그 동서가 그러더라고요. 그 애들이 잘못 생각하는 것이라고. 제 엄마가 저희들을 어떻게 길렀는데 그렇게 나오느냐고. 그래서, 그래서, 그래가지고 그날 엄청 울었어요, 제가 진짜. 왜 울었는지 모르게 나도 그냥 서럽고 그래서 울었어요.

그러고 오니까 막내딸이 그렇게 보기 싫은 거예요. 그랬네 해서 그냥 어떻게 보기 싫었는지 몰라요. 그랬는데 돈을 달라고 그러더라고. 돈을 달라 그래더라구요. 인저, 돈:타러 왇따가 그렁거니까. 그, 제가 돈: 주게 써요? 안 주지. 그래서 인저 트:집할께 생겯짜나요, 저두. 그래서 "그래, 날:더러 돈 달래지마. 너 할머니더러 달래." 그랜는데. 그때 우리 시어머니가 이르키 이:를 나가시면 품까블 바짜나요? 절::때 안 내 노오세요. 당시니 기냥 느쿠 쓰시능거지. 그르케 그러셔써요. 그러니까, 깅까 이게 합씨미 안 됃떵거지 인제 사:능게. 나가래두 안 나가구 그르케 사니까 뵈기 시럳껟찌. 그래서 깅까 혼자 인저 이 생화를 핼려니까 힘들조. 혼자 와쓰면 도:늘 안 주며는. 근데 인제 둘:째따리 와쓰니까. 내가 안 줘두 너는 갈수 익꾸 어디 맏쫌 봐라. 야단만 처서 기냥 보낸는데 그 마으미 메칠 가드라구요. 괘:니 내가 쓸데업시.

그래 노코 난 뒤에.

⁻ 예, 그 후외래능게 또 그냥 그르키 또 후외가 되더라구요. 아, 그거가 그냥 금방, 가서 이베 이브로 돼:가꾸[13] 됭거 아니에요. 딸드리 주일날 그담: 쭈에 오는데 이게 할머니꺼 하나믄 내꺼 하나. 하하.

싹 달라전네요.

⁻ 뭐 기냥 아주 꼭, 똑까치 기냥 사오드라구요, 그거를. "내가 그러케 사오랭게 아니다. 기냥, 어쩌다 보니까 내가 섭써패서 그르키 행거지." 그 사오면 제가 멍나요? 저는 그렁걸 안 조아해요. 기냥 내가 섭써패구 가치 살:면서 그러케 핻때능게 서운해서 그랟떵거뿌니지 내가 뭐, 이르케 똑가치 똑가치 사오라구 이랭건 아니라구 게떠니. 어:려서부터 인제, 할머니만 사다디려라, 디려라 행게 박켜가꾸 그게 그러케 되더라구요. 그게 무섭뜨라구요. 으연중에 그 드릉게 참 무섭게 저기를 행거 갇떠라구요. 게:서.

누룽지 조아한다 하면서 머그니까 으:레 조아하는줄 알구.

⁻ 예, 그게 만는 애:기예요. 게 저:기 우리 큰사위. 겨론시근 안 해구

달라고 그러더라고요. 인제, 돈을 타러 왔다가 그런 것이니까. 그, 제가 돈 주겠어요? 안 주지. 그래서 인제 트집할 것이 생겼잖아요, 저도. 그래서 "그래, 날더러 돈 달라고 하지마. 너 할머니더러 달라고 해." 그랬는데. 그때 우리 시어머니가. 이렇게 일을 나가시면 품값을 받잖아요? 절대 안 내어 놓으세요. 당신이 그냥 넣고 쓰시는 것이지. 그렇게 그러셨어요. 그러니까, 그러니까 이것이 합심이 안 되었던 것이지 인제 사는 것이. 나가라고 해도 안 나가고 그렇게 사니까 보기 싫었겠지. 그래서 그러니까 혼자 인제 이 생활을 하려니까 힘들지요. 혼자 왔으면 돈을 안 주면. 그런데 인제 둘째딸이 왔으니까. 내가 (돈을) 안 주어도 너는 (집으로) 갈 수 있고 어디 맛 좀 봐라. 야단만 쳐서 그냥 보냈는데 그 마음이 며칠 가더라고요. 괜히 내가 쓸데없이.

그래 놓고 난 뒤에.

⁻ 예, 그 후회라는 것이 또 그냥 그렇게 또 후회가 되더라고요. 아, 그것이 그냥 금방, 가서 입에서 입으로 되어(=전해져) 가지고 된 것 아니에요. 딸들이 주일날 그다음 주에 오는데 이것이 할머니 것 하나면 내 것 하나. 하하.

싹 달라졌네요.

⁻ 뭐 그냥 아주 꼭, 똑같이 그냥 사오더라고요 그것을. "내가 그렇게 사오라고 한 것이 아니다. 그냥, 어쩌다가 보니까 내가 섭섭해서 그렇게 한 것이지." 그 사 오면 제가 먹나요? 저는 그런 것을 안 좋아해요. 그냥 내가 섭섭하고 같이 살면서 그렇게 했다는 것이 서운해서 그랬던 것뿐이지 내가 뭐, 이렇게 똑같이 똑같이 사오라고 이렇게 한 것은 아니라고 그랬더니. 어려서부터 인제, 할머니만 사다드려라, 드려라 한 것이 박혀가지고 그것이 그렇게 되더라고요. 그것이 무섭더라고요. 은연 중에 그 들은 것이 참 무섭게 저기를 한 것 같더라고요. 그래서.

누룽지 좋아한다고 하면서 먹으니까 으레 좋아하는 줄 알고.

⁻ 예, 그것이 맞는 얘기예요. 그게 저기 우리 큰사위. 결혼식은 안 하고

해는데. 우리 엄마. 바나나 조아한다구, 옌:나레에는 귀해짜나요 빠나나가, 그랟떠니 그냥 올쩍마다 이만한걸 [웃음] (양손을 크게 벌리면서). 게서, "이 사라마, 바나나는 뭐 항:상 조아해는 줄 아나?" [웃음] 진짜가 아니래두 그 말만 믿떠라구요.

그래는데 우리 어머니미, 우리 시어머니는 이르케 인저. 시장에 오이래 한번씩 서자나요, 장이? 그래 인저 그런데를 가따오며는 생서늘 안 사가꾸오믄 미아내서. 우리 시어머니가 그렁걸 조아하시는데. 조아핸다기보다두 조아믈 갇따오며는 그러세요. 생선 가틍거는 아예 나는 만질쭈를 모르능거루 아세요. 그래가꾸 "얘, 뭐 만질꺼 엄:냐?"구. [웃음] 그니까 그거 다루시능거조, 생서늘. 깅까 먹께끔까지 아주 그냥 완전해게 다뤄 노:시능거에요. 게서 이, 다기나 뭐 이렁걷뚜 다:: 우리 어머니믄 나는 모탄다. 너는 그렁거 모탄다는시그루 어머니미 그렁건 다:: 마타서 해써요. 이르케 뭐 생서니래든가 이르케 뭐 다글 잠는대든가 이렁 건 너는 모탄다. 아예 손두 몯 때게 해구 그렁거 하시구. 나물 가틍거를 또 해오셔두 기냥 뭐 딴 사람드른 후루루루 터러서 그냥 이르케 저 삼:는데 우리 어머니믄 그냥 요거를 잔뿌리래든가 이렁거를 다 제거를 하세요. 예, 그니까 냉이다 그러며는 외뿌리자나요? 엽뿌리를 다:: 떼:구 그니까. 깔:끄마게 해시능거에요.

인저, 고로키 우리 자근시어머니하구 두:부니 잘 다니셕꺼드뇨, 나무를. 우리 자근시어머니는 후루루 터러다 기냥 살므시어요. 우리 어머니믄 그걸 다 이걸 제:거를 해서 띠어서. 그거를 기냥, 나는 그거를 짜서 무치기만 하믄 돼요. 시어머니가 그냥 삼:능거까지 그냥 다::. "무치능건 니:가 무처야 되니까 내가 이거 삼:능거까지." 기냥 다 해노세요. 지끔 나물 가틍게 해며는 내가 어머니 생가글 마니 해요. 그렁건 어머니미 잘 하션는데. 그래, 요즈메는 누가 다글 준다구 그래서, "나 닥 몯 짬는데. 나는 그렁거 모타는데."

시어머니 게셔야조.

하는데. 우리 엄마 바나나 좋아한다고, 옛날에는 귀했잖아요 바나나가, 그랬더니 그냥 올 적마다 이만한 것을 [웃음](양손을 크게 벌리면서). 그래서, "이 사람아, 바나나는 뭐 항상 좋아하는 줄 아나?" [웃음] 진짜가 아니라도 그 말만 믿더라고요.

그러는데 우리 어머님이, 우리 시어머니는 이렇게 인제. 시장에 오일에 한 번씩 서잖아요, 장이? 그래 인제 그런 데를 갔다오면 생선을 안 사가지고 오면 미안해서. 우리 시어머니가 그런 것을 좋아하시는데. 좋아한다기보다도 조암(지명)을 갔다가 오면 그러세요. 생선 같은 것은 아예 나는 만질 줄을 모르는 것으로 아세요. 그래가지고 "얘, 뭐 만질 것 없냐?"고. [웃음] 그러니까 그것을 다루시는 것이지요, 생선을. 그러니까 먹게끔까지 아주 그냥 완전하게 다루어 놓으시는 거예요. 그래서 이, 닭이나 뭐 이런 것도 다 우리 어머님은 나는 못한다. 너는 그런 것 못한다는 식으로 어머님이 그런 것은 다 맡아서 했어요. 이렇게 뭐 생선이라든가 이렇게 뭐 닭을 잡는다든가 이런 것은 너는 못한다. 아예 손도 못 대게 하고 그런 것 하시고. 나물 같은 것을 또 해오셔도 그냥 뭐 다른 사람들은 후루루루 털어서 그냥 이렇게 저 삶는데 우리 어머님은 그냥 요것을 잔뿌리라든가 이런 것을 다 제거를 하세요. 예, 그러니까 냉이다 그러면 외뿌리잖아요? 옆뿌리를 다 떼고 그러니까. 깔끔하게 하시는 거예요.

인제, 그렇게 우리 작은시어머니하고 두 분이 잘 다니셨거던요, 나물을 (캐러). 우리 작은시어머니는 후루루 털어다가 그냥 삶으시어요. 우리 어머님은 그것을 다 이것을 제거를 해서 떼어서. 그것을 그냥, 나는 그것을 짜서 무치기만 하면 돼요. 시어머니가 그냥 삶는 것까지 그냥 다. "무치는 것은 네가 무쳐야 되니까 내가 이것 삶는 것까지." 그냥 다 해 놓으세요. 지금 나물 같은 것 하면 내가 어머니 생각을 많이 해요. 그런 것은 어머님이 잘 하셨는데. 그래, 요즘에는 누가 닭을 준다고 그래서, "나 닭 못 잡는데. 나는 그런 것 못하는데."

시어머니 계셔야조.

ˉ 그렁거를 안 해봑끼때무네 누가 꽁짜루 다글 준다 그래두 실타구 그래요. 나 그거 모탄다구. "나는 그렁거 모타는데." 그랬떠니. 저:버네 누가 약뻥아리라구 꽤 마니 인저, 저:기 해가꾸 준다구 그래더라구요. 그래서, "나, 아저씨, 나 그 모타는데. 모태, 나." 그랬떠니 당시니 다 해서 하나를 주더라구요. 엄두가 안 나요. 그렁걸 안 해봐서 엄두가 안 나요. 참 게. 여기서 인저 선창, 그저네는 선창이 배 드러오구 참 조아써요. 우리 어머니 게실 때, 그러니까 어머니미 거기 가셔서 그 생선 가틍거 마니 사오세요. 사오시믄 다:: 그거를 먹께끔. 저는 끄리기만 해면 돼요. 그 아주 완벽캐써요, 그렁거는. 깅까 조아믈 갇따와두 "야, 뭐, 다룰꺼 엄냐?" 그래 그러시니까 안 살껃뚜 사야돼요.

예.

ˉ 그래서 조아써요, 그게. 저, 가치 살면 그 조은 점두 마:나요, 시모허구 살:면. 맨날 괴로웅게 아니라. 내가 모:타능거 자라시구. 그리구 참::, 이 손주드른 따리지만 손녀따리지만 극:찐하게 생각캐셔써요. 어려서 내가 인제 친정을 간다 그러면, "너는 애:를 몬 넙꾸 간다. 애 업꾸가다가 빠친다." 친:정까지 애:를 어버다 주구 가세요. 그렁거는 완:벼카세요, 우리 어머니는. 조암 가서 서울을 갈려 그러면 조암까지 애를 어버다 주세요. 그렁거는 참:: 잘 해셔써요. [웃음]

시누이는 업써씁니까?

ˉ 이써요. 시누가 두:리 이써써요. 두린데, 깅까 우리 이 믿, 바루 동생이조. 바루 미테 똥생. 참 시집사리를 엄:청 시키더라구요.

시누이 시지비 돼:꾸뇨.

ˉ 이해가 앙 가능게. 그저네 여기 익꾸 그럴 때 참 치내게 지낵꺼드뇨, 친구루. 그랜는데 그러케 시:매게 해드라구. 시:매드라구요. 그거 뭐 질투두 아니구 그냥, 이르케. 아치메 나가며는 그냥 머 망 미여처요, 바가지구 머:구. 그저네 바가지 이썬짜나요? 망 미여치구 투덜대구 괘:니 그냥

ˉ 그런 것을 안 해 보았기 때문에 누가 공짜로 닭을 준다고 그래도 싫다고 그래요. 나 그것 못한다고. “나는 그런 것 못하는데.” 그랬더니. 저번에 누가 약병아리라고 꽤 많이 인제, 저기 해가지고 (닭을) 준다고 그러더라고요. 그래서, “나, 아저씨, 나 그 못하는데. 못해, 나.” 그랬더니 당신이 다 해서 하나를 주더라고요. 엄두가 안 나요. 그런 것을 안 해 보아서 엄두가 안 나요. 참 그게. 여기서 인제 선창, 그전에는 선창이 배 들어오고 참 좋았어요. 우리 어머니 계실 때, 그러니까 어머님이 거기 가셔서 그 생선 같은 것 많이 사 오세요. 사 오시면 다 그것을 먹게끔. 저는 끓이기만 하면 돼요. 그 아주 완벽했어요, 그런 것은. 그러니까 조암을 갔다가 와도 “야, 뭐 다룰 것 없냐?” 그래 그러시니까 안 살 것도 사야돼요.

예.

ˉ 그래서 좋았어요, 그것이. 저, 같이 살면 그 좋은 점도 많아요, 시모하고 살면. 만날 괴로운 것이 아니라. 내가 못하는 것 잘 하시고. 그리고 참, 이 손주들은 딸이지만 손녀딸이지만 극진하게 생각하셨어요. 어려서 내가 인제 친정을 간다 그러면, “너는 애를 못 업고 간다. 애 업고가다가 빠뜨린다.” 친정까지 애를 업어다 주고 가세요. 그런 것은 완벽하세요, 우리 어머니는. 조암 가서 서울을 가려고 그러면 조암까지 애를 업어다 주세요. 그런 것은 참 잘 하셨어요. [웃음]

시누이는 없었습니까?

ˉ 있어요. 시누이가 둘이 있었어요. 둘인데, 그러니까 우리(=남편) 이 밑, 바로 동생이지요. 바로 밑의 동생. 참 시집살이를 엄청나게 시키더라고요.

시누이 시집이 되었군요.

ˉ 이해가 안 가는 것이. 그전에 여기 있고 그럴 때에 참 친하게 지냈거든요, 친구로. 그랬는데 그렇게 심하게 하더라고. 심하더라고요. 그것 뭐 질투도 아니고 그냥, 이렇게. 아침에 나가면 그냥 뭐 막 메어쳐요, 바가지고 뭐고. 그전에 바가지 있었잖아요? 막 메어치고 투덜대고 괜히 그냥

후저꾸[14] 그냥 그런시그루 해드라구요. 뭐, 시누 하나는 기냥 또 잘 해니까. 끅까지 그냥, 저기 그 시누 뭐 첨부터 그러더니 시집까서두 그러쿠게:속 그런 타이브루 가드라구요. 시집 가서두 오며는 싸우믈 부처요. 그게 읻뜨라구요. 근데 시누 하나는 또 아니에요. 앙 그래요. 그러니까 그 시누는 이:뿌구[15] 기냥 그래요. 근데 끅까지 그래더라구요.

가튼 자맨데도.

‾ 에, 그러케 달르더라구. 엄청 시키더라구요, 시집싸리를. 겨론해기 저내는 칭구연는데. 에, 칭구연는데 보통 그러능게 아니에요. 보통 참. 그러니까 정이라군 하:나두 업꾸 그 시누 심술쟁이 이:르케 이런시그루 인시기 가드라구요. 끄끈내 그러더라구요, 끅까지. 근데 그 시누가 주거써요. 에, 주거써요. 이:년 저네. 그랜는데 마음 아프더라구요. 잘 지낼쑤 인는데. 심수를 안 부리믄 잘 지낼쑤 있는데 내가 '어' 해믄 '아' 해요.

그 이상하지요?

‾ 예, 근데 뭐 지금 하나 인제, 망내시누이는 기냥 정워리고 파워리고 기냥 "언니, 언니!" 해구 잘 어울려요. 우리 애:들허구두 잘 어울리구. 그 큰시누는 아니에요. 조카딸하구두 모 더울려요, 심통을 피니까. 이상하게 기냥 심통을 그러케 피더라구요.

시어머니는 결혼하셔쓸 때 연세가 어떠케 되셔써요? 회갑 저니여씁니까?

‾ 그러묘, 마흔세:신가 그러케 되셛쪼. 근데 그때, 그런데 뭐 완::저니 시어머니 노른 하셔써요. 그냥 담:배때 요만항거 물:구 그냥 완:저니 뭐 시어머니더라구요. 지끄믄 새대기지요.

지금 큰따니믄 나이가 어떠케 됩니까?

‾ 저::기, 범:띤데 마흔

범띠면, 마흔 셋?

‾ 그러케 되지요?

딱 시어머니 나이네요

‾ 예. [웃음]

휘젓고 그냥 그런 식으로 하더라고요. 뭐, 시누 하나는 그냥 또 잘 하니까. 끝까지 그냥, 저기 그 시누이 뭐 처음부터 그러더니 시집 가서도 그렇고 계속 그런 타입으로 가더라고요. 시집 가서도 오면 싸움을 붙여요. 그게 있더라고요. 그런데 시누 하나는 또 아니에요. 안 그래요. 그러니까 그 시누이는 예쁘고 그냥 그래요. 그런데 끝까지 그러더라고요.

같은 자매인데도.

– 예, 그렇게 다르더라고. 엄청 시키더라고요, 시집살이를. 결혼하기 전에는 친구였는데. 예, 친구였는데 보통 그러는 것이 아니에요. 보통 참. 그러니까 정이라고는 하나도 없고 그 시누이 심술쟁이 이렇게 이런 식으로 인식이 가더라고요. 끝끝내 그러더라고요, 끝까지. 그런데 그 시누이가 죽었어요. 예, 죽었어요. 이년 전에. 그랬는데 마음 아프더라고요. 잘 지낼 수 있는데. 심술을 안 부리면 잘 지낼 수 있는데 내가 '어'(라고) 하면 '아'(라고) 해요.

그 이상하지요?

– 예, 그런데 뭐 지금 하나 인제, 막내시누이는 그냥 정월이고 팔월이고 그냥 "언니, 언니!"하고 잘 어울려요. 우리 애들하고도 잘 어울리고. 그 큰시누이는 아니에요. 조카딸하고도 못 어울려요, 심통을 피우니까. 이상하게 그냥 심통을 그렇게 피우더라고요.

시어머니는 결혼하셨을 때 연세가 어떻게 되셨어요? 회갑 전이었습니까?

– 그럼요, 마흔셋인가 그렇게 되셨지요. 그런데 그때, 그런데 뭐 완전히 시어머니 노릇 하셨어요. 그냥 담뱃대 요만한 것 물고 그냥 완전히 뭐 시어머니더라고요. 지금은 (그 나이면) 새댁이지요.

지금 큰따님은 나이가 어떻게 됩니까?

– 저기, 범띠인데 마흔

범띠면, 마흔 셋?

– 그렇게 되지요?

딱 시어머니 나이네요.

– 예. [웃음]

그러게요. 그, 그런 거. 그 정도 될꺼 가튼데요.

ˉ 예, 애:드리조. 지금 시대에는 완저니 애:드리지. 인제 담배때 물:구 그냥, 아주 부어겐 일:쩔 드러오시지두 앙쿠, 해다 바치능거 잡쑤꾸 그냥, 그래써요. 그게 그 시대에는 육심만 되면 이건 완전히 그냥.

노이니지요. 그럼 시어머니 그 회갑 다 해드리셕껜네요?

ˉ 예, 해디려써요.

그러게요. 그, 그런 거. 그 정도 될 것 같은데요.

ㅡ 예, 애들이지요. 지금 시대에는 완전히 애들이지. 인제 담뱃대 물고 그냥, 아주 부엌엔 일절 들어오시지도 않고, 해다가 바치는 것 잡수고 그냥, 그랬어요. 그것이 그 시대에는 육십만 되면 이것은 완전히 그냥.

노인이지요. 그럼 시어머니 그 회갑 다 해드리셨겠네요?

ㅡ 예, 해드렸어요.

가장 역할

ㅡ 옌:나레는 조은 집 망한 집 가려가꾸 그 새끼두 쫘:서 이르케 둘레로 파라 먹꾸 이르케. 또 지벙 핼래며는 그. 그래서 참 힘드러써요. 나두 이 지벙 해구 그럴래며는 참:: 그게 애로저미 마나써요. 남자드리 이써쓰면 괜차는데 음쓰니까. 바메두 참, 그 새끼트리 이써써요. 그거에서 바메두 한두 둘레, 세 둘레씩 쫘:노쿠 자구 그래써요.

여기는 다 저 뭐, 가튼 성씨드린데 안 도와줜나요?

ㅡ 도:늘 줘:야 도와주조. 도:늘 줘:야 도와주지 절:때 그렁거 업써요. 그렁거 업써요. 그니까 힘등거에요, 살기. 그래서 참::, 바메두 이를 마이 해써요. 기냥 이르케 보기에는 제가 튼트내 보이는데, 튼트내 보이는데. 남 보기는 뚱뚱해서 그래서 튼트내 보인다고 보는데 되:게 야케요. 그래서 이르케 모 가틍거를 내:거나 뭐 해두 엄::청 허리두 아프고 먹찔 모태요. 히메 겨워가꾸. 그래가꾸 너무 히메 겨우면 나중에 요거리를[16] 해요. 지금두 히메 겨웁께[17] 이리 되믄 요거리를 해요. 헐꾸역찌를 해요. 그래두 먹꾸 사라야 되니까 기냥 해능거조. 예, 뭐 그저네다 대면 지그믄 진짜 팔짜가 누구 말마따나 펴:두 한참 폈:쪼. 시가니 어디 이써요. 기냥 틈만 이쓰면 이:래야 되고 틈만 이쓰. 하여튼 안즐 트:미 업:시 꿈지럭거려야 사:니까.

그게 이제 혼자 되고 난 뒤부터 연세 얼마까지 그래씀니까?

ㅡ 그잉깐 한 거진 육씹 바라볼 때까지 그래써요. 그잉깐 이즈메 인제, 기냥 나 논농사 진뜽거 남 주구, 기냥 요기 근처 반만 조금 가꾸 해는데.

ㅡ 옛날에는 좋은 짚 나쁜 짚 가려가지고 그 새끼도 꽈서 이렇게 둘레로 팔아 먹고 이렇게. 또 지붕 하려면 그. 그래서 참 힘들었어요. 나도 이 지붕 하고 그려려면 참 그것이 애로점이 많았어요. 남자들이 있었으면 괜찮은데 없으니까. 밤에도 참, 그 새끼틀이 있었어요. 그것에서 밤에도 한두 둘레, 세 둘레씩 (새끼를) 꼬아놓고 자고 그랬어요.

여기는 다 저 뭐, 같은 성씨들인데 안 도와주었나요?

ㅡ 돈을 주어야 도와주지요. 돈을 주어야 도와주지 절대 그런 것 없어요. 그런 것 없어요. 그러니까 힘든 것이에요, 살기. 그래서 참, 밤에도 일을 많이 했어요. 그냥 이렇게 보기에는 제가 튼튼해 보이는데, 튼튼해 보이는데. 남 보기는 뚱뚱해서 그래서 튼튼해 보인다고 보는데 되게 약해요. 그래서 이렇게 모 같은 것을 내거나 뭐 해도 엄청 허리도 아프고 먹지를 못해요. 힘에 겨워가지고. 그래가지고 너무 힘에 겨우면 나중에 헛구역질을 해요. 지금도 힘에 겹게 일이 되면 헛구역질을 해요. 헛구역질를 해요. 그래도 먹고 살아야 되니까 그냥 하는 것이지요. 예, 뭐 그전에 다 비하면 지금은 진짜 팔자가 누구 말마따나 펴도 한참 폈지요. 시간이 어디 있어요. 그냥 틈만 있으면 일해야 되고 틈만 있으. 하여튼 앉을 틈이 없이 꿈지럭거려야 사니까.

그것이 이제 혼자 되고 난 뒤부터 연세 얼마까지 그랬습니까?

ㅡ 그러니까 한 거의 육십 바라볼 때까지 그랬어요. 그러니까 이즘에 인제, 그냥 나 논농사 짓던 것 남 주고, 그냥 요기 근처 밭만 조금 가지고

그거뚜 지그믄 저, 애:드리 와서 도와주구, 그걷뚜 삼사년 다리가 아퍼서 그때는 전부 애:드리 와서 다 해다시피 해구. 그니깐 한 쉰:다선 좀, 고때부터 좀 피기 시작행거 가태요. 인제 애드리 인제 결혼하고. 결혼하니까 식꾸 좀 줄고. 에, 하이튼가네 큰딸 시집 가기, 두:째딸, 세:째딸 시집갈: 때까지가. 세:째딸 시집갈 때까지 고생해써요. 농사 지어써요, 그때까지. 그러구 인제 거진 육씹 바라보게끔. 한 쉰:일곱 고정도까지.

삼십, 이십오녀네서 삼심년간.

ㅡ 에, 노:네서 이:를 해쓰니까. 세:째딸 시집 갈 사흘 아프로 노:네 가 모:를 내:쓰니까. 그래니까 펴내징거가 한 심년 쩡도? 그정도 좀 펴내진 경가 그래요. 기니까 저는 그러케 인제 절머서 남 안 드러갈 때, 진짜 남자들 트메 드러가서 이:를 행거에요. 모:내능거 그렁거 진짜. 품깝뚜 또 차이가 이써써요, 여자 남자. 그래가꾸 힘드럭꾸. 그러니까 남자 하나 살려믄 내가 하루 반: 쩡도를 이:를 해:줘:야 남자 품까비 돼:요. 그런시기루 다 됀는데. 그 당시에 인제 우리 또래에 아줌마드른 논니를 아 낻찌.

예, 그러케꾼뇨.

ㅡ 진짜 논닐 아 내구 치마만 입꾸 왿따갇따 핼 때 나는 논:구서게 드러가서 이:를 핸는데, 지그믄 반:대루 나는 이:를 덜: 해요. 그 사람드레 비해서 안 해는 펴니조. 그 사람드른 지금 뭐, 땡:뼈치거나 말:거나 그냥 돈: 버:는 욕:시메 그냥, 그::냥 바테 가서 뭉처 살:다시피 해요. 지그믄 그래는데. 그래서 옌:나레, 옌:날 마:리 하::나두 안 틀리더라구요. 음:지가 뭐 양지 되구. 그래서 내가 사네를 가두 그 노픈데 익꾸 허맨데 익꾸 그러믄 이게 사:는 굴고기구나. 그거루다가 내가 생가글 핸데능게. 그게 읻뜨라구요. 그래서 아, 지끄믄 남보다 펴냉거구 행보캥거조, 따지고 보면.

아, 그망큼 고생을 마니 하셔짠습니까? 지금 한 심년, 그래두 조끔 나께 지내시니까 옌날 생가근 하나도 안 납니까?

ㅡ 제가 그랟쪼. 딴 생가근 엄는데 주로 기냥 이르케 가마::니 생가글

하는데. 그것도 지금은 저, 애들이 와서 도와주고, 그것도 삼사 년 다리가 아파서 그때는 전부 애들이 와서 다 하다시피 하고. 그러니까 한 쉰다섯 좀, 그때부터 좀 펴기 시작한 것 같아요. 인제 애들이 인제 결혼하고. 결혼하니까 식구 좀 줄고. 예, 하여튼간에 큰딸 시집 가기, 둘째딸, 셋째딸 시집갈 때까지가. 셋째딸 시집갈 때까지 고생했어요. 농사 지었어요, 그때까지. 그러고 인제 거의 육십 바라보게끔. 한 쉰일곱 고 정도까지.

삼십, 이십오 년에서 삼십 년간.

ㅡ 예, 논에서 일을 했으니까. 셋째딸 시집 갈 사흘 앞으로 논에 가 모를 냈으니까. 그러니까 편해진 것이 한 십 년 정도? 그 정도 좀 편해진 것인가 그래요. 그러니까 저는 그렇게 인제 젊어서 남 안 들어갈 때, 진짜 남자들 틈에 들어가서 일을 한 것이에요. 모 내는 것 그런 것 진짜. 품값도 또 차이가 있었어요, 여자 남자. 그래가지고 힘들었고. 그러니까 남자 하나 사려면 내가 하루 반 정도를 일을 해주어야 남자 품값이 되어요. 그런 식으로다 되었는데. 그 당시에 인제 우리 또래의 아줌마들은 논일을 안 했지.

예, 그렇겠군요.

ㅡ 진짜 논일 안 하고 치마만 입고 왔다갔다 할 때 나는 논구석에 들어가서 일을 했는데, 지금은 반대로 나는 일을 덜 해요. 그 사람들에 비해서 안 하는 편이지요. 그 사람들은 지금 뭐, 땡볕이거나 말거나 그냥 돈 버는 욕심에 그냥, 그냥 밭에 가서 뭉쳐 살다시피 해요. 지금은 그러는데. 그래서 옛날에, 옛날 말이 하나도 안 틀리더라고요. 음지가 뭐 양지 되고. 그래서 내가 산에를 가도 그 높은 데 있고 험한 데 있고 그러면 이게 사는 굴곡이구나. 그것으로다가 내가 생각을 한다는 것이. 그것이 있더라고요. 그래서 아, 지금은 남보다 편한 것이고 행복한 것이지요, 따지고 보면.

아, 그만큼 고생을 많이 하셨지 않습니까? 지금 한 십 년, 그래도 조금 낫게 지내시니까 옛날 생각은 하나도 안 납니까?

ㅡ 제가 그랬지요. 딴 생각은 없는데 주로 그냥 이렇게 가만히 생각을

하면 그냥 필림처럼 절머서 저, 두리 이르키 만나서 지낸떤 그 기어기 그렁게 자꾸 떠올르구 생생해구. 내가 이르케 늘건는데두 그런 생가글 해나부다, 이르케. 결혼해기 저네 서루 다니면서 얘:기핸떵거를 기냥. 필림처럼 그냥 그르케 생생해요. 그래서 정말 어뜬 때는 그게 괴로울 때두 이써요. 다 그렁거를 이:저버리면 조을텐데. 제가 기엉녀기 종건지 머항건지 모르겐는. 왠마난 이르케 뭐 핸드포니나 저:놔번호는 한두번만 드르면 그게 기냥 임녀기 돼버려요. 게서 어디 저:놔, 지금 뭐 핸드포네다 뭐 기냥 저:놔에다 뭐 만:차나요? 여:가내서 이거를 차저서 해노칠 아너요.

다 기억.

‾ 예, 한 두:번만 드르, 내가 이 사람꺼를 기어캐야건따 하구 한 두:번만 드르면 기냥 아라요, 그거를. 그 버:노를. 그러니깐 우리 사위드리 “어후, 장모님 보니까.” 어떤 때는 “장모님, 누구 저:놔버노 뭐에요?” 그러면 “뭐: 자나.” 내가 그래며는 “아후, 진짜.” 그거 보믄 내가 기엉녀기 인능건지 엄능건지.

기어기 조으심니다.

‾ 그래서 옌:날 이:를 기어글 그르케 해구 인는지 그거는 모르게써요. 근데 다 그런지는 모르겐찌만 이르키 혼자 살:다보니까뇨, 애:드리 자라니까 조은 니리 만치요. 조은 니리 마는데, 건며니루 그냥 조타 이런시기로 하능거지 일평생 기냥, 진짜루 속까지 이르케 조쿠 그렁걸 모:르구 사라요. 어딩가 모르게 이 한쪼기 빙:거뚜 각꾸. 이게 뭐 모르는 사라믄 시집가구 시퍼 그런다구 핼찌 모르겐는데, 그게 아니구. 암만:: 존 니를 봐두 그게 진:::짜 종:거라구 느껴지지를 모타구 기냥 건상으로. 진:짜 기뻥거래능거를, 내가 살면서 느낑거를, 그러니까 엄능거 가태요. 항::상 이 기냥, 항 가스메는 기냥 멍징거 가튼 이런 느끼믈.

딴 사라믄 어떤지 모르겐는데, 저는, 제가 욱끼두 자 래요. 이르케 하면 그냥 필름처럼 젊어서 저, 둘이 이렇게 만나서 지냈던 그 기억이 그런 것이 자꾸 떠 오르고 생생하고. 내가 이렇게 늙었는데도 그런 생각을 하나보다, 이렇게. 결혼하기 전에 서로 다니면서 얘기했던 것을 그냥. 필름처럼 그냥 그렇게 생생해요. 그래서 정말 어떤 때는 그것이 괴로울 때도 있어요. 다 그런 것을 잊어버리면 좋을 텐데. 제가 기억력이 좋은 것인지 뭐한 것인지 모르겠는(데). 웬만한 이렇게 뭐 핸드폰이나 전화번호는 한두 번만 들으면 그것이 그냥 입력이 돼버려요. 그래서 어디 전화, 지금 뭐 핸드폰에다 뭐 그냥 전화에다 뭐 많잖아요? 여간해서 이것을 찾아서 해놓지를 않아요.

다 기억.

ㅡ 예, 한 두 번만 들으, 내가 이 사람 것을 기억해야겠다 하고 한 두 번만 들으면 그냥 알아요, 그것을. 그 번호를. 그러니까 우리 사위들이 "어후, 장모님 보니까." 어떤 때는 "장모님, 누구 전화번호 뭐예요?" 그러면 "뭐잖아." 내가 그러면 "아휴, 진짜." 그것 보면 내가 기억력이 있는 것인지 없는 것인지.

기억이 좋으십니다.

ㅡ 그래서 옛날 일을 기억을 그렇게 하고 있는지 그것은 모르겠어요. 그런데 다 그런지는 모르겠지만 이렇게 혼자 살다가 보니까요, 애들이 자라니까 좋은 일이 많지요. 좋은 일이 많은데, 겉면으로 그냥 좋다 이런 식으로 하는 것이지 일평생 그냥, 진짜로 속까지 이렇게 좋고 그런 것을 모르고 살아요. 어딘가 모르게 이 한 쪽이 빈 것도 같고. 이것이 뭐 모르는 사람은 시집가고 싶어 그런다고 할지 모르겠는데, 그것이 아니고. 아무리 좋은 일을 봐도 그것이 진짜 좋은 것이라고 느끼지를 못하고 그냥 건성으로. 진짜 기쁜 것이라는 것을, 내가 살면서 느낀 것을, 그러니까 없는 것 같아요. 항상 이 그냥, 한 가슴에는 그냥 멍진 것 같은 이런 느낌을.

다른 사람은 어떤지 모르겠는데, 저는, 제가 웃기도 잘 해요. 이렇게 사람들 가면 기냥 농담하구 실실거리구 욱꾸 그래는데 그게 진:실루 그러능게 아니라 기냥 남 보면 기냥 편하게 이르케. 그래서 그 힘들게 살: 때두 찡그리질 아너써요, 여간해서는. 왜냐하믄 아니 그냥 진짜, 고개 오여[18] 꼬고 진짜 뭐 찡그린다고 누가 아라줄껃뚜 아니자나요? 사람마다 운:는 사람허구는 상대를 해구 십찌만 찡그르구 해는 사람한테는 상대하구 시픈 저기가 업끄드뇨.

그래서 우리 시어머니한테 참 그렁거때매 참 구박두 마이 바다써요. 남 보고는 조아서 살살살살 욱꾸 그런다 그래서 제가 그 말두 해써요. 그게 진짜 우스민줄 아느냐구. 생화를 해다 보니까 해능거지. 진짜, 선생님들 하수글 치르는데 내가 인상이나 팍팍 쓰구 그래면 그 사람드리 밤 머:께써요? 그니깐 참 그게 기냥 생화를 해다보니까 지금두 기냥 이르케 기냥 누구 보믄 욱:꾸 이르케 얘기를 하구 기냥 저기를 하는데.

그래두 이 마음 쏘근 그게 아니에요. 진실루, 내 진실루 그냥 조응거를 몰라요. 애:드리 아무리 조응거를 해다줘두 그게 그러::케 조응건지를 모르게써요. 진짜 머 패물도 나만 가징거 엄:청 가따줘, 애:드리 해다주언는데도 그게 그러케 진::실루 기냥 기뿌고 조응거를 몬 느끼거써요. 그냥 건머니로 조타 기냥 이런시그로. 한버는 애드리 생일 때 가튼 때. 제가 어렵께 사러써두 애:들 생이른 참:: 중요시 해써요. 꼭: 챙겨줘써요, 생이를. 그랟떠니 그게 보니 됀는지 지금 우리 애드른 생이를 되:게 중요시아라요. 서로 도라가면서 생일이래능거를 서루 기어캐구 차자서, 하다모태 꼭 서로 이르케 저길 해구 그래요.

이날이때 애드리 그래는데 저 뭘 해다주고 그래면 그저네 인제 업:떵걸 해다주자나요? 애드리 돈을 버:니까 해와써. 인제 처멘 그래써요. 그러니까 그걸 방갑께 받찔 모태써요. 해:다주는 사라미 기부니 안 조초. 한버는 그러더라구요. 엄마는 아무리 조응걸 가따줘두 잘해줟따는 이 표혀늘 모탠대요. 그래서 그때는 내가 딱 깨달앋써요. '아, 이러면 안되지. 이거를 사람들 가면 그냥 농담하고 실실거리고 웃고 그러는데 그것이 진실로 그러는 것이 아니라 그냥 남 보면 그냥 편하게 이렇게. 그래서 그 힘들게 살 때도 찡그리질 않았어요, 여간해서는. 왜냐하면 아니 그냥 진짜, 고개 외 꼬고 진짜 뭐 찡그린다고 누가 알아 줄 것도 아니잖아요? 사람마다 웃는 사람하고는 상대를 하고 싶지만 찡그리고 하는 사람한테는 상대하고 싶은 저기가 없거든요.

그래서 우리 시어머니한테 참 그런 것 때문에 참 구박도 많이 받았어요. 남 보고는 좋아서 살살살살 웃고 그런다고 그래서 제가 그 말도 했어요. 그것이 진짜 웃음인 줄 아느냐고. 생활을 하다 보니까 하는 것이지. 진짜, 선생님들 하숙을 치는데 내가 인상이나 팍팍 쓰고 그러면 그 사람들이 밥 먹겠어요? 그러니까 참 그것이 그냥 생활을 하다가 보니까 지금도 그냥 이렇게 그냥 누구 보면 웃고 이렇게 얘기를 하고 그냥 저기를 하는데.

그래도 이 마음 속은 그것이 아니에요. 진실로, 내 진실로 그냥 좋은 것을 몰라요. 애들이 아무리 좋은 것을 해다가 주어도 그것이 그렇게 좋은 것인지를 모르겠어요. 진짜 뭐 패물도 남이 안 가진 것 엄청 갖다줘, 애들이 해다주었는데도 그것이 그렇게 진실로 그냥 기쁘고 좋은 것을 못 느끼겠어요. 그냥 겉면으로 좋다 그냥 이런 식으로. 한번은 애들이 생일 때 같은 때. 제가 어렵게 살았어도 애들 생일은 참 중요시 했어요. 꼭 챙겨주었어요, 생일을. 그랬더니 그것이 본이 되었는지 지금 우리 애들은 생일을 되게 중요시 알아요. 서로 돌아가면서 생일이라는 것을 서로 기억하고 찾아서, 하다못해 꼭 서로 이렇게 저기를 하고 그래요.

이날이때(까지) 애들이 그러는데 저 뭘 해다주고 그러면 그전에 인제 없던 것을 해다주잖아요? 애들이 돈을 버니까 해왔어. 인제 처음에는 그랬어요. 그러니까 그것을 반갑게 받지를 못했어요. 해다가 주는 사람이 기분이 안 좋지요. 한번은 그러더라고요. 엄마는 아무리 좋은 것을 갖다 주어도 잘해주었다는 이 표현을 못한다고 해요. 그래서 그때는 내가 딱 깨달았어요. '아, 이러면 안 되지. 이것을 고쳐야지. 내 마음은 안 그런데.'

고처야지. 내 마으믄 앙 그런데.' 근데 지그믄 무얼 해주면. "나 그거 가꾸 시펀는데. 그거 참 조은." 예, 건머니래두 그러케 해니까. "어떠케 그러케 마으메 들게 사완냐?" 그러구. 그거를 고처서 그러케 해는데.

깅깐 그 남편 하나 무너절때능게 그만큼 타겨기 킁거 가태요. 그래서 한버니래두 내가 기냥 정말 기뿌구 그냥 어쩔쭐 모르게 조응거 그렁거를 몬 느껴 봐써요. 남 보면 그냥 껄껄대구 욱꾸 그냥 조응거 모냥 너머가는데. 그 항시 여기에 인능거 가태요.

게, 모르는 사라믄 조암 가튼데 가며는 친분 익꾸 그런 사라믄 참 내가 행보케 보이구 뭐 그런다구 하는 사람두 이써요. 기냥 걱쩡두 업꾸 뭐. 어떤 사라믄 또 그래요. "일:두 아 내나봐." 이러는 사람두 이써요. "야, 나보다 이를 더한 사라미 이쓰면 나오." [웃음] 기냥 노:네 가서 노:늘 혼자 훔치다가 그냥 그 널:븐 노네 와서 노:늘 훔치다가 또 수렁이 읻짜나요? 그럼 수렁에 퐁::당 빠질 때두 읻꾸. 참 그래는데두 모르는 사라믄 "아줌마 일: 안 해나봐." 이래는 사라미 읻떠라구요. 뭐라구 [웃음] 마:를 할 쑤가 업써, 내가. 나를 보면 이:를 그르케 안 핸따능거에요, 사람드른.

그러케 안 보이조.

ᅳ 예, 이:를 그러케 안 핸때능거에요. 그러니까 내가 어이가 업써서. 남: 보다는 곱::빼기는 해구 남 안 해는 이를 핸는데.

그러게요.

ᅳ 아이, 제:가 실실거리구 욱:꼬 그래서 그래나 봐요, 아마.

늘 발근 표정으로, 발근 표정을 가지고 게시니까, 그, 얼구레두 고생해따는 표시가 안 나지요.

ᅳ 그래서 그런지는 모르겐는데 그러드라구요. 그냥 그래서. 내가 또 장사 나가구 그러므는 참:: 행보칸 사라므로 보구 사람드리. [웃음] 기냥 화장이나 싹 해구 나가구 그러니까뇨. 그래서 혼자 시고레서 진짜 혼자 사를려며뇨,[19] 처메는 참:: 야:니꼰 이:리 마:나요. 혼자 딱 되니까 사라믈 까라뭉기더라구요.

그런데 지금은 무얼 해주면, "나 그것 가지고 싶었는데. 그것 참 좋은." 예, 겉면이라도 그렇게 하니까. "어떻게 그렇게 마음에 들게 사왔냐?" 그러고. 그것을 고쳐서 그렇게 하는데.

그러니까 그 남편 하나 무너졌다는 것이 그만큼 타격이 큰 것 같아요. 그래서 한 번이라도 내가 그냥 정말 기쁘고 그냥 어쩔 줄 모르게 좋은 것 그런 것을 못 느껴 보았어요. 남 보면 그냥 껄껄대고 웃고 그냥 좋은 것처럼 넘어가는데. 그 항시 여기에 있는 것 같아요.

그것이, 모르는 사람은 조암 같은 데 가면 친분 있고 그런 사람은 참 내가 행복해 보이고 뭐 그런다고 하는 사람도 있어요. 그냥 걱정도 없고 뭐. 어떤 사람은 또 그래요. "일도 안 하나봐." 이러는 사람도 있어요. "야, 나보다 일을 더한 사람이 있으면 나와(봐라.)" [웃음] 그냥 논에 가서 논을 혼자 훔치다가 그냥 그 넓은 논에 와서 논을 훔치다가 또 수렁이 있잖아요? 그러면 수렁에 퐁당 빠질 때도 있고. 참 그러는데도 모르는 사람은 "아줌마 일 안 하나봐." 이러는 사람이 있더라고요. 뭐라고 [웃음] 말을 할 수가 없어, 내가. 나를 보면 일을 그렇게 안 했다는 거예요, 사람들은.

그렇게 안 보이지요.

ㅡ 예, 일을 그렇게 안 했다는 거예요. 그러니까 내가 어이가 없어서. 남보다는 곱배기는 하고 남 안 하는 일을 했는데.

그러게요.

ㅡ 아이, 제가 실실거리고 웃고 그래서 그러나 봐요, 아마.

늘 밝은 표정으로, 밝은 표정을 가지고 계시니까, 그, 얼굴에도 고생했다는 표시가 안 나지요.

ㅡ 그래서 그런지는 모르겠는데 그러더라고요. 그냥 그래서. 내가 또 장사 나가고 그러면 참 행복한 사람으로 보고 사람들이. [웃음] 그냥 화장이나 싹 하고 나가고 그러니까요. 그래서 혼자 시골에서 진짜 혼자 살려면요, 처음에는 참 아니꼬운 일이 많아요. 혼자 딱 되니까 사람을 깔아 뭉개더라고요.

가튼 여자끼리 이르케 우:습께 보능거조. 그래는데, 거기에서 참 내가 마:니 그 저기를 느껴. 내가 아무리 남펴는 업찌만 내가 니이한테 그럴 피료는 엄는데. 기니깐 모:든 며니로 나만두 모탄 사라미 이르키 이, 이르키 눌:르능 거. 그래, 그런 저:기가 마:나요. 시고릴수록 더 해드라구요, 그게. 근데요, 저 그건 다 딕꾸 이러나써요. 내가 암만 혼자 사라도 할, 기냥 꾸꾸시 해나가고 저 어쩌구 그러니까 지끄믄 무시를 모태더라구요, 나를.

가마::이 보며는 내가 뭐 잘모태면 나는 그자리에서 그리키 해능게 아니라구 이르키 쏘:능 기가 좀 이써요, 내가. 그니깐 잘몬 뒝거를 보며는 모 차머요. 그거를 얘기를 해야지. 그래두 그걸 수긍을 해더라구요. 그래서, 기니까 여북캐며는 우리 시삼추니, 그 시삼춘 도러간데두 앙 가써요. 내가 잘모슨 잘모시지만. 한번 시삼추니 와가꾸, 제가 근깐 종가찝 만며느린데 저를 무시를 해능거에요. 저 그, 내쪼칠라구 핼 때 한, 가치 이르키 핼떤 저기루. "니녀니 뭔데 여기를 사느냐? 나가라." 이런시그로 그래썩꺼드뇨. 한번 그랜는데, 날더러 이게 서방 죽꾸도 고개를 빠빠치[20] 들구 산:대능거에요. 아휴, 아니, 암:만 여기가 송씨 지바니지만. 혼자 살쑤로게 나만테, 나만테 저::기해서 발펴 살 피료는 업짜나요? 암:만 업:써도 바른 말 해고 내가 마께끔 살:믄 되능건데. 그러며는 조카며느리가 암만 송:씨 지바네 소:게 사러도. 고개래두 빠빠치 들구 살면 조치.

조초. 그러케 또 경려도 해야 되는데.

⁻ 예, 근데 "저녀니 그냥 고개를." 그래가꾸. 하두 그때 부:내가꾸 진짜. 그냥, 다:믈, 속 몯 따믈 마를 칠십 노인네가 와서 마 캐대는데. 이해가 앙가는 마를. 그래서 솔찍키 저, 그거슬 떠나서, 그런데 저는 그것이 모시 바기지요. 모시 바기지요. 그래가지고 그 시삼촌 돌아가는데 안 가써요. 진짜 너무나 내가 그때 바:든 충겨기 커가꾸 사호를 아라써요. 어구래구 진짜, 이, 그래가꾸. 그 진짜, 피떵이들[21] 다 놔:두구 내가 나가면 뭐 종:게 읻따구. 그두 이마만큼 장:성을 해서 보내쓰며는 그거를 조:케 생가글 해

같은 여자끼리 이렇게 우습게 보는 것이지요. 그러는데, 거기에서 참 내가 많이 그 저기를 느껴. 내가 아무리 남편은 없지만 내가 너희한테 그럴 필요는 없는데. 그러니까 모든 면으로 나만도 못한 사람이 이렇게 이, 이렇게 누르는 것. 그래, 그런 저기가 많아요. 시골일수록 더 하더라고요, 그것이. 그런데요, 저 그것 다 딛고 일어났어요. 내가 아무리 혼자 살아도 할, 그냥 꿋꿋이 해나가고 저 어쩌구 그러니까 지금은 무시를 못하더라고요, 나를.

가만히 보면 내가 뭐 잘못하면 나는 그 자리에서 그렇게 하는 것이 아니라고 이렇게 쏘는 기가 좀 있어요, 내가. 그러니까 잘못 된 것을 보면 못 참아요. 그것을 얘기를 해야지. 그래도 그것을 수긍을 하더라고요. 그래서, 그러니까 여북하면 우리 시삼촌이, 그 시삼촌 돌아간 데도 안 갔어요. 내가 잘못은 잘못이지만. 한번 시삼촌이 와가지고, 제가 그러니까 종갓집 맏며느리인데 저를 무시를 하는 거예요. 저 그, 내쫓으려고 할 때 한, 같이 이렇게 했던 저기로. "네 년이 무언데 여기를 사느냐? 나가라." 이런 식으로 그랬었거든요. 한번 그랬는데, 나더러 이게 서방 죽고도 고개를 빳빳이 들고 산다는 거예요. 아휴, 아니, 아무리 여기가 송 씨 집안이지만. 혼자 살수록 남한테, 남한테 저기해서 밟혀 살 필요는 없잖아요? 아무리 없어도 바른말 하고 내가 맞게끔 살면 되는 것인데. 그러면 조카며느리가 아무리 송 씨 집안에 속에 살아도. 고개라도 빳빳이 들고 살면 좋지.

좋지요. 그렇게 또 격려도 해야 되는데.

- 예, 그런데 "저년이 그냥 고개를." 그래가지고. 하도 그때 분해가지고 진짜. 그냥, (입에) 담을, 속 못 담을 말을 칠십 노인네가 와서 막 해대는데. 이해가 안 가는 말을. 그래서 솔직히 저, 그것을 떠나서, 그런데 저는 그것이 못이 박히지요. 못이 박히지요. 그래가지고 그 시삼촌 돌아가는 데 안 갔어요. 진짜 너무나 내가 그때 받은 충격이 커가지고 사흘을 앓았어요. 억울하고 진짜, 이, 그래가지고. 그 진짜, 핏덩이들 다 놓아두고 내가 나가면 뭐 좋은 것이 있다고. 그래도 이만큼 장성을 해서 (시집) 보냈으면 그것을

야하는데, 와서 그러케 해, 해대니. 그래서 이제 지끄븐 저, 그때 나를 발블라구 핸 아줌마드리 지그븐 다 기냥 저:기루 해더라구요.

다 세상 떱, 떱찌요?

ˉ 아니요. 인제 우리 또래가 인제, 나를 이르케 누른 사람, 핼라구 핸 사람드리 지그븐 자기들보다 내가 더 잘 다니구. 우리는 일녀네 우리 저:기루다가 저 아래쪼기구 어디구 인저 기냥 서락사니구 어디구 그냥, 두:군데씩 해서 가으레 한번, 여르메 한번 이르케 다녀요, 식꾸끼리. 해외두 가지마는 그러케 마이 다니구 그냥. 그러니까 무:시를 모 태드라구요. 원:체 애:드리 자래니까. 지, 이르키 이르키 해서 이런 때두 인꾸나. 고생을 해구 나니까 이런 때두 인꾸나. 또 우리 지비 여르미며는 저:기 대문까네 고 의자 인는데 안자쓰면 여자구 남자구 다 와요, 저이 지베를. 하루에 어떤 때는 커피가 스무잔두 더 타구, 그냥. 그리키 잘 와요, 사람드리.

사라믈 방갑게 잘 대접하니까.

ˉ 아네요. 저 대무니, 대문깐 인는데가 시워내요, 저이 지비. 그래서 어떤 때는 내가 무늘 잠거요. 낟짬을 자구 시퍼두 잘수가 엄능거에요. 지금 차가[22] 이쓰니까 아 노능거지. 아까두 오다가 차가 이써서 갇따구 저:나를 행거에요. 게, 어떤 때는 보면, 그래서 내가 저:버네 그래써. 사람들 게이트보를 치러 가서. "인간드라, 무니 잠겨쓰면 왜 무늘 자꾸 흔드느냐? 기냥 가지." 그래서 무니 고:장이 자꾸. 그래서 고:장이 나서 세:번째 가라써요, 세:번째. 그래, 내가 자능걸 알거등, 어떤 때는. 그래니까 자꾸 흔드능거에요, 그거를. 그러니까 그게 고:장이 나가꾸.

그래두 그거를 내가 이르키 어떤 때는, "지베서들 머거. 제발 좀 와서 달래지 말구." 인저 그르케 그러면 그냥 농으로 아라드러요, 그걸. 그거를 이르케 삐지거나 섭서패게 듣찔 안터라구요. 그니깐 그게 또 조킨 조아요. 게서 항시 저이 지베는 사라미 마니 와요. 인:능거만 알면 다 와요. 그래서 게이트볼 안 칠 때에는, 오면 저녁때까지 앙 가요. 그니까 점신해

좋게 생각을 해야 하는데, 와서 그렇게 해, 해대니. 그래서 이제, 지금은 저, 그때 나를 밟으려고 한 아줌마들이 지금은 다 그냥 저기로 하더라고요.

다 세상 떴, 떴지요?

– 아니요. 인제 우리 또래가 인제, 나를 이렇게 누른 사람, 하려고 한 사람들이 지금은 자기들보다 내가 더 잘 다니고. 우리는 일 년에 우리 저기로다가 저 아래쪽이고 어디고 인제 그냥 설악산이고 어디고 그냥, 두 군데씩 해서 가을에 한 번, 여름에 한 번 이렇게 다녀요, 식구끼리. 해외도 가지만 그렇게 많이 다니고 그냥. 그러니까 무시를 못 하더라고요. 원체 애들이 잘 하니까. 지, 이렇게 이렇게 해서 이런 때도 있구나. 고생을 하고 나니까 이런 때도 있구나. 또 우리 집이 여름이면 저기 대문간에 그 의자 있는 데에 앉았으면 여자고 남자고 다 와요, 저희 집에를. 하루에 어떤 때는 커피가 스무 잔도 더 타고, 그냥. 그렇게 잘 와요, 사람들이.

사람을 반갑게 잘 대접하니까.

– 아녜요. 저 대문이, 대문간 있는 데가 시원해요, 저희 집이. 그래서 어떤 때는 내가 문을 잠가요. 낮잠을 자고 싶어도 잘 수가 없는 거예요. 지금 차가 있으니까 안 오는 거지. 아까도. 오다가 차가 있어서 갔다고 전화를 한 거예요. 그래, 어떤 때는 보면, 그래서 내가 저번에 그랬어. 사람들 게이트볼을 치러 가서. "인간들아, 문이 잠겼으면 왜 문을 자꾸 흔드느냐? 그냥 가지." 그래서 문이 고장이 자꾸. 그래서 고장이 나서 세 번째 갈았어요, 세 번째. 그래, 내가 자는 것을 알거든, 어떤 때는. 그러니까 자꾸 흔드는 거예요, 그것을. 그러니까 그것이 고장이 나가지고.

그래도 그것을 내가 이렇게 어떤 때는, "집에서들 먹어. 제발 좀 와서 달라고 하지 말고." 인제 그렇게 그러면 그냥 농으로 알아들어요, 그것을. 그것을 이렇게 삐치거나 섭섭하게 듣지를 않더라고요. 그러니까 그게 또 좋기는 좋아요. 그래서 항시 저희 집에는 사람이 많이 와요. (제가) 있는 것만 알면 다 와요. 그래서 게이트볼 안 칠 때에는, 오면 저녁때까지 안 먹꾸 머해구 그냥. 그냥, 그러면 정신때, 인간들 앙가냐구 그래구 그랜는데. 그거를 노엽께 생각 안 해드라구요. 그게 조아요.

예, 그러케 생각하고 오지 앙켇서요?

ㅡ 그니까 사라믄 더부러 사능거라, 제가 그걸 마:이 느껴요. 내가 뭐:를, 요즈메는 이제 바테서 뭐:를 해든가 하며는 트미 이써서 남자구 여자구 남자드리 지나가다가 기냥 가질 앙쿠 거:드러 줘:요. '아, 머근 가블 해능구나.' 그 와서 커피 가틍거 내가 뭐 이쓰면 애드리 사온채 주구 매기구 그래거드뇨. 그래면 나는 매기능거루 하능거구, 그 사람드른 내가 힘드러해게 해능거를 도와줘요. 게:서 이래서 더부러 사능거다. 예, 중거만큼 주고 받꾸. 다 헐꺼가 업:꾸. 게 어떤 사람드른 뭐, "경이 엄마는 인떠기 마너. 인떠기 마너." 이래는데.

베풀지 앙코 어떠케.

ㅡ 예, 그래서 기냥 몯 찌나가요, 남자드리. 내가 뭘: 해는걸 보며능 거드러줘요. 그래서 '아, 그래 저이가 머근 가븐[23] 그래.' 나는 매기구 당신드른 와서 나 그 힘들 때 쪼끔 도와주믄 참 그게 히미 되거드뇨. 그래서 혼자는 모 싸능거 간때는걸 느끼더라고요.

가요. 그러니까 점심해 먹고 무엇하고 그냥. 그냥, 그러면 점심 때, 인간들 안 가냐고 그러고 그랬는데. 그것을 노엽게 생각 안 하더라고요. 그게 좋아요.

예, 그렇게 생각하고 오지 않겠어요?

 그러니까, 사람은 더불어 사는 것이라, 제가 그것을 많이 느껴요. 내가 무엇을, 요즘에는 이제 밭에서 무엇을 하든가 하면 틈이 있어서 남자고 여자고 남자들이 지나가다가 그냥 가지를 않고 거들어 줘요. '아, 먹은 값을 하는구나.' 그 와서 커피 같은 것이 내가 뭐 있으면 애들이 사온 채로 주고 먹이고 그러거든요. 그러면 나는 먹이는 것으로 하는 것이고, 그 사람들은 내가 힘들게 하는 것을 도와주어요. 그래서 이래서 더불어 사는 것이다. 예, 준 것만큼 주고 받고. 다 헛것이 없고. 그러기에 어떤 사람들은 뭐, "경이 엄마는 인덕이 많아. 인덕이 많아." 이러는데

베풀지 않고 어떻게.

 예, 그래서 그냥 못 지나가요, 남자들이. 내가 무얼 하는 것을 보면 거들어줘요. 그래서 '아, 그래 저희가 먹은 값은 그래.' 나는 먹이고 당신들은 와서 나 그 힘들 때 조금 도와주면 참 그것이 힘이 되거든요. 그래서 혼자는 못 사는 것 같다는 것을 느끼더라고요.

■ 주석

1) '함박꼬시'는 명사 '함박꽃'과 어미 '-이'로 분석된다. '함박꽃'의 표준어형은 '함박꽃'이다. 그런데 '꽃'의 중세국어형은 '곶'이고 근데국어형으로는 '꽃'이 있다. 그러므로 '꽃'의 'ㅅ'는 'ㅊ'에서 변한 것이라 하겠다. 이와같이, 표준어에서 'ㅊ'을 가지는 명사는 이 지역어에서 'ㅅ'을 가지는 것으로 변했다.

2) '꼬빠슬'은 명사 '꼬빳'과 어미 '-을'로 분석된다. '꼬빳'의 둘째 음절에 대한 표준어형은 '밭'이다. '밭'은 중세국어에서도 동일한 어형을 가지고 있었다. 그러므로 '고빳'에 있는 'ㅅ'는 'ㅌ'에서 변한 것이다. 이러한 변화는 'ㅌ〉ㅊ〉ㅅ'의 과정을 거친 것으로 본다.

그러나 제보자는 '밭'을 사용하기도 한다. 그러니까 '밧'과 '밭'이 제보자의 어휘부에 공존하고 있다고 하겠다.

3) 표준어 명사 '바깥'에 대하여 제보자는 '배깥'과 '배꽃'을 사용한다. '배꽃'은 어미 '-으로'와 통합하고 '배깥'은 어미 '-에(서)'와 '-을'과 통합한다. 표준어 명사 '밭'(田)에 대하여 '밧'이 사용되는 것으로 보면, '배깟'이 사용될 수 있을 것으로 보이는데, 이 구어자료에서는 그 어형이 발견되지 않는다.

4) '쟁견는데'는 동사어간 '쟁기-'와 과거표시 선어말어미 '-언-'과 어미 '-는데'로 분석된다. 선어말어미 '-언-'의 표준어형은 '-었-'이고 이것은 제보자의 말에서도 발견된다. 그러니까 '-었-'의 'ㅆ'가 어미초의 'ㄴ' 앞에서 평파열음소화하여 'ㄷ'로 되고 다시 'ㄷ'가 어미초의 'ㄴ'에 동화되어 'ㄴ'로 된 것이다.

이와는 달리, 동사의 어간 '쟁기-'의 표준어형은 '잠기-'이다. 두 어형을 대조하여 보면, '쟁기-'는 '잠기-'에서 첫째 음절말의 'ㅁ'가 둘째 음절초의 'ㄱ'에 동화하여 'ㅇ'이 되고 첫째 음절의 'ㅏ'가 둘째 음절의 'ㅣ'에 영향을 받아 'ㅐ'로 된 것이다. 표준어 동사어간 '먹이-'에 대하여 '메기-'가 사용되는 것도 그러한 예이다.

5) '점시늘'은 명사 '점신'과 어미 '-을'로 분석된다. '점신'의 표준어형은 '점심'이다. 제보자는 '점심'을 사용하지만, '점신'도 사용한다. '점신'의 경우, 둘째 음절말 자음소 'ㄴ'가 'ㅁ'로 변한 이유는 설명할 수 없다.

6) '쟁견는데'는 앞에서 나온 것은 '쟁견는데'였다. 둘째 음절초의 'ㄱ'가 'ㅋ'로

바뀐 것은 설명하기 어렵다. '무는 쟁켠는데〈문은 잠겼는데〉'와 '열대로 쟁켠는데〈열쇠로 (문을) 잠갔는데〉'에서 전자는 자동사 구문이고 후자는 타동사 구문이다. 화맥으로 보면, 제보자는 자기가 열쇠로 문을 잠갔다는 사실을 말하려고 한 것으로 보인다. 그런데 '쟁기-'는 피동사이므로 그것을 타동사로 만들려고 하는 심리가 작용하여 그 과정에서 'ㄱ'를 'ㅋ'로 바꾼 것으로 추정된다.

7) 표준어 어간 '어떻-'에 대하여 제보자는 '어떻-'와 '어텋-'를 사용한다. 두 어간 사이에 다른 점은 'ㄸ'와 'ㅌ'이다. 이 어간에 대한 전 시기의 어형은 'ㄸ'를 가지고 있는 것이므로 'ㅌ'는 'ㄸ'에서 변한 것이다. 'ㄸ〉ㅌ'의 변화는 국어사에서 규칙적인 것이라고 할 수 없다. 그러나 동사어간 '넘어뜨리-'(使倒)가 지역어에 따라 '넘어트리-'로 사용되는 것을 보면 이 예도 그러한 변화에 속하는 것으로 보인다.

8) '꺼떠터믄'은 상태동사 어간 '꺼떠터-'와 어미 '-믄'으로 분석된다. 어간 '꺼떠터-'는 부사 '꺼떹'에 파생접미사 '허-'가 통합한 파생어이다. 어미 '-믄'은 '머그믄'에서 보듯이, '-으믄'이 형태소이며 이 어미의 표준어형은 '-으면'이다.

그리고 파생접미사 '허-'는 표준어 파생접미사 '하-'에 해당하는 것인데, 그것들은 전 시기의 'ᄒᆞ-'에서 변화된 것이다. 다시 말하면, 어두에서 일어난 'ㆍ〉ㅏ'라는 일반적인 변화에 의해 형성된 것이 '하-'이고 어두에서 'ㆍ〉ㅓ'라는 특수한 변화에 의해 형성된 것이 '허-'이다. 'ᄒᆞ-〉허-'의 변화는 한반도의 서부지역어에서 그 세력이 강했던 것으로 알려져 있다. 이런 변화를 보이는 것으로 'ᄂᆞᆷ'(他人)에 대한 '넘'을 들 수 있다. 이 단어는 '남'으로 변한 것이 일반적이다.

부사 '꺼떹'의 표준어형은 '결핏'이나 '자칫'이다. 그러나 동남방언의 하위방언에서는 '꺼떡'이나 '까딱'이 사용된다. 이들 어형들과의 관계에서 '꺼떹'은 '꺼떡'에서 어간말의 'ㄱ'가 'ㄷ'로 변하여 형성된 것으로 생각된다.

9) 명사 '입때'의 표준어형은 '이때'이다. 앞에서 제보자는 표준어 명사 '저때'에 대하여 '접때'를 사용하는 것을 보았는데, 단어 내부의 'ㅂ'는, '때'가 중세국어 시기에 어두 자음군 'ㅲ'을 가진 'ᄣᅢ'였기 때문에, 'ㅲ'가 경음소로 되기 전에 그 'ㅂ'가 반영된 것이다.

10) '남편'을 지칭한다.

11) '어티기'의 표준어형은 '어떻게'이다. 그러므로 '어티기'는 어간 '어티-'와 어미 '-기'로 분석된다. 먼저 어미 '-기'는 어미 '-게'에서 모음소 'ㅔ'가 'ㅣ'로 되는

변화를 거쳐서 형성된 것이다. 이 어미는 다음 문장에 있는 '이르키'에서도 발견된다.

문제는 어간 '어티-'에 대한 설명이다. 이 어간은 앞에서 표준어형 '어떻-'에 대한 제보자의 어형 '어텋-'와의 관계에서 논의될 수 있다. '어텋-'로부터 '어티-'가 형성되려면, 먼저 어간말의 'ㅎ'가 탈락되고 어간말 음절 모음소가 'ㅓ'가 'ㅔ'로 되는 과정이 있어야 한다. 그것이 가능한 것은 어미 '-기'의 모음소 'ㅣ'에 의한 동화 즉, 움라우트이다. 그런데 형태소 경계에서 어미의 모음소 'ㅣ'에 의한 동화가 이 지역어에 공시적으로 존재하지 않는다.

그러므로 '어티-'의 형성과정에 대한 합당한 설명은 불가능하다. 이해가 가능한 한 가지 가정은 '어티기' 자체가 다른 지역어로부터 차용된 것으로 보는 것이다.

12) '제보자가 남들과 같이 놀러갈 경우에 동네 사람들이 비웃는다'고 시어머니가 말했다는 것

13) 막내딸이 어머니와 자기 사이에 있었던 일을 언니들에게 알렸다는 것.

14) '후저꾸'는 어간 '후젓-'과 어미 '-구'로 분석된다. 어간 '후젓-'의 표준어형은 '휘젓-'이며 그 중에서 '휘'는 '마구'나 '매우 심하게'의 의미를 가진 접두사이다. 그러니까 제보자가 사용하는 어간의 첫음절 '후'는 '휘'에서 'ㅣ'가 탈락한 것이다. 이중모음소 'ㅟ(wi)'는 중세국어 시기에는 이중모음소 'ㅟ(uj)'였다 이 사실을 고려하면, '후'는 이중모음소 'ㅟ(uj)'에서 활음소(j)가 탈락하여 형성된 것이다.

15) '이:뿌구'는 어간 '이:뿌-'와 어미 '-구'로 분석된다. 어간 '이뿌-'의 표준어형은 '예쁘-'이다(장모음소 표시 하지 않음). 표준어형은 '이뿌-'보다는 전 시기의 것이므로 어간 '이뿌-'는 첫음절 모음소가 'ㅖ〉ㅔ〉ㅣ'의 변화를 거치고 둘째 음절 모음소가 원순모음소화 즉, 'ㅡ〉ㅜ'의 변화를 거친 다음에 형성된 것이다.

16) '요거리'의 표준어형은 '욕지기질' 이며 다른 말로는 '구역질'이다.

17) '겨웁께'는 어간 '겨웁-'과 어미 '-께'로 분석된다. 어간 '겨웁-'과 어미 '-께'의 표준어형은 각각 '겹-'과 '-게'이다. '겹-'은 두 개의 어간 즉, 복합어간(다른 말로는 복합기저형)을 가진다. 자음소로 시작하는 어미와 통합하는 어간 '겹-'과 모음소로 시작하는 어미와 통합하는 어간 '겨우-'가 그것이다. 그런데 서남방언과 중부방언에서 이러한 복합어간 중 자음소로 시작하는 어미와 통합하는 것을 '겨웁-'형으로 사용한다. 표준어 어간 '밉-'(憎)과 '그립-'(慕)에 대하여 각각 '미웁-'과 '그리웁-'으로 사용하는 것이 그것이다. 이러한 사실은 화자

들이 '겹-'과 '겨우-', '밉-'과 '미우-', '그립-'과 '그리우-'를 하나로 단일화시키려고 한다는 것을 말해주며 그것은 또 '겨우-'와 '미우-'와 '그리우-'를 복합어간의 하나로 인식하고 있다는 것을 말해준다.

18) '오여'는 어간 '오이-'와 어미 '-어'로 분석된다. 어간 '오이-'의 표준어형은 '외-'(非)이다. 현대국어에서 '외'는 단모음소 '외(ö)'이거나 이중모음소 '외(we)'이지만, 중세국어에서는 이중모음소 '외(oj)'였다. 제보자가 사용하는 어간 '오이-'는 중세국어의 이중모음소 '외(oj)'에서 활음소 j가 음절화하여 'ㅣ'로 된 것이다.

19) '사를려며뇨'는 어간 '살-'과 어미 '-을려면'과 어미 '-요'로 분석된다. 어미 '-을려면'의 표준어형은 '-으려면'이다. 어미 '-으려면'은 18세기 문헌어에서부터 출현하지만 어미 '-을려면'은 20세기 문헌에서 비로소 출현하는데, 그 수는 매우 적다. 현대국어의 경우, 이 어미에 대한 동남방언형은 '-을라몬'이다. 따라서 어미 '-을려면'은 다른 방언의 간섭에 의한 것일 가능성이 크다.

20) '빠빠치'의 표준어형은 '빳빳이[빠빠시]'이다. 제보자의 어형과 표준어형 간의 차이는 'ㅊ'와 'ㅅ'이다. 표준어형이 국어에서 일반적인 것이라는 점에서 'ㅊ'는 'ㅅ'에서 변한 것이라 하겠는데, 그러한 변화는 국어사에서 발견되지 않는다.

어떤 자음소가 'ㅊ'로 실현되는 다른 예로는 표준어의 명사말 'ㅌ'가 'ㅅ'로 변한 중부방언의 '팟'(팥, 赤豆)이나 '끗'(끝, 末)을 어미 '-을'과 통합할 때는 화자들이 '파츨'이나 '끄츨'로 발음하는 것을 들 수 있다. 이러한 현상이 어떻게 일어나는가를 정확하게 말할 수는 없지만, 그것은 명사의 어간말 'ㅌ'가 'ㅅ'로 변하는 과정을 반영하는 것이라고 생각한다. 다시 말하면, 표준어에서 명사의 어간말 'ㅌ'가 'ㅅ'로 변한 것은 'ㅌ'에서 'ㅅ'로 직접 변한 것이 아니라 'ㅌ'가 'ㅊ'로 되고 다시 'ㅊ'가 'ㅅ'로 변한 것임을 반영하는 것이다.

간단히 정리하면 다음과 같다. 명사말 'ㅌ'는 주격이나 계사와 통합하여 'ㅊ'로 되고 명사말의 'ㅊ'는 평파열음소화에 의해 'ㄷ'가 된다. 그러나 그때의 'ㄷ'는 'ㅅ'로 표기된다. 그리고 그 표기형이 그대로 형태소화한 것이 현대 중부방언이다.

중부방언 화자들이 표준어 명사 '팥'이나 '끝'이 어미 -'이'나 '-으로' 등과 통합할 때에는 각각 '파시, 파스로'나 '끝시, 끄스로'라고 하면서도 어미 '-을'이나 '-에'와 통합할 때에는 각각 '파츨, 파체'나 '끄츨, 끄체'로 하는 것은 'ㅅ'로 변화하기 전 단계의 모습을 반영하는 것이라고 하겠다

21) 아주 어린애들

22) 조사자가 타고 온 차를 말함.

23) '가븐'은 '갑-은'으로 분석되는데 '갑'은 '값'(價)에서 어간말 자음소군의 단순화에 의해 'ㅅ'가 탈락한 것이다.

환갑 이후

황가븐 어떠케 지내써요?

ㅡ 환:가블 하자구 그러는데 제가 절::때 반대해써요. 난 그 자리에 안 갈 테니까 아러서 하라구. 환:가파는 대신, 환:가패구 거기 안저 우를릴 인냐고, 나 혼저 돨:때능거 광고해구 시프냐구, 기냥 우리 가족끼리 여행가자 그래가꾸서는 제주도 가써요. 온: 가조기 다. 겨울, 근까[1] 제가 음녁 십이월 이심뉴기리니까 구정 임바캐서자나요? 그니까 애:들 방학캐구 그때 기냥. 그 온: 가조기 다 가서 도라다닐래니까 환:갑 차리능거보다 더 마니 드러가요, 애:드리 도:니.

그래서 손자가 인제 여:서시거드뇨. 저, 크내네 둘:, 둘:째네 아들 둘:, 위루두 아들 둘:, 세:째네 아들 하나, 망내딸레 따 라나 그래요. 그래서 여섣. 기냥 제주도 가자구 그래가꾸 제주도 가서. 그게 더 재믿께 지냉거 가태요. 사:박 오일 그냥 저기 해가꾸. 열다섣 식꿍가 멷 식꾸야? 차 하나 기냥 렌드카 빌려서 기냥 우리가 운저나구 다니면서 맘노쿠 그냥, 다니면서 머글꺼 다 먹꾸. 아, 그게 조치 뭐 환:갑패서 뚱땅거려 뵐짜.

전 그거 하능거 이해 안 가는데 여기들 보면 뭐 칠순두 하구 무얻뚜 해구 그래는데 전 시러요 그냥. 그래서 저버네두 그래써요. "야!" 그때는 뭐라고 핑계핼수가 업써서. "칠십까지 살믄 그때하자." 그랟꺼등요. 근데 지금 또 달라저써요, 인제 마으미. 그래서 아 내요, 전. 그렁거 시러요. 남 하능거는 다녇찌마는 그게 실트라구요. 그래서, "나 칠십되며는 또 제주도나 또 가자." 그랟떠니 "아, 그래 엄마, 그게 조치." 그래더라구요.

환갑은 어떻게 지냈어요?

– 환갑을 하자고 그러는데 제가 절대 반대했어요. 나는 그 자리에 안 갈 테니까 알아서 하라고. 환갑하는 대신 환갑하고 거기 앉아 울 일이 있냐고, 나 혼자 되었다는 것 광고하고 싶냐고, 그냥 우리 가족끼리 여행가자 그래갖고서는 제주도 갔어요. 온 가족이 다. 겨울, 그러니까 제가 음력 십이월 이십육일이니까 구정 임박해서잖아요? 그러니까 애들 방학하고 그때 그냥. 그 온 가족이 다 가서 돌아다니려고 하니까 환갑 차리는 것보다 더 많이 들어가요, 애들이 돈이.

그래서 손자가 인제 여섯이거든요. 저, 큰애네 둘, 둘째네 아들 둘, 위로도 아들 둘, 셋째네 아들 하나, 막내딸네 딸 하나 그래요. 그래서 여섯. 그냥 제주도 가자고 그래가지고 제주도 가서. 그것이 더 재미 있게 지낸 것 같아요. 사박 오일 그냥 저기 해가지고. 열다섯 식군가 몇 식구야? 차 하나 그냥 렌트카 빌려서 그냥 우리가 운전하고 다니면서 마음 놓고 그냥, 다니면서 먹을 것 다 먹고. 아, 그것이 좋지 뭐 환갑해서 뚱땅거려 보았자.

저는 그것 하는 것이 이해가 안 가는데 여기들 보면 뭐 칠순도 하고 무엇도 하고 그러는데 전 싫어요 그냥. 그래서 저번에도 그랬어요. "야!" 그때는 뭐라고 핑계할 수가 없어서. "칠십까지 살면 그때 하자." 그랬거든요. 그런데 지금 또 달라졌어요, 인제 마음이. 그래서 안 해요, 저는. 그런 것 싫어요. 남 하는 것은 다녔지마는 그것이 싫더라고요. 그래서, "나 칠십되면 또 제주도나 또 가자." 그랬더니 "아, 그래 엄마, 그것이 좋지." 그러더라고요.

"야, 그거 상차림 별거냐? 그거, 먹찌도 모타는 사탕 죽: 가따 노코서는 사진 찍꼬 그거 뭐 별걷또 아닝거 그거 실타."구 내가 그랟쪼. "그려, 엄마 하여튼 고지븐 누가 몬 말리니까." 그랜는데. 그래서 이제 그러케 생각카구 이써요.

― 그저네 시집 뭐 시부모 게시고 인저 그럴 때는 사흐리 멀다해고 체해써요. 체해요. 이르케 토:사가 나능거에요, 이르케. 그래가꾸서는 하이틍가네 엄::청 그때 기양. 그냥 꺼뜬태면 체해능거에요, 거뜬태면. 개:서 그게 싱:경썽잉거 가태요.

아무래도 그러켄네요.

― 왜냐믄 이르케 인저 그래서 소:기. 어떤 사라믄 속 상해며는 바블 더 멍는대는데 저는 이러키 속상해:거나 이르케 안 존: 이리 이쓸 때 바블 머그믄 기냥 체해버려요. 소화를 모 시키고 체해버려요 그냥. 그래서 저, 시부모님허구 게시니까요. 우리 어머니미 무서워써요. 그래서 그런지 몰라도 기냥 노:다지 체해구 그냥 이러니까, 하이틍가네 너는 속:또 하이튼 이상한 소기라구 시어머니가 그 소리까지 해션는데.

지그믄 그때보다 마:니 조와젿쪼. 엄청 조와젿쪼. 그러구 그때는 뭐, 먹꾸 살기두 힘드니까 약까틍건뚜 뭐 머글 겨르리 업쪼. 근:데 애:드리 인제 저:기해다보니깐 야글 마이 해다 주자나요. 그래서 조와징건지. 조와젇껃쪼. 그래서 그래 점뻐네도 지금 양. 깅:까 오월딸까지 머건나? 그 저:기 사슴 저 고:창쪼게 머 방목캐는 사래미 인는데 우리 큰사위 칭구여가꼬 그거를 해마닥 한제씩 해오더라구요, 사위가. 근:데

노공 마리조?

― 깅깐 사스믈 자버서 약째하구 인제 해능거. 노공이 아니구 사스믈 자버서 그 과:서 인제 가치 해능거조. 그래는데 얼마전까지 아침만 머그머는 그::냥 배가 아퍼요. 한 숟까를 먹뜬 두 숟까를 먹뜬 화장시를 세:번 이상을 가야돼요. 괘:니 배가 아푸니까. 그래 그랜는데 그거 먹꾸나서 그

"야, 그것 상을 차리면 별 것이냐? 그것, 먹지도 못하는 사탕 죽 갖다 놓고서는 사진 찍고 그것 뭐 별것도 아닌 것 그것 싫다."고 내가 그랬지요. "그려, 엄마 하여튼 고집은 누가 못 말리니까." 그랬는데. 그래서 이제 그렇게 생각하고 있어요.

그전에 시집 뭐 시부모 계시고 인제 그럴 때에는 사흘이 멀다 하고 체했어요. 체해요. 이렇게 토사가 나는 거예요, 이렇게. 그래서 하여튼간에 엄청 그때 그냥. 그냥 걸핏하면 체하는 거예요, 걸핏하면. 그래서 그게 신경성인 것 같아요.

아무래도 그렇겠네요.

– 왜냐하면 이렇게 인제 그래서 속이. 어떤 사람은 속상하면 밥을 더 먹는다는데 저는 이렇게 속상하거나 이렇게 안 좋은 일이 있을 때 밥을 먹으면 그냥 체해버려요. 소화를 못 시키고 체해버려요 그냥. 그래서 저, 시부모님이 계시니까요. 우리 어머님이 무서웠어요. 그래서 그런지 몰라도 그냥 노다지 체하고 그냥 이러니까, 하여튼간에 너는 속도 하여튼 이상한 속이라고 시어머니가 그 소리까지 하셨는데.

지금은 그때보다 많이 좋아졌지요. 엄청 좋아졌지요. 그리고 그때는 뭐, 먹고 살기도 힘드니까 약 같은 것도 뭐 먹을 겨를이 없지요. 그런데 애들이 인제 저기하다보니까 약을 많이 해다 주잖아요. 그래서 좋아진 것인지. 좋아졌겠지요. 그래서 그래 전번에도 지금 양. 그러니까 오월달까지 먹었나? 그 저기 사슴 저 고창 쪽에 뭐 방목하는 사람이 있는데 우리 큰사위 친구여서 그것을 해마다 한 재씩 해오더라고요, 사위가. 그런데

녹용 말이지요?

– 그러니까 사슴을 잡아서 약재하고 인제 하는 것. 녹용이 아니고 사슴을 잡아서 그 고아서 인제 같이 하는 것이지요. 그런데 얼마 전까지 아침만 먹으면 그냥 배가 아파요. 한 숟가락을 먹든 두 숟가락을 먹든 화장실을 세 번 이상을 가야 돼요. 괜히 배가 아프니까. 그래 그랬는데 그거 먹고 나서

게 업써저써요. 그 아침 머그먼 배 아펄떤게 업써저써요. 그래서 그 뭐 저 서루, 내가 혼자 먹끼 시르니까 뭐 쫌, 쫌 해면 또 오라구 그래서 매, 가치 멍는 사라미 이꺼등요? 그믄 나 배 아푸다구 또 (불분명) 왜 아침만 머그믄 그래냐구 그래썬는데 기냥 그거 먹꾸 나서 그게 업써저써요.

그그 참.

‾ 깅깐 어딘가에는 이르케 보야기래능게 한가지구 조와지능게 인나봐요. 이버네 확:시리 그거 먹꾸 그게 업써저써요. 아, 걷:또 모 쌀걷떠라고요.[2] 밥 한 숟까라글 머거도 그냥 줘:뜬능거 모냥 아푼데. 에, 기양 먹짜마자 배 아푸다구 그냥 연실 화장시를 가능거예요 기냥. 배 아푸다구. 깅까 밤 메긴 사람두 미아나조. 그 요:샌 그걸 몰르걷떠라고요. 그래서 그래, 뭐이 트:::키 이러키 그냥 탁 기우니 나등가 그렁거는 아니어두 어딘가에 한가지래두 조와지능건 인나부다. 개까 주로 제 야글 해올래며는 저의 다리를 잘 목 꺼럳때능거 그렁거가 익꼬, 혀라비 놉때능거 아니까 그런 야글 막 조:제를 그렁거로 해:서 애:드리 꼭 해오거드뇨. 기니까 아까: 가튼, 조기 가튼 경우도 아주 먹께끔, 아주 먹께끔 해:서 그러케 해서 그냥 가주와요.

아, 해가지고 옹거네요?

‾ 에, 따:리 큰따리 꼭:: 다 기냥 이르케 먹께끔 그, 그러니깐. 에, 오래: 김장때만 김치 핵꼬 그다멘 김치를 함번두 아 내써요, 저. 아 내써요, 김치를. 왜냐허면 저 그 저 김치도 읻찌만 지금 열무김치도 인는데 좀 쉬어써요. 큰따리 해선 저, 망, 이, 그니깐 저 그, 망내따리 재주 오니까, 핻따해머는 보내요. 그러니까 핼 피료가 업써요.

그런네요.

‾ 그래 이 김장은 그니까 점점 하기가 실:쿠 인제 그래요.

그럴 때도 됄:찌요. [웃음]. 좀 펴나니 게셔야 뒈는데.

‾ 그래 올: 때 반차늘 죄 해:가꾸 드로구. 딸:드리 그래요, 저히는.

그게 없어졌어요. 그 아침 먹으면 배 아팠던 것이 없어졌어요. 그래서 그 뭐저 서로, 내가 혼자 먹기 싫으니까 뭐 좀, (음식을) 좀 하면 또 오라고 그래서 매, 같이 먹는 사람이 있거든요? 그러면 나 배 아프다고 또 (불분명) 왜 아침만 먹으면 그러느냐고 그랬었는데 그냥 그거 먹고 나서 그게 없어졌어요.

그것 참.

ˉ 그러니까 어딘가에는 이렇게 보약이라는 것이 한 가지라도 좋아지는 것이 있나 봐요. 이번에 확실히 그것 먹고 그게 없어졌어요. 아, 그것도 못 살겠더라고요. 밥 한 숟가락을 먹어도 그냥 쥐어뜯는 것 모양 아픈데. 예, 그냥 먹자마자 배 아프다고 그냥 연방 화장실을 가는 거예요 그냥. 배 아프다고. 그러니까 밥 먹인 사람도 미안하지요. 그 요새는 그것을 모르겠더라고요. 그래서 그래, 무엇이 특히 이렇게 그냥 탁 기운이 나든가 그런 것은 아니어도 어딘가에 한 가지라도 좋아지는 것은 있나보다. 그러니까 주로 제 약을 해오려면 저의 다리를 잘 못 걸었다는 것 그런 것이 있고, 혈압이 높다는 것을 아니까 그런 약을 막 조제를 그런 것으로 해서 애들이 꼭 해오거든요. 그러니까 아까(붉은 생선) 같은, 조기 같은 경우도 아주 먹게끔, 아주 먹게끔 해서 그렇게 해서 그냥 가지고 와요.

아, 해가지고 온 것이네요?

ˉ 예, 딸이 큰딸이 꼭 다 그냥 이렇게 먹게끔 그, 그러니까. 에, 올해 김장때만 김치 했고 그다음에는 김치를 한번두 안 했어요, 저. 안 했어요, 김치를. 왜냐하면 저 그 저 김치도 있지만 지금 열무김치도 있는데 좀 시었어요. 큰딸이 (김장을) 해서는 저, 망, 이, 그러니까 저 그, 막내딸이 자주 오니까, (김장을) 했다 하면 보내요. 그러니까 할 필요가 없어요.

그렇네요.

ˉ 그래 이 김장은 그러니까 점점 하기가 싫고 인제 그래요.

그럴 때도 되었지요. [웃음] 좀 편안히 계셔야 되는데.

ˉ 그래 올 때 반찬을 죄 해가지고 들어오고. 딸들이 그래요, 저희는.

딸드리 마으미 그러케 편치는 안케씀미다, 혼자 두고 이스니.

ˉ 그래두 지그믄 인자 괜차는데.

아지근 괜찬치요.

ˉ 처으메는, 처으메 애들 겨론 시키고 그래쓸 때는 참 목 껸디걷떠라구요. 그래서 보내구 울:고 그냥 막 이런시기로 그랜는데 인제 지그믄 그게 달:려니 돼:서 그냥 괘차나요.

다 인처네 이슴미까?

ˉ 에, 다:: 인천 사라요. 그러니깐 형제드리 멀:리 사능거보다 가깍께서 인능게 조아요. 으:리가 조와지고, 머 하다모태 인제 뭐 좀 색따릉거 하며는 서로 왇따갇따 마이. 서로가 만나는 비유리 엄:청 가깝쪼. 처:녀 때보다 더 잘 만나고 그래요, 지끄믄.

다 직짱이 이스니까, 남편드리.

ˉ 에.

일시에 휴가를 가치 내:가지고 모이는 기회가 아니며는 함께 모이기는 쉽찌가 안케꾼뇨, 이료일이나 명절 때.

ˉ 그런 때는 명절 때 정월 초하룬날 정:신때 지나면 오후에 다:: 와요. 명절 때도 파뤄래도 정:심때 지나면 다:: 와요. 그게 기냥 무슨 이 저:기, 그러키 해야 된대는싱 모냥. 정월 초하룬날두 다:: 그날 다 사우이 따리오고. 명절 때두 그날 오후에는 다 와요. 그니까 그 시부모허구 가치 살자나요, 크내가. 근데 시부모가 잘 해시능거조. 왜냐면 먹꾸 이스면, 먹꾸나면, "빨리빨리 해구 가라." 엄마 혼자 이쓰니까 가라는시기로. 그게 쉬웅게 아니조. 그니까 고막꼬. 또 그망큼 또 메느리가 또 잘 하니까.

잘 하니까 그런며니.

ˉ 에, 그렁게 인는데 그러케 해다 보니까 아주 우리 저:기는 이, 그러키 돼:버려써요 그냥. 정월 초하룬나른 세상 업써도 다 와야, 오고, 팔월 명저레 다 오고 그런시기루.

딸들이 마음이 그렇게 편하지 않겠습니다, 혼자 두고 있으니.

ㅡ 그래도 지금은 인제 괜찮은데.

아직은 괜찮지요.

ㅡ 처음에는, 처음에 애들 결혼 시키고 그랬을 때는 참 못 견디겠더라고요. 그래서 보내고 울고 그냥 막 이런 식으로 그랬는데 인제 지금은 그게 단련이 되어서 그냥 괜찮아요.

(딸들이) 다 인천에 있습니까?

ㅡ 예, 다 인천 살아요. 그러니까 형제들이 멀리 사는 것보다 가깝게 있는 것이 좋아요. 의리가 좋아지고, 뭐 하다못해 인제 뭐 좀 색다른 것을 하면 서로 왔다갔다 많이. 서로가 만나는 비율이 엄청 가깝지요. 처녀 때보다 더 잘 만나고 그래요, 지금은.

다 직장이 있으니까, 남편들이.

ㅡ 예.

일시에 휴가를 같이 내어서 모이는 기회가 아니면 함께 모이기는 쉽지가 않겠군요, 일요일이나 명절 때.

ㅡ 그런 때는 명절 때 정월 초하룻날 점심때가 지나면 오후에 다 와요. 명절 때도 팔월에도 점심때가 지나면 다 와요. 그게 그냥 무슨 이 저기, 그렇게 해야 된다는 식처럼. 정월 초하룻날도 다 그날 다 사위와 딸이 오고. 명절 때도 그날 오후에는 다 와요. 그러니까 그 시부모와 같이 살잖아요, 큰애가. 그런데 시부모가 잘 하시는 것이지요. 왜냐하면 먹고 있으면, 먹고 나면, "빨리빨리 하고 가거라." 엄마 혼자 있으니까 가라는 식으로. 그게 쉬운 것이 아니지요. 그러니까 고맙고. 또 그만큼 또 며느리가 또 잘 하니까.

잘 하니까 그런 면이.

ㅡ 예, 그런 것이 있는데 그렇게 하다가 보니까 아주 우리 저기는 이, 그렇게 되어버렸어요 그냥. 정월 초하룻날은 세상없어도 다 와야, 오고, 팔월 명절에 다 오고 그런 식으로.

동서들 사이도 아주 가깝께슴미다, 서로.

ㅡ 그래서 저희는 이제 저, 고기, 그니까 애:들도 여기로 오면 고기 파:티를 배까테서 해는줄 아라요. 바까테서 구어와 여기서 먹꺼드뇨. 그니까 모여서 배까테서 인자 고기 구워 먹꾸 인제 이르케 하구. 겨, 저:기 인저 생선 가틍거, 마쌀 간틍걷또 또 사다가 또 거기서 구워 먹꼬.

뭐 아주 장소가 아주 조:씀니다.

ㅡ 예. 저히는 그냥 그래서 어떤 때는 여름 가튼 때 인자 남드른 이:를 그냥 해느냐고 바테 다 인는데 우리는 그냥 암마:당에서 그냥 그거꺼정 구워 먹꾸 그래다 보며는 내가 "야, 좀 그 미안항걷뚜 갇따." 내가 그러며는 "이게 다 엄마 보기야." 그래요.

그러고 일려니며는 한 두어축씩[3] 가으리구 보미구 이러키 가족끼리 이러키 멀리 여행을 가요. 하루 댕일치기두 갇따오고, 자고 오능걷또 가고 그래요. 왜냐면 이제 장녀네두 송니산, 송니산 인는데 뭐 저:기 약초가 파는데가 이따나.

그래는데 그게 이린당 이:만 오처눠니덩가? 이린당 박까비. 그래니까 우리 식꾸가 이르케 정:신 한때를 머글래면 멸심마눠니 왇따갇따 해요. 그래 인제 그런데를 차저 다니며 머거요. 그러면 세상업써도 그런데는 나를 데리구 간대는 그런 저:길 가꾸, 저 피서를 가두 나를 데리구 가야 된대는 이런 저:기를 해서.

제가 또 무를 조와하니까. 수영을 모태도 투부만 이쓰면 얼마든지 해니까. 그냥 투부 하나씩 이러키 인저 누구꺼 누구꺼 그냥 다 이써각꾸 이르케 그냥 마이 다녀요. 그렁거를 우리는. 그러니까 시고레서 살면서 그러기 다니는 사라미 쉽:찌 앙커등요. 기니까 제가 따를 잘 란나바요.

그러치요.

ㅡ 그게 다 아드리라면.

그리하기 어렵습니다.

동서들 사이도 아주 가깝겠습니다, 서로.

ㅡ 그래서 저희는 이제 저, 고기, 그러니까 애들도 여기로 오면 고기 파티를 바깥에서 하는 줄 알아요. 바깥에서 구워 와서 여기서 먹거든요. 그러니까 모여서 바깥에서 인제 고기 구워 먹고 인제 이렇게 하고. 겨, 저기 인제 생선 같은 것, 맛살 같은 것도 또 사다가 또 거기서 구워 먹고.

뭐 아주 장소가 아주 좋습니다.

ㅡ 예. 저희는 그냥 그래서 어떤 때는 여름 같은 때 인제 남들은 일을 그냥 하느라고 밭에 다 있는데 우리는 그냥 앞마당에서 그냥 그것(고기)까지 구워 먹고 그러다가 보면 내가 "야, 좀 그 미안한 것도 같다." 내가 그러면 "이게 다 엄마 복이야." 그래요.

그리고 일 년이면 한 두어 축씩 가을이고 봄이고 이렇게 가족끼리 이렇게 멀리 여행을 가요. 하루 당일치기도 갔다가 오고, 자고 오는 것도 가고 그래요. 왜냐하면 이제 작년에도 속리산, 속리산 있는 데 뭐 저기 약초가 파는 데가 있다나.

그런데 그게 일인당 이만 오천 원이던가? 일인당 밥값이. 그러니까 우리 식구가 이렇게 점심 한 때를 먹으려면 몇 십만 원이 왔다갔다 해요. 그래 인제 그런 데를 찾아다니며 먹어요. 그러면 세상없어도 그런 데는 나를 데리고 간다는 그런 저기(규칙)를 가지고, 저 피서를 가도 나를 데리고 가야 된다는 이런 저기를 해서.

제가 또 물을 좋아하니까. 수영을 못해도 튜브만 있으면 얼마든지 하니까. 그냥 튜브 하나씩 이렇게 인제 누구 것 누구 것 그냥 다 있어서 이렇게 그냥 많이 다녀요. 그런 것을 우리는. 그러니까 시골에서 살면서 그렇게 다니는 사람이 쉽지 않거든요. 그러니까 제가 딸을 잘 낳았나 봐요.

그렇지요.

ㅡ 그게 다 아들이라면.

그리 하기 어렵습니다.

¯ 에. 그 당시에는 따리라 참 실망도 마이 해구 해썬는데 지그믄 세:상이 또 달라저서 제:가 그게 감사해다구 그래요. 세:상이 내 펴닝거가치 구벼를 안 해니까 그게 마으미. 그저 머냐, 아들, 아들만 차즈며는 저 실망도 마이 할텐데 지그믄 뭐 따 라나 나쿠도 안 나쿠 이러는 세상이 되니까. 애들, 우리 애들 마리 주거서 자래 논능게 무슨 소용이냐 이거에요. 사러서 응, 사러서 씅거 하나래두 사러서 가따가 먹께끔 부모핸테 주능게 그게 효:도지 주거서 무얼 아느내요.

그러자나요, 자기, 지:들 잘 머글라고.

¯ 에, 마저요. 저:기, 사러서 모탠 사람드리 차려 논능건 더 잘 차려 노터라구요. 잘해능거처럼.

그럼 그 큰사위는 무얼 함니까?

¯ 맨: 처메는 동사무소 거기 다녀써요. 다년는데 인제 엄마가 가:게를 해요. 그 여난부두에 그래 가:게를 하니까 동사무소를 그만두구, 저 엄마두 연세가 이쓰니까 혼자는 힘드니까 사위가 인제 그거를 거어들, 거어드러써요. 그래가꾸서는 인제 냉동차 그거 사가꾸, 게니깐 저 가게 그걷뚜 도우면서 그 물건 날래능거. 그니까 인저 나메걷뚜 날르겓쪼, 물론. 그런 배:달 가틍거 그런시기루다가 해니까.

사위가 참:: 차캐요. 되게 차캔데 마:리 업써요. 마:리 별로 엄는 사라미에요. 그래는데 수리나 좀 드러가야 어떠케 장모님 어쩌구 이르케 마리 나오구, 기냥 뭐 소띠라 그런지 그냥 꺼먹::꺼먹 그냥 누능 커가꾸 그냥 하하하 그런시긴데. 그래두 그런 사라민데 저, 얼마되면 장모님 뭐: 생:선가틍거 업:껃따구 반찬꺼리 업:껃따구 걱쩡하구 한다리래두 빼:논는 다리 업시 용또늘 줘:요. 그래구 왼따 해믄 도:늘 주구 가구요. 그니까 너무 사위드리 잘해서.

잘하겓쪼.

¯ 에, 너무 잘해요.

ㅡ 예. 그 당시에는 딸이어서 참 실망도 많이 하고 했었는데 지금은 세상이 또 달라져서 제가 그게 감사하다고 그래요. 세상이 내 편인 것같이 (딸과 아들을) 구별을 안 하니까 그게 마음이. 그저 뭐냐, 아들, 아들만 찾으면 저 실망도 많이 할 텐데 지금은 뭐 딸 하나를 낳고도 안 낳고 이러는 세상이 되니까. 애들, 우리 애들 말이 죽어서 잘해 놓는 것이 무슨 소용이냐 이거예요. 살아서 응, 살아서 쓴 것 하나라도 살아서 가져다가 먹게끔 부모한테 주는 것이 그게 효도지 죽어서 무얼 아느냐고 해요.

그러잖아요, 자기, 저희들이 잘 먹으려고.

ㅡ 예, 맞아요. 저기, 살아서 (부모에게 잘하지) 못한 사람들이 차려 놓는 것은 더 잘 차려 놓더라고요. 잘하는 것처럼.

그럼 그 큰사위는 무엇을 합니까?

ㅡ 맨 처음에는 동사무소 거기 다녔어요. 다녔는데 인제 엄마가 가게를 해요. 그 연안부두에 그래 가게를 하니까 동사무소를 그만두고, 저 엄마도 연세가 있으니까 혼자는 힘드니까 사위가 인제 그거를 거들, 거들었어요. 그래가지고 인제 냉동차 그것을 사서, 그러니까 저 가게 그것도 도우면서 그 물건 나르는 것. 그러니까 인제 남의 것도 나르겠지요, 물론. 그런 배달 같은 것 그런 식으로 하니까.

사위가 참 착해요. 되게 착한데 말이 없어요. 말이 별로 없는 사람이에요. 그런데 술이나 좀 들어가야 어떻게 장모님 어쩌고 이렇게 말이 나오고, 그냥 뭐 소띠라 그런지 그냥 끄먹끄먹 그냥 눈은 커가지고 그냥 하하하 그런 식인데. 그래도 그런 사람인데 저, 얼마 되면 장모님 뭐 생선 같은 것 없겠다고 반찬거리 없겠다고 걱정하고 한 달이라도 빼어 놓는 달이 없이 용돈을 줘요. 그리고 왔다 하면 돈을 주고 가고요. 그러니까 너무 사위들이 잘해서.

잘하겠지요.

ㅡ 예, 너무 잘해요.

그 사위는 그 중매 게로늘 해슴니까?

‾ 그니까 우리 딸 칭구허고 그 실랑 어머이허구 어떠키 아러가꾸 어떠키 해다 보니까 뒹거에요. 한살 차이루.

한살 차이네요.

‾ 에.

저, 컨따니믄 검녀네?

‾ 범:띠에요.

범띠면?

‾ 마흔 며싸리지?

둘? 애드리 거이 커겐네요?

‾ 겨로늘 늑께 해써요. 스물아호베 가써요. 그래가꼬 구심년도에 겨로늘 해꺼드뇨. 지금 중 사민가?

그러케 되게슴니다, 예.

‾ 중 사민가 그러케 된. 항:구가 중 삼, 중 일, 중 인:가, 저 중 사민가 그래요.

아들만 두리라 그래슴미까?

‾ 예.

둘째 사위는 뭘 하는데요?

‾ 건:설.

독짜저그로요?

‾ 함:번 내 개이니루두 핻따가 지그믄 아니에요. 나메껀데두, 겡까 설게, 설게해능거.

설게쪼김니까?

‾ 설게해능거요. 설게쪼기에요. 인저 그, 건무레 가서 으, 사위가 그 인저 쎄멘이래등가 이렁거 인저 행거를 검사 그거 하능거래요.

그쪽또 중매여슴니까?

그 사위는 그 중매 결혼을 했습니까?

ㅡ 그러니까 우리 딸 친구하고 그 신랑 어머니하고 어떻게 알아가지고 어떻게 하다 보니까 된 거예요. 한 살 차이로.

한 살 차이네요.

ㅡ 예.

저, 큰따님은 금년에?

ㅡ 범띠예요.

범띠면?

ㅡ 마흔 몇 살이지?

둘? 애들이 거의 컸겠네요?

ㅡ 결혼을 늦게 했어요. 스물아홉에 갔어요. 그래가지고 구십 년도에 결혼을 했거든요. 지금 중 삼인가?

그렇게 되겠습니다, 예.

ㅡ 중 삼인가 그렇게 된. 한구(=외손자 이름)가 중 삼, 중 일, 중 인가, 저 중 삼인가 그래요.

아들만 둘이라 그랬습니까?

ㅡ 예.

둘째 사위는 뭘 하는데요?

ㅡ 건설.

독자적으로요?

ㅡ 한 번 내 개인으로도 했다가 지금은 아니에요. 남의 것인데도, 그러니까 설계, 설계하는 것.

설계 쪽입니까?

ㅡ 설계하는 것이요. 설계 쪽이에요. 인제 그, 건물에 가서 으, 사위가 그 인제 시멘트라든가 이런 것 인제 한 것을 검사 그것 하는 것이래요.

그쪽도 중매였습니까?

– 아니에요. 여:내에요. 우리 따리 그 건축회사에 건축 저:기를 다녀써요. 그래가꾸 으, 그 사위 마레 의하면 건:축 사무시른 인제 달른데 서루 이르케 인제 왇따갇따 해능그가 이썬나봐요. 근데 좀 둘:째 사위는 재재재재 얘:기를 잘해는 펴니에요. 그래는데 저 서루 서류가 왇따갇따 핼 꺼 아녜요? 서류가 인저 왇따갇따 해는데 어터게 글씨를 너무나 잘 썬는지 거기에 반:해각꼬, 아 이런 사라믈 배우자를, 뭐 내 자시기 똑또캐걷따. [웃음] 그래가꾸서는 핻따구, 저 사위 마레 의하면. 사위 마:레 의하면 그러케 말해더라구요.

그래는데 그 부모가 이:부게서 나오신 분드리에요. 아들만 사 형제에요, 그 지비는. 근데 우리 딸드리 죄 아들만 인는 지비루 가더라구요. 큰딸두 아들 삼 형제 찌비루 각꾸. 시누이 업시 얘:는 아들만 사 형제 찌베 저:기 세째 사위로, 세째 아들로 가써요. 그랜는데, 그러초. 저 두:리 저 여:내를 핸는데 시고레서 뭐 진짜 청추네 과:부 돼가꾸 딸 넫 길럳따구 해며는 그 호니네 그거 응하기가 쉽찌 안초. 그래서 반:대가 시:매써써요.

처으메요?

– 처으메 반:대가 시:매썬는데 인제 둘째 사위가 반:대를 해더래도 시고레 어머니를 함범만 만나 보구서는 반대를 해라 그랟때요, 그 저기 사위가. 나를 보며는 할꺼 가태가꾸, 자기 부모가. 그래가꾸서는 하든 안 하든 나는 반:대래두 핼껀데 시고레 부모를 만나 봐라. 그초. 인저 저부터두 뭐. 청추네 과:부 돼:서 딸만 넥 낄럳때면 볼께 뭐 이써요? 그래니까 그 뭐 바, 당여니 반:대해능거는 당여낭거지.

그래서 저 만나러 간는데 큰딸 시집 보내구 나서 만나러 각꺼등요. 그랜는데 저 큰딸 시집깔 때 저 함:보글 해이버쓸꺼 아녜요? 근데 좀 함:보기 좀 튀는 색까리어써요. 그니까 저, 내 자시네. 그게 차:리핑크에다가 수박색 치마니까 확 뛰조, 색까리. 그래는데 그걸 몬 닉꾸 가걷떠라구요. 과:부의 […]가 이써가꾸 그게 야항거 가태서 그거를 저 몬 닉꾸 가구. 그

– 아니에요. 연애예요. 우리 딸이 그 건축회사에 건축 저기를 다녔어요. 그래가지고 으, 그 사위 말에 의하면 건축 사무실은 인제 다른데 서로 이렇게 인제 왔다갔다 하는 것이 있었나 봐요. 그런데 좀 둘째 사위는 재재재재 얘기를 잘하는 편이에요. 그런데 저 서로 서류가 왔다갔다 할 것 아니에요? 서류가 인제 왔다갔다 하는데 어떻게 글씨를 너무나 잘 썼는지 거기에 반해서, 아 이런 사람을 배우자를, 뭐 내 자식이 똑똑하겠다. [웃음] 그래서는 했다고, 저 사위 말에 의하면. 사위 말에 의하면 그렇게 말하더라고요.

그런데 그 부모가 이북에서 나오신 분들이에요. 아들만 사 형제예요, 그 집에는. 그런데 우리 딸들이 죄 아들만 있는 집으로 가더라고요. 큰딸도 아들 삼 형제 집으로 갔고. 시누이 없이 얘는 아들만 사 형제 집에 저기 셋째 사위로, 셋째 아들로 갔어요. 그랬는데, 그렇지요. 저 둘이 저 연애를 했는데 시골에서 뭐 진짜 청춘에 과부 되어서 딸 넷 길렀다고 하면 그 혼인에 그거 응하기가 쉽지 않지요. 그래서 반대가 심했었어요.

처음에요?

– 처음에 반대가 심했었는데 인제 둘째 사위가 반대를 하더라도 시골에 어머니를 한 번만 만나보고 반대를 해라 그랬대요, 그 저기 사위가. 나를 보면 할 것 같아서, 자기 부모가. 그래가지고 하든지 안 하든지 나는 반대라고 해도 할 것인데 시골에 부모를 만나 봐라. 그렇지요. 인제 저부터도 뭐 청춘에 과부가 되어서 딸만 넷 길렀다고 하면 볼 것이 뭐 있어요? 그러니까 그 뭐 바, 당연히 반대하는 것은 당연한 것이지.

그래서 저 만나러 갔는데 큰딸 시집보내고 나서 만나러 갔거든요. 그랬는데 저 큰딸 시집갈 때 저 한복을 해 입었을 것 아니에요? 그런데 좀 한복이 좀 튀는 색깔이었어요. 그러니까 저, 내 자신에. 그게 체리핑크에다가 수박색 치마니까 확 띄지요, 색깔이. 그런데 그걸 못 입고 가겠더라고요. 과부의 (불분명)가 있어서 그게 야한 것 같아서 그것을 저 못 입고니까 한 심녀니 너믄 커:피색깔 치마저구리가 이써써요. 그거를 익꾸 가써요.

그거를 익꾸 간는데 나는 뭐 그 엄해게 그러케 반대핻다 그래구 그래서 되:게 엄해게 보, 인제 생가글 핻쪼. 근데 아니 외:러 겹쪼게서는 뭐 짤븐 치마에다 뭐 이르케 익꾸 나오셛떠라구요. [웃음] 그러키 이꾸[4] 나오셛떠라구요. 그 시아버지가 뭐 웬마내서는 마:를 아 내시는 부니래요. 그래는데 마:를 자꾸 무러 보시더라구요.

이걷저걷 막.

ㅡ 에, 에, 뭐 농사진능거 뭐. 그래서 그 당시에는 내 소니루 지어꺼등요, 노니구 뭐구. 그래서 벼 비:는걷뚜 내가 나시루 내가 비:구. 그래서 농사진다구[5] 그랟떠니 그걸 안 미드싱거 가태요. 농사진는대능걸 안 미드셛떠라구요. 나는 분명히 진는데.

그 저 거틀 건모스블 보며는 농사진는 사라민거 앙 가트니까 그랟껟쪼.

ㅡ 그래서 어터기 진:느냐 그래서 뭐 푸마시두 하구, 이르케 뭐 사:람 사서도 핼 때 익꾸, 혼자두 할 때 익꾸 이런시기루 농사 진는다구. 그때 악척가치 농사 엄청 지얻쪼. 그래서 인저 그러케 한다구 그랟떠니 기양 그러냐구 그러더니 반대해썬는데 그 자리에서 그냥 오케 하더라구요. 그래가꾸서는 뭐 그 자리에서 허라기 돼써요.

그냥 그랜는데 저 사위가 그날 시고레다 날 데려다 주는데. 우리 사러서 이번떤 한보기거드뇨. 그니까 심녀니 넘얻쪼. 그랜는데 우리 딸, 큰따리 아홉쌀 때 혼자됭건데. 그, 그 함:보기 조왇떤 모냥이에요. [웃음]. 사위가 그러더라구요. 어머니, 어쩌면 그러키 함:보글 이뻥거를 해이부셔느냐구.

커피색까레 이르케 따문따문 수보기라는 글짜가 이써써요, 힌새기로. 근:데 그 오슬 익꾸 내가 멷뻔 조타 소릴 드러써요. 그게 뭐 오래된 오신데. 그때 한번 또 둘째딸 인제 이러키 중매헌다 그래서 서:늘 보러 가는

가고. 그러니까 한 십 년이 넘은 커피색깔 치마저고리가 있었어요. 그것을 입고 갔어요.

그것을 입고 갔는데 나는 뭐 그 엄하게 그렇게 반대한다고 그러고 그래서 되게 엄하게 보, 인제 생각을 했지요. 그런데 아니 오히려 그쪽에서는 뭐 짧은 치마에다 뭐 이렇게 입고 나오셨더라고요. [웃음] 그렇게 입고 나오셨더라고요. 그 시아버지가 뭐 웬만해서는 말을 안 하시는 분이래요. 그런데 말을 자꾸 물어보시더라고요.

이것저것 막.

– 예, 예, 뭐 농사짓는 것 뭐. 그래서 그 당시에는 내 손으로 (농사를) 지었거든요, 논이고 뭐고. 그래서 벼 베는 것도 내가 낫으로 내가 베고. 그래서 농사짓는다고 그랬더니 그걸 안 믿으신 것 같아요. 농사짓는다는 것을 안 믿으셨더라고요. 나는 분명히 짓는데.

그 저 겉을 겉모습을 보면 농사짓는 사람인 것 안 같으니까 그랬겠지요.

– 그래서 어떻게 짓느냐고 그래서 뭐 품앗이도 하고, 이렇게 뭐 사람 사서도 할 때가 있고, 혼자도 할 때가 있고 이런 식으로 농사를 짓는다고. 그때 억척같이 농사 엄청 지었지요. 그래서 인제 그렇게 한다고 그랬더니 그냥 그러냐고 그러더니 (지금까지는 결혼을) 반대했었는데 그 자리에서 그냥 오케이 하더라고요. 그래서 뭐 그 자리에서 허락이 되었어요.

그냥 그랬는데 저 사위가 그날 시골에 나를 데려다 주는데. 우리(남편)가 살았을 때 입었던 한복이거든요. 그러니까 십 년이 넘었지요. 그랬는데 우리 딸, 큰딸이 아홉 살 때 혼자된 것인데. 그, 그 한복이 좋았던 모양이에요. [웃음] 사위가 그러더라고요. 어머니, 어쩌면 그렇게 한복을 예쁜 것을 해 입으셨느냐고.

커피색깔에 이렇게 드문드문 수복이라는 글자가 있었어요, 흰색으로. 그런데 그 옷을 입고 내가 몇 번 좋다는 소리를 들었어요. 그게 뭐 오래된 옷인데. 그때 한번 또 둘째딸 인제 이렇게 중매를 한다고 그래서 선을 보러데, 아이, 식땅에를 드러간는데 식땅 아줌마드리 쪼처와서, 세:상에 함:보기 어쩌면 이러키 이:뿌냐구. 그니까 커피새기 잘 마젇떤 모냥이에요.

그래서 어쩌면 그러키 종:거를 해이번냐구 사위가 그래더라구요. 그래서 "이게 종:온가?" 그랟떠니, 아이 참:: 조테요. 그래서 내가, 여보게 이거 한 십, 심년도 넝:꾸 엄::청 너믄 오시라구 그랟떠니. 누가 그거를 심녀니 너멑따구 생각캐느냐구 그래더라구요. 겡까 그 커피새기 참 어울렫떵거 가태요. 그때는 인저 좀, 좀 절므니까.

그러초. 그러니까 농사진는 걷또 안 믿꼬.

‾ 에. 그래서 인제 둘째딸 애:기 나:서 여기와서 해산가노 핸:는데 벼 빌때 해써요. 벼 한::참 빌 때거등요. 그래서 개:를 데리구는 갈쑤가 업떠라구요, 저 해산 다 끈나구. 그래서 내가, 내가 바뻐서 갈쑤 억:꾸 저 시어머니 저 오셔서 데리구 올라가쓰면 조켇따, 차는 뭐 사위 차로 가니까 그랟떠니.

오던 나리 장나리라고. 내가 요 암 노네서 벼를 비어써요. 벼를 비언는데 이 노네 질퍽질퍽 빠저꺼등요, 이르케. 벼 한번 비믄 여기서부터 여까지 흑 개더기를 해요, 제가. 히미 드니까. 인제 그 흐글 또 내:나야 되구 그러니까 그냥 개딱지를 해능거조 뭐. 아, 그날따라 그냥 소나기가 막 쏘:다지고 그냥 저 그냥 그래간, 그래는 찰라에 오셔서. 그니까 엉망진창이루 드롱거지요. 뭐 기양 흑탕무리니까. 그 사부이니 그러더라구요. "아, 진짜 정말 농사 지:시네요." 그래더라구요. [웃음]

미더지지가 아난는데.

‾ 그니까 나는 죽뚜룩 이:를 하는데 조하베를 가두 나는 그러케 이:를 안 해능거루 인시글 해니까 나는 속쌍해요. 나는 남부다 힘들게 이를 하는데. 그래서 그랜는데 그 시아버니가 저를 잘 봗떵가봐요. 그 인저 아드리 네시니까 사두니 네: 식꾸 아녜요? 그래는데

다 저 위에서부터

가는데, 아이, 식당에를 들어갔는데 식당 아줌마들이 쫓아와서, 세상에 한복이 어쩌면 이렇게 예쁘냐고. 그러니까 커피색이 잘 맞았던 모양이에요.

그래서 어쩌면 그렇게 좋은 것을 해 입었냐고 사위가 그러더라고요. 그래서 "이게 좋은가?" 그랬더니, 아이 참 좋대요. 그래서 내가, 여보게 이거 한 십, 십 년도 넘고 엄청 넘은 옷이라고 그랬더니. 누가 그것을 십 년이 넘었다고 생각하느냐고 그러더라고요. 그러니까 그 커피색이 참 어울렸던 것 같아요. 그때는 인제 좀, 좀 젊으니까.

그렇지요. 그러니까 농사짓는다는 것도 안 믿고.

– 예. 그래서 인제 둘째딸이 애기를 낳아서 여기로 와서 해산 간호를 했는데 벼를 벨 때 했어요. 벼를 한참 벨 때거든요. 그래서 그 애를 데리고는 갈 수가 없더라고요, 저 해산 다 끝나고. 그래서 내가, 내가 바빠서 갈 수 없고 저 시어머니가 저 오셔서 데리고 올라갔으면 좋겠다, 차는 뭐 사위 차로 가니까 그랬더니.

오던 날이 장날이라고. 내가 요 앞 논에서 벼를 베었어요. 벼를 베었는데 이 논에 질퍽질퍽 빠졌거든요, 이렇게. 벼를 한 번 베면 여기서부터 여기까지 흙도배를 해요, 제가. 힘이 드니까. 인제 그 흙을 또 내어 놓아야 되고 그러니까 그냥 도배를 하는 거지요 뭐. 아, 그날따라 그냥 소나기가 막 쏟아지고 그냥 저 그냥 그래가, 그러는 찰나에 (사부인이) 오셔서. 그러니까 (제가) 엉망진창으로 (하고) 들어온 거지요. 뭐 그냥 흙탕물이니까. 그 사부인이 그러더라고요. "아, 진짜 정말 농사를 지으시네요." 그러더라고요. [웃음].

믿어지지가 않았는데.

– 그러니까 나는 죽도록 일을 하는데 조합에를 가도 나는 그렇게 일을 안 하는 것으로 인식을 하니까 나는 속이 상해요. 나는 남보다 힘들게 일을 하는데. 그래서 그랬는데 그 시아버지가 저를 잘 보았던가 봐요. 그 인제 아들이 넷이니까 사돈이 네 식구 아니에요? 그런데

다 저 위에서부터

ㅡ 에.

비교를 핻껜쪼.

ㅡ 에. 그래는데 그 사둔 배까더:르니 맨날 그런다.[6] "아, 서기 외할머니는 참 대단핸 부니다. 대다내신 부니다." [웃음] 대다내신 부니라구 그런대요. 그래서 기니까 저 사위는 좀 우쭐해:지걷쪼, 좀. 장:모가 지일 낟:때니까 조:키는 해걷쪼. 이러믄서 아이, 어머, 저:기 "장모님, 우리 아, 우리 아버지가 저기, 장모니미 최고래. 최고래." 이래가지구 [웃음] "내가 뭐가 최곤데? 내가 뭐가 최곤데?" 이랟떠니. "참, 그 절머서 그러케 되셔서" 또 따리 잘: 해요, 뭐:든지. 이러니까 "그망큼 그러케 잘 가리켜서 그 보냉게 보:통 이:리냐?"구.

그러면서 그래신대나. 개서 그 시부모님드리 제가 감사행거는 부모, 배깥부모 업씨 자, 자라서 몰 빼윋따 소리 안 득꾸, 가는데마다 사둔드리 참 어쩌면 그러케 잘 길런느냐고 해능게 그게 고맙떠라고요. 제:가 뭐 잘 길를라구 해서 길르능거는 아니조. 애:드리 따라 주니까 그러키 뒹거지. 뭐 내:가 지금 뭐 부모 저:기루 되능거는 아니자나요?

개서 뭐 큰딸레두 인저 가끔 가며는 그 배깥사두니 기냥 농다를 해요. 거기는 야, 메느리하구 이러키 기냥 "송 녀사 커피 한잔 안 주나?" 이런시그루 해요. 그래니까 함번 거기 인제 집 칠해로 온 사람드리 그 아래찌베 가서 그래더래요. 저 지비는 (새끼 손가락을 보이면서) 이거허구 사나부다구. [웃음] 이거허구 사나부다구. 저:기 그런다고. 그래서 아이 그 지베 그, 메누리라구 그래니까, 아:니 어떠키 메누리허구 그러키 농다를 해구 그러키 살, 해느냐구, 지끔 세상에.

그니까 뭐 딸두 그냥 시아버니헌테 이러키 농담 비스타게 해구 그냥 그런시그루 해구 그러니까. 제가 가며는 그 배깥사둔 어르니 그냥 "아, 저 노미 그냥 나한테 그냥 어터기 어터기 해요." 어터기 어터기 해요 그럼, 그믄 제가 뭐:라구 마:를 해요? 저:기, 아이, 그냥 저기, "잘해주시니까 그

– 예.

비교를 했겠지요.

– 예. 그런데 그 사돈 바깥어른이 만날 그런대요. "아, 준석이 외할머니는 참 대단한 분이다. 대단하신 분이다." [웃음] 대단하신 분이라고 그런대요. 그래서 그러니까 저 사위는 좀 우쭐해지겠지요, 좀. 장모가 제일 낫다고 하니까 좋기는 하겠지요. 이러면서 아이, 어머, 저기 "장모님, 우리아, 우리 아버지가 저기, 장모님이 최고래요. 최고래요." 이래가지고 [웃음] "내가 뭐가 최곤데? 내가 뭐가 최곤데?" 이랬더니. "참, 그 젊어서 그렇게 되셔서" 또 딸이 잘 해요, 뭐든지. 이러니까 "그만큼 그렇게 잘 가르쳐서 그 보낸 것이 보통 일이냐?"고.

그러면서 그러신다나. 그래서 그 시부모님들이 제가 감사한 것은 부모, 바깥부모 없이 자, 자라서 못 배웠다는 소리 안 듣고, 가는 데마다 사돈들이 참 어쩌면 그렇게 잘 길렀느냐고 하는 것 그것이 고맙더라고요. 제가 뭐 잘 기르려고 해서 기르는 것은 아니지요. 애들이 따라 주니까 그렇게 된 것이지. 뭐 내가 지금 뭐 부모 저기로 되는 것은 아니잖아요?

그래서 뭐 큰딸네도 인제 가끔 가면 그 바깥사돈이 그냥 농담을 해요. 거기는 야, 며느리하고 이렇게 그냥 "송 여사, 커피 한 잔 안 주나?" 이런 식으로 해요. 그러니까 한번 거기 인제 집 칠하러 온 사람들이 그 아랫집에 가서 그러더래요. 저 집은 (새끼손가락을 보이면서) 이것하고 사나보다고. [웃음] 이것하고 사나보다고. 저기 그런다고. 그래서 아이 그 집의 그, 며느리라고 그러니까, 아니 어떻게 며느리하고 그렇게 농담을 하고 그렇게 살, 하느냐고, 지금 세상에.

그러니까 뭐 딸도 그냥 시아버님한테 이렇게 농담 비슷하게 하고 그냥 그런 식으로 하고 그러니까. 제가 가면 그 바깥사돈 어른이 그냥 "아, 저놈이 그냥 나한테 그냥 어떻게 어떻게 해요." 어떻게 어떻게 해요 그러면, 그러면 제가 뭐라고 말을 해요? 저기, 아이, 그냥 저기, "잘해주시니까

래능거조." 인저 그런시기로 말 해조. 그래는데 인제 그게 사두니래는 광게는 좀 어려워요.

상당히 어렵쪼.

ㅡ 말 하기도 어력꼬.

세째 사위는 어떠슴미까?

ㅡ 세:째 사위는.

뭘 함미까?

ㅡ 네, 보험 그거 하는데 잘해요.

그쪽도 서로 여내 게론 항거심미까?

ㅡ 에, 그러니까 옌:나레는 시집뜨를 좀 일찍 가써요. 우리 딸들 시집 갈 무려베두 보:통 스물다섣 아네들 가구 그랟꺼등요. 근데 인제 우리는 두살 차이에요, 애드리. 그러니까 저 두살, 두사리니깐 다 크조. 근데 우리 따리 인저 스물여더리 돼두 앙 강거에요, 시지블. 그리구 여:내해능걷뚜 억:꾸 그니까 모미 달치요. 아, 자다가 그냥 자미 딱 깨며는 그냥 스물려덜, 스물려섣, 스물렌 그냥. 두살 차이니까. 그 망:내따른 쪼:끔 차이가 지지만.

그 생가글 허면 (머리를 가리키면서) 이게 그냥 터질꺼 가태요 그냥. 그타고 재사니 인는걷또 아니구. 그래서 '하아, 이거 과:부에 따리라 이게 아닝가?' 이런 생가기 들더라구요. 그러타구 누구더러 머 중매해라 소리는 모 태걷떠라구요. 그래는데 인제 동네서두 그때 인제 그 또래가 마나요. 그런데 뭐 스물뚤, 스물쎄 이때 가더라구요. 그러니까 머 참 시골 사람들 마:리 망:커등요. 그래다 목 까, 뭐 어째다 목 까. 이런시그루 마리 마이 나가요. 그니까 피풍을 하능거지요.

그래니 그 소릴 드를 때 제가 어떠께써요? 그래서 기냥 애들 오며는 저 그저:네는 제가 그래써요. 내가 여:내 항거나 마창가지거등요. 그래서 겨로늘 해써요. 그래 실패항거자나요, 저는. 그래서 애:들 자랄 때 그래써

그러는 것이지요.” 인제 그런 식으로 말을 하지요. 그런데 인제 그게 사돈이라는 관계는 좀 어려워요.

상당히 어렵지요.

‾ 말을 하기도 어렵고.

셋째 사위는 어떻습니까?

‾ 셋째 사위는.

무얼 합니까?

‾ 예, 보험 그것을 하는데 잘해요.

그쪽도 서로 연애결혼을 한 것입니까?

‾ 예, 그러니까 옛날에는 시집들을 좀 일찍 갔어요. 우리 딸들 시집 갈 무렵에도 보통 스물다섯 안에 가고 그랬거든요. 그런데 인제 우리는 두 살 차이에요, 애들이. 그러니까 저 두 살, 두 살이니까 다 크지요. 그런데 우리 딸이 인제 스물여덟이 되어도 안 간 거예요, 시집을. 그리고 연애하는 것도 없고 그러니까 몸이 달치요. 아, 자다가 그냥 잠이 딱 깨면 그냥 스물여덟, 스물여섯, 스물넷 그냥. 두 살 차이니까. 그 막내딸은 조금 차이가 지지만.

그 생각을 하면 (머리를 가리키면서) 이게 그냥 터질 것 같아요 그냥. 그렇다고 재산이 있는 것도 아니고. 그래서 ‘하아, 이거 과부의 딸이라 이게 아닌가?, 이런 생각이 들더라고요. 그렇다고 누구더러 뭐 중매하라는 소리는 못 하겠더라고요. 그런데 인제 동네서도 그때 인제 그 또래가 많아요. 그런데 뭐 스물둘, 스물셋 이때 (시집을) 가더라고요. 그러니까 뭐 참 시골 사람들 말이 많거든요. 그러다가 못 가, 뭐 어쩌다가 못 가. 이런 식으로 말이 많이 나가요. 그러니까 피풍(避風)을 하는 거지요.

그러니 그 소리를 들을 때 제가 어떻겠어요? 그래서 그냥 애들 오면 저 그전에는 제가 그랬어요. 내가 연애를 한 것이나 마찬가지거든요. 그래서 결혼을 했어요. 그래 실패한 거잖아요, 저는. 그래서 애들 자랄 때요. 너히드른 여:내를 헬따 해며는 나한테 다리몽두라지가 부러질쭐 아르라구. 응, 여:내 잘모태면 신세 조지능거니까 여:내헬 생각카지 말라구 그래써요, 제가.

그랜는데 아 저 나이가 자꾸 머그니까 이게 여:내래두 해야 되는데 그걸 모타니까 제가 모미 다능거에요, 인제. 그 줄주리 읻때는 생가글 해보세요. 그래서 "야, 너이는 여:내두 모타냐? 어떵거든지 여:내만 해. 먼저래두 보내줄테니까." 이랟떠니 "아니 언제는 여:내해믄 다리몽두라지를 뿌주겨 논:대더니." [웃음] 그런다구 그러면서 걱쩡을 해지 말래요. 걱쩡을 해지 말래요. 데려올 때 되믄 다:: 데려올테니까 걱쩡을 해지 말래요.

그래도 그게 아니자나요. 참 그거때매 잠도 모 짤 때 마나써요. 그랜는데 큰딸만 업써쓸뿌니지 둘:째허구 세째는 이썯떤거에요. 근데 크넌니가 안 해니까 냄:새도 안 풍겯떵거에요. 그니까 몰:릉거에요. 그래는데 아이, 큰 사우이하고 이르케 해서 되구 나니깐 뭐, 나두 읻따구 나오고 나두 읻따구 나오고 죄 나오더라구요. 그래서 그냥 기양 겨로늘 그냥 기양 내리 이러키 그냥 게:속캐는시기로 해써요, 겨로늘. 그 큰딸 보내구 그니깐 좀 힘드럳쪼. 뭐 인는걷뚜 엄는데다가.

그러초, 아무래도. 아무리 업께 한다 해도.

ㅡ 예, 그래는데두 인자 저히가 서로 직짱 다니니까 서로 이러키 마니 저히가, 즈:드리 핵:꼬. 그래두 여기선 저, 그래두 좀 해:농:게 이써야 되자나요? 이래는데 참, 제가 그때 한:참 장사다닐 때거등요. 이러키 인자 겨로낼 생각, 그런, 돈:두 드러야 된대는 이런 생가글 해면 이 동넨 아니고 딴 동네, 딴 동네 싸람드리 이리 목또늘 나한테 꿔: 줘:써요. 그게 보통 이리 아니조. 저, 겨로늘 해며는 부주그미 드로, 나도 행:게 이쓰니까 부주그미 드로니까 그때 가푸라고 이 목똔드를 꿔: 주고. 그게 얼:마나 고:마운 이리에요? 그래서 어려우 멉시 그래구.

또 나는 바리 널찌를 모타니까 서울 가튼데 이러키 인저 마이 이르케 그랬어요. 너희들은 연애를 했다 하면 나한테 다리몽둥이가 부러질 줄 알라고. 응, 연애 잘못하면 신세 조지는 거니까 연애할 생각을 하지 말라고 그랬어요, 제가.

그랬는데 아 저 나이가 자꾸 먹으니까 이게 연애라도 해야 되는데 그걸 못하니까 제가 몸이 다는 거예요, 인제. 그 줄줄이 있다는 생각을 해보세요. 그래서 "야, 너희는 연애도 못하냐? 어떤 거든지 연애만 해. 먼저라도 보내줄 테니까." 이랬더니 "아니 언제는 연애하면 다리몽둥이를 부러뜨려 놓는다더니." [웃음] 그런다고 그러면서 걱정을 하지 말래요. 걱정을 하지 말래요. 데려올 때 되면 다 데려올 테니까 걱정을 하지 말래요.

그래도 그게 아니잖아요. 참 그것 때문에 잠도 못 잘 때가 많았어요. 그랬는데 큰딸만 없었을 뿐이지 둘째와 셋째는 있었던 거예요. 그런데 큰언니가 안 하니까 냄새도 안 풍겼던 거예요. 그러니까 모른 거예요. 그런데 아이 큰사위와 이렇게 해서 되고 나니까 뭐, 나도 있다고 나오고 나도 있다고 나오고 죄 나오더라고요. 그래서 그냥 그냥 결혼을 그냥 그냥 내리 이렇게 그냥 계속하는 식으로 했어요, 결혼을. 그 큰딸 보내고 그러니까 좀 힘들었지요. 뭐 있는 것(가진 재산)도 없는데다가.

그렇지요, 아무래도. 아무리 없게 한다고 해도.

― 예, 그런데도 인제 저희가 서로 직장 다니니까 서로 이렇게 많이 저희가, 저희들이 학교. 그래도 여기서는 저, 그래도 좀 해놓은 것이 있어야 되잖아요? 이런데 참, 제가 그때 한창 장사를 다닐 때거든요. 이렇게 인제 결혼할 생각, 그런, 돈도 들어야 된다는 이런 생각을 하면 이 동네는 아니고 딴 동네, 딴 동네 사람들이 이리 목돈을 나한테 꾸어주었어요. 그게 보통 일이 아니지요. 저, 결혼을 하면 부조금이 들어오, 나도 한 것이 있으니까 부조금이 들어오니까 그때 갚으라고 이 목돈을 꾸어주고. 그게 얼마나 고마운 일이에요? 그래서 어려움 없이 그러고.

또 나는 발이 넓지를 못하니까 서울 같은 데 이렇게 인제 많이 이렇

인제 뭐 금빵이루 양복쩌미루 다니시는 부니 또 이써요. 그 부니 자청해서, 내가 거기 가서 다 해주겐따구, 가치 다니면서 막 하이틍가네 갈쩍마다 그 부니 가치 다니면서 그 물건 가틍거 할 때 가치 해써요. 그래서 참 그 부니 고맙쪼, 생각카면. 그 인:심 덕뿌네 사능거구.

그럳씀미다, 예.

\- 그기 참 나믈 돈 꿔: 준대능게 쉬웅게 아닌데 이러키 꿔: 줘:서 그러키 해가꾸서는 보내구 그래써요.

세째 사위는 성껴기 어떠씀미까?

\- 조와요. 세:째 사위는 기냥 뭐라 그럴까 기냥 남 저:기 해주능걸. 조은성껵, 그런 성껴글 가저써요.

그쪼근 인제 손주 손녀가?

\- 아들 하나에요.

게 인제 뭐 금방으로 양복점으로 다니시는 분이 또 있어요. 그 분이 자청해서, 내가 거기 가서 다 해주겠다고, 같이 다니면서 막 하여튼간에 갈 적마다 그 분이 같이 다니면서 그 물건 같은 것 할 때 같이 했어요. 그래서 참 그 분이 고맙지요, 생각하면. 그 인심 덕분에 사는 것이고.

그렇습니다, 예.

– 그것이 참 남을 돈 꾸어준다는 것이 쉬운 것이 아닌데 이렇게 꾸어주어서 그렇게 해서 보내고 그랬어요.

셋째 사위는 성격이 어떻습니까?

– 좋아요. 셋째 사위는 그냥 뭐라 그럴까 그냥 남 저기 해주는 것을. 좋은 성격, 그런 성격을 가졌어요.

그쪽은 인제 손자와 손녀가?

– 아들 하나예요.

■ 주석

1) '근까'는 '그러니까'의 준말이다. 경기방언에서 발견되는 독특한 현상 중의 하나는 '그래서, 그러니까, 그렇지만' 등에서 유음소 /ㄹ/가 탈락된다는 것이다. 그러니까 '그래서'는 '게서'로, '그러니까'는 '그니까'로, '그렇지만'은 '그치만'으로 된다. '근까'는 '그니까'의 둘째 음절의 모음소 /이/가 탈락된 다음에 형성된 것이다.
2) '모 쌀걷떠라고요'는 '못 살-겄-더라고요'로 분석된다. 여기서 '-겄-'은 표준어의 '-겠-'에 해당하는 선어말어미다. 이 선어말어미는 주로 동남방언에서 '-것-'으로 사용된다. 대략 이 책의 반 이전까지 제보자는 '-겠-'을 사용하지만 그 이후부터 '-겄-'의 사용빈도가 커진다.
3) 횟수를 나타내는 단위명사로 표준어의 '번'에 해당한다.
4) '이꾸'는 '입구'의 음성형이다. 어간이 /ㅂ/로 끝나고 어미가 /ㄱ/로 시작하는 경우에 일어나는 자음소동화(연구개음소화)에 의한 것이다. 그러나 제보자는 그 경우에 자음소 동화를 보이지 않기도 한다. 그것은 이중 방언 사용에 의한 것으로 보인다.
5) '진다구'는 '지-ㄴ다구'로 분석되고 '지-'는 표준어 동사어간 '짓-'(作)에 대당한다. 동작동사의 경우, 해라체 현재 서술 종결어미는 어간이 자음소로 끝나면 '-는다'가 통합하고 그 외에는 '은다'가 통합한다. '논농사 지뜽거'나 '농사 진능거'에서 보면 표준어 동사 '짓-'에 대한 제보자의 말의 어간형은 '짉-'이다. 그런데 이 경우에는 마치 어간이 '지-'인 것으로 인식하고 있다.
6) '그런댜'는 '그러-ㄴ댜'로 분석되며 표준어로 '그렇게 한다고 해'로 번역된다. 어미 '-은댜'는 충청방언에서 일반적으로 사용된다. 이 지역어가 충청방언의 영향권에 있다고 보인다.

찾아보기

<어미>

<어간>

[가]

[나]

[마]

[바]

[사]

[아]

[하]